智能网联汽车概论

◎主　编　高　彬　韦志强　赖　彬
◎副主编　谢文科　胡　巍　李聆娜　易坤仁
　　　　　袁　媛　乐　新
◎参　编　卢　义　韦　祎　于海东　刘　静

电子工业出版社
Publishing House of Electronics Industry
北京·BEIJING

内 容 简 介

本书聚焦智能网联汽车核心技术，以项目任务驱动形式展开教学。全书分为 6 个项目，共 23 个任务，包括智能网联汽车的定义及发展、智能网联汽车环境感知系统认知、智能网联汽车无线通信系统认知、智能网联汽车网络系统认知、智能网联汽车高精度定位与导航系统认知、智能网联汽车先进驾驶辅助系统认知。本书内容新颖、易于理解，既重视基础知识的介绍，又力求展现最新的知识和技术。在编写上采用图解形式，以简洁的文字描述，辅以大量图片，图文并茂，直观清晰，是一本实用且高效的智能网联汽车图解类教材。

本书适合职业院校新能源汽车及智能网联汽车相关专业的学生、广大汽车车主及汽车爱好者学习参考。

未经许可，不得以任何方式复制或抄袭本书之部分或全部内容。
版权所有，侵权必究。

图书在版编目（CIP）数据

智能网联汽车概论 / 高彬，韦志强，赖彬主编.
北京 : 电子工业出版社, 2025. 6. -- ISBN 978-7-121-49451-2
Ⅰ. U463.67
中国国家版本馆 CIP 数据核字第 2025KL1227 号

责任编辑：张镨丹
印　　刷：北京缤索印刷有限公司
装　　订：北京缤索印刷有限公司
出版发行：电子工业出版社
　　　　　北京市海淀区万寿路 173 信箱　邮编：100036
开　　本：880×1 230　1/16　印张：12.5　字数：288 千字
版　　次：2025 年 6 月第 1 版
印　　次：2025 年 6 月第 1 次印刷
定　　价：52.00 元

凡所购买电子工业出版社图书有缺损问题，请向购买书店调换。若书店售缺，请与本社发行部联系，联系及邮购电话：(010) 88254888, 88258888。
质量投诉请发邮件至 zlts@phei.com.cn，盗版侵权举报请发邮件至 dbqq@phei.com.cn。
本书咨询联系方式：(010) 88254549, zhangpd@phei.com.cn。

前 言
PREFACE

随着汽车技术向智能化和网联化演进,智能网联汽车已成为汽车产业转型的关键方向之一。智能网联汽车通过集成多种传感器来感知周围环境信息,并结合高精度地图与定位技术,实现精准的路径规划,进而通过决策系统控制车辆的行驶。智能网联汽车技术有助于提升交通效率,减少交通事故及其造成的人员伤亡,降低驾驶员的劳动强度,并提高出行的舒适度,推动交通系统向安全、高效、低碳的目标演进。本书立足产业发展需求,旨在为读者提供一套系统化的智能网联汽车知识框架,帮助理解该领域从基础概念到前沿技术的全貌。

本书共分为六个项目。项目一介绍智能网联汽车的定义、组成与架构、行业背景及发展趋势。项目二探讨智能网联汽车的环境感知,包括摄像头、超声波雷达、毫米波雷达、激光雷达等。项目三介绍智能网联汽车无线通信系统的构成、方法及应用,涵盖近距离通信技术(射频识别技术、NFC技术、Wi-Fi技术、蓝牙技术)、中短距离通信技术[专用短程通信技术、LTE-V(大唐电信)]、远距离通信技术(卫星通信技术、5G移动通信技术)等。项目四介绍智能网联汽车网络系统,如车载总线、车载移动互联网、以太网等的组成、结构和原理。项目五阐述智能网联汽车高精度定位与导航系统的定义、类型及全球定位导航系统等的组成及原理。项目六全面介绍智能网联汽车先进驾驶辅助系统,包括改善视野类、安全预警类和主动控制类驾驶辅助系统的组成、结构及原理。

本书具有较高的综合性和前瞻性,内容新颖、易于理解,既重视基础知识的介绍,又力求展现最新的知识和技术。在编写上采用图解形式,以简洁的文字描述,辅以大量图片,图文并茂,直观清晰。本书适合职业院校智能网联汽车技术专业的学生、广大汽车车主及汽车爱好者学习参考,帮助其掌握或了解智能网联汽车的核心技术。

本书由广西华侨学校高彬、广西理工职业技术学校韦志强、平江县职业技术学校赖彬担任主编;娄底潇湘职业学院谢文科、湖南财经工业职业技术学院胡巍、广西华侨学校李聆娜、广西理工职业技术学校易坤仁、宁乡市职业中专学校袁媛、新田县职业中等专业学校乐新担任副主编;广西理工职业技术学校卢义、广西理工职业技术学校韦祎,以及于海东、刘静参与编写。

由于编者水平有限,书中难免存在疏漏和不足之处,恳请读者提出宝贵的意见和建议。

编 者

目 录
CONTENTS

项目一　智能网联汽车的定义及发展……………………………………………………001
　　任务一　智能网联汽车的定义与分级………………………………………………001
　　　　一、智能网联汽车的定义…………………………………………………………001
　　　　二、智能网联汽车的分级…………………………………………………………003
　　任务二　智能网联汽车的组成与架构………………………………………………006
　　　　一、智能网联汽车的组成…………………………………………………………006
　　　　二、智能网联汽车的架构…………………………………………………………007
　　任务三　智能网联汽车行业背景……………………………………………………010
　　　　一、智能网联汽车行业背景分析…………………………………………………010
　　　　二、国内外智能网联汽车发展现状………………………………………………014
　　任务四　智能网联汽车行业发展趋势………………………………………………020
　　　　一、智能网联汽车的关键技术……………………………………………………020
　　　　二、智能网联汽车发展总体目标…………………………………………………024
　　　　三、智能网联汽车技术发展趋势…………………………………………………025
　　　　四、智能网联汽车发展的重点产品………………………………………………026
项目二　智能网联汽车环境感知系统认知……………………………………………028
　　任务一　环境感知系统的定义与组成………………………………………………028
　　　　一、环境感知系统的定义…………………………………………………………028
　　　　二、环境感知系统的组成…………………………………………………………029
　　任务二　环境感知系统传感器………………………………………………………031
　　　　一、摄像头…………………………………………………………………………031
　　　　二、超声波雷达……………………………………………………………………036
　　　　三、毫米波雷达……………………………………………………………………039
　　　　四、激光雷达………………………………………………………………………043
　　任务三　道路、车辆、行人、交通标志及信号识别…………………………………050

	一、智能网联汽车的道路识别方法	050
	二、智能网联汽车的车辆识别方法	054
	三、智能网联汽车的行人识别方法	057
	四、智能网联汽车的交通标志识别方法	060
	五、智能网联汽车的交通信号灯识别	062

项目三　智能网联汽车无线通信系统认知 066

　任务一　无线通信的定义与分类 066
　　一、无线通信的定义 066
　　二、无线通信的分类 067

　任务二　V2X 通信概述 069
　　一、V2X 通信的定义 069
　　二、对 V2X 通信系统的要求 071
　　三、V2X 通信的应用 072

　任务三　近距离通信技术 077
　　一、射频识别技术 077
　　二、NFC 技术 079
　　三、Wi-Fi 技术 082
　　四、蓝牙技术 084

　任务四　中短距离通信技术 088
　　一、专用短程通信技术 088
　　二、LTE-V（大唐电信） 090

　任务五　远距离通信技术 094
　　一、卫星通信技术 094
　　二、5G 移动通信技术 096

项目四　智能网联汽车网络系统认知 102

　任务一　车载总线认知 102
　　一、智能网联汽车网络类型 102
　　二、CAN 总线 104
　　三、LIN 总线 108
　　四、FLexRay 总线 109
　　五、MOST 总线 110

　任务二　车载移动互联网、以太网的认知 112
　　一、车载移动互联网 112
　　二、以太网 116

三、车载自组织网络 ·· 118

项目五　智能网联汽车高精度定位与导航系统认知 ··························· 125
　任务一　导航定位系统定义与类型 ·· 125
　　一、导航定位的定义 ··· 125
　　二、全球导航卫星系统的类型 ··· 127
　任务二　全球定位导航系统 ·· 128
　　一、中国北斗卫星导航系统 ·· 128
　　二、全球定位系统 ·· 130
　任务三　差分全球定位系统 ·· 131
　　一、差分全球定位系统的概念 ··· 131
　　二、差分全球定位系统的类型 ··· 132
　任务四　惯性导航系统 ··· 136
　　一、惯性导航系统的定义 ··· 136
　　二、惯性导航系统的组成及原理 ··· 136
　　三、惯性导航的作用 ··· 137
　　四、惯性导航系统的特点 ··· 138
　任务五　高精度地图 ·· 138
　　一、高精度地图的概述 ·· 138
　　二、高精度地图的产生 ·· 142
　　三、高精度地图的应用 ·· 145

项目六　智能网联汽车先进驾驶辅助系统认知 ································· 147
　任务一　先进驾驶辅助系统概述 ··· 147
　　一、先进驾驶辅助系统的概念 ·· 147
　　二、先进驾驶辅助系统的类型 ·· 148
　任务二　改善视野类 ·· 149
　　一、汽车自适应前照明系统 ·· 149
　　二、汽车夜视辅助系统 ·· 158
　　三、汽车平视显示系统 ·· 162
　　四、汽车全景泊车系统 ·· 164
　任务三　安全预警类 ·· 166
　　一、汽车前向碰撞预警系统 ·· 166
　　二、汽车车道偏离预警系统 ·· 169
　　三、汽车盲区检测系统 ·· 171
　　四、驾驶员疲劳检测系统 ··· 175

智能网联汽车概论

　　任务四　主动控制类 ··· 179
　　　　一、汽车车道保持辅助系统 ··· 179
　　　　二、汽车自动制动辅助系统 ··· 182
　　　　三、汽车自适应巡航系统 ·· 184
　　　　四、汽车自动泊车辅助系统 ··· 189

项目一

智能网联汽车的定义及发展

任务一 智能网联汽车的定义与分级

一、智能网联汽车的定义

2017年12月,由工业和信息化部、国家标准化管理委员会等部门联合组织制定的《国家车联网产业标准体系建设指南(智能网联汽车)(2017)》中明确了智能网联汽车的定义:智能网联汽车(Intelligent & Connected Vehicles,ICV)是指搭载先进的车载传感器、控制器、执行器等装置,并融合现代通信与网络技术,实现车与X(人、车、路、云端等)智能信息交换、共享,具备复杂环境感知、智能决策、协同控制等功能,可实现"安全、高效、舒适、节能"行驶,并最终可实现替代人来操作的新一代汽车。

智能网联汽车是智能汽车与网联汽车的有机联合。

智能汽车示意图如图1-1-1所示,"智能"是指搭载先进的车载传感器(摄像头、激光雷达、超声波雷达、毫米波雷达等)、控制器、执行器等装置和车载系统模块,使其具备复杂环境感知、智能化决策与控制等功能,实现预定的驾驶任务。

网联汽车示意图如图1-1-2所示,"网联"主要指车辆信息互联共享的能力,即通过车联网及通信技术(如LTE-V、5G等),实现车内、车与车、车与环境的信息交互,并由控制器进行计算,进一步增强车辆的智能化程度和自动驾驶能力。

智能网联汽车综合了网联汽车与智能汽车的优势性能,其示意图如图1-1-3所示。

智能网联汽车概论

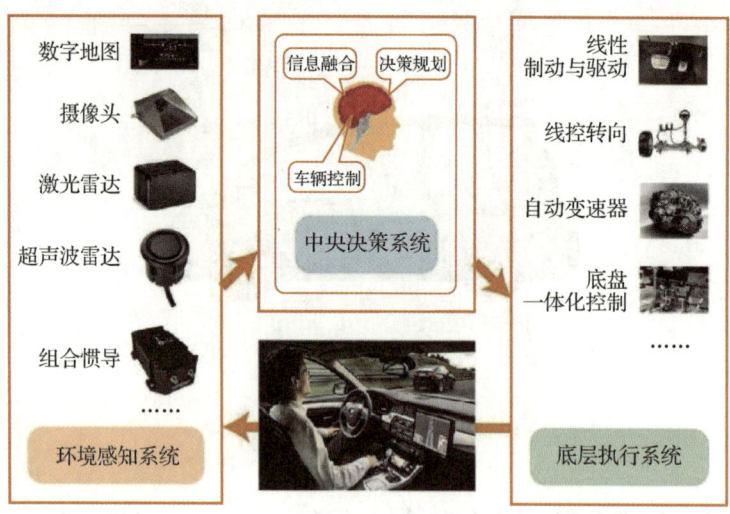

图 1-1-1　智能汽车示意图

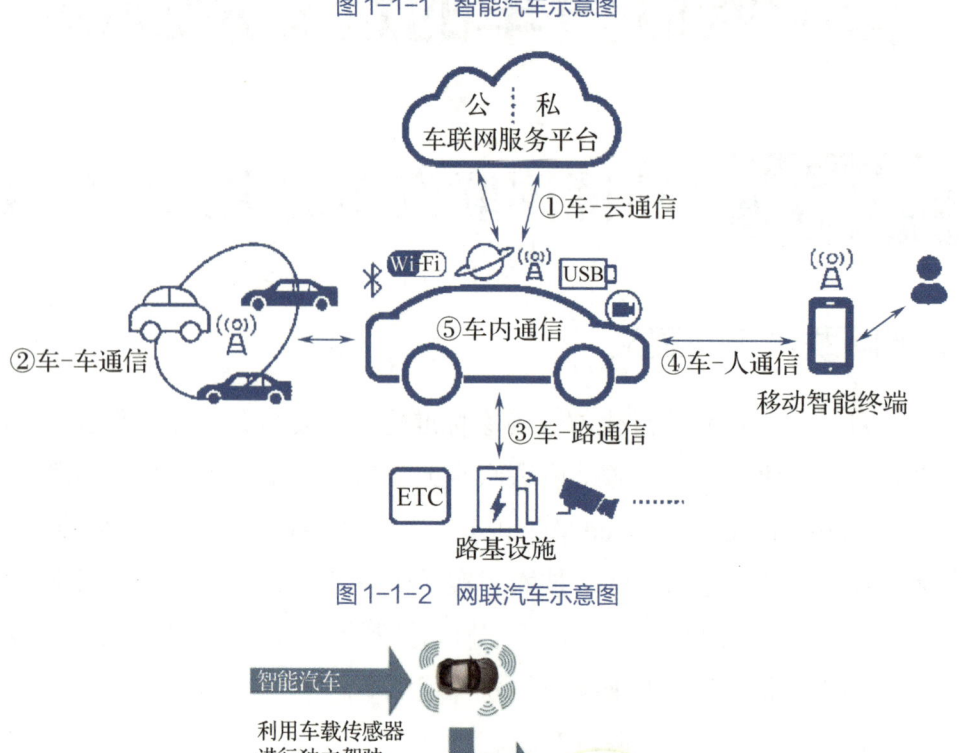

图 1-1-2　网联汽车示意图

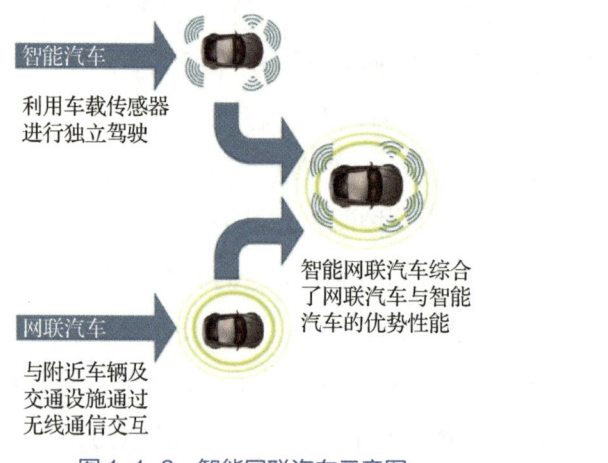

图 1-1-3　智能网联汽车示意图

　　从广义上讲，智能网联汽车是以车辆为主体和主要节点，融合现代通信和网络技术，使车辆与外部节点实现信息共享和协同控制，以达到车辆安全、有序、高效、节能行驶的目的的新一代多车辆系统，如图 1-1-4 所示。

图 1-1-4 智能网联汽车

二、智能网联汽车的分级

1. 美国自动驾驶的分级

智能网联汽车的分级标准并不是全球统一的，各个国家会根据本国国情等做一些改动。

2018 年，美国汽车工程师学会（SAE）对自动驾驶分级进行了重新修订，按自动化程度分成 6 个等级，分别为 L0 至 L5，数值越高，代表自动驾驶的成熟度就越高。具体分级如表 1-1-1 所示。

表 1-1-1 SAE 对汽车自动驾驶的分级

分级		L0	L1	L2	L3	L4	L5
称呼		无自动化	驾驶员支持	部分自动化	有条件自动化	高度自动化	完全自动化
定义		由驾驶员全权驾驶汽车，在行驶过程中可以受到警告	通过驾驶环境对转动转向盘和加减速中的一项操作提供支持，其余由驾驶员操作	通过驾驶环境对转动转向盘和加减速中的多项操作提供支持，其余由驾驶员操作	由无人驾驶系统完成所有的驾驶操作，根据系统要求，驾驶员提供适当的应答	由无人驾驶系统完成所有的驾驶操作，根据系统要求，驾驶员不一定提供所有的应答；限定道路和环境条件	由无人驾驶系统完成所有的驾驶操作，在可能的情况下，驾驶员接管；不限定道路和环境条件
主体	驾驶操作	驾驶员	驾驶员/系统	系统			
	周边监控	驾驶员			系统		
	支援	驾驶员				系统	
	系统作用域	无	部分				全城域

L0 级（无自动化）：驾驶员完全掌控车辆。任何情况下均由驾驶员进行感知、操纵、监

智能网联汽车概论

控，包括控制转向盘、加速踏板和制动踏板。在这个分级方法中，电子稳定控制、自动紧急制动等主动安全系统，以及其他某些类别的驾驶员辅助系统（如车道偏离警告等），都属于L0级无自动化层次，原因是它们并不是部分或全部动态驾驶任务（ODT）的持久基础，它们仅在特殊情况下针对潜在危险情况进行短暂的干预，其干预措施旨在确保在动态驾驶任务的执行过程中，不会对驾驶员或自动程序的部分或全部操作产生任何改变或消除，因此不被视为自动化驾驶。

L1级（驾驶员支持）：自动驾驶系统有时能够辅助驾驶员完成某些驾驶任务。

L2级（部分自动化）：自动驾驶系统能够完成某些驾驶任务，但驾驶员需要监控驾驶环境，完成剩余部分的驾驶任务，同时保证在出现问题时，随时进行接管。在这个层级，自动驾驶系统的错误感知和判断由驾驶员随时纠正。自动驾驶系统可以通过速度和环境将驾驶过程分割成不同的场景，如环路低速堵车、高速路上的快速行车及驾驶员在车内的自动泊车。

L3级（有条件自动化）：自动驾驶系统既能完成某些驾驶任务，也能在某些情况下监控驾驶环境，但驾驶员必须准备随时重新取得驾驶控制权（自动驾驶系统发出请求时），所以在该层级下，车辆行驶时，驾驶员仍无法进行深度休息。

L4级（高度自动化）：自动驾驶系统在限定的道路和环境下，能够完成驾驶任务并监控驾驶环境。这个阶段，在自动驾驶可以运行的范围内，驾驶相关的所有任务与驾驶员已经没关系了，感知外界的工作全由自动驾驶系统负责。

L5级（完全自动化）：自动驾驶系统在所有条件下能完成所有驾驶任务。系统完全自动控制车辆，乘坐人员只需输入目的地，自动驾驶系统将自动规划路线，检测道路环境，最终到达目的地。

对应SAE分级标准，无人驾驶专指L4级和L5级，汽车能够在限定环境乃至全部环境下完成全部的驾驶任务。

自动驾驶覆盖L1级到L5级，在L1级、L2级阶段，汽车的自动驾驶系统只作为驾驶员的辅助，但能够持续地承担汽车横向或纵向某一方面的自主控制，完成感知、认知、决策、控制、执行这一完整过程，其他如预警系统、短暂干预的辅助驾驶技术则不在自动驾驶技术范围之内。

智能驾驶包括自动驾驶及其他辅助驾驶技术，它们能够在某一环节为驾驶员提供辅助甚至能够替代驾驶员，优化驾驶体验。

无人驾驶、自动驾驶和智能驾驶之间的关系如图1-1-5所示。

2. 我国自动驾驶的分级

2020年3月9日，工业和信息化部发布了《〈汽车驾驶自动化分级〉推荐性国家标准报批公示》。大众、宝马、福特、吉利、广汽、长安等十余家国内外企业协助完成了该标准的起草与修改。

基于驾驶自动化系统能够执行动态驾驶任务的程度，根据在执行动态驾驶任务中的角色分配及有无设计运行条件限制,《汽车驾驶自动化分级》将驾驶自动化分为0～5共6个等级,见表1-1-2。

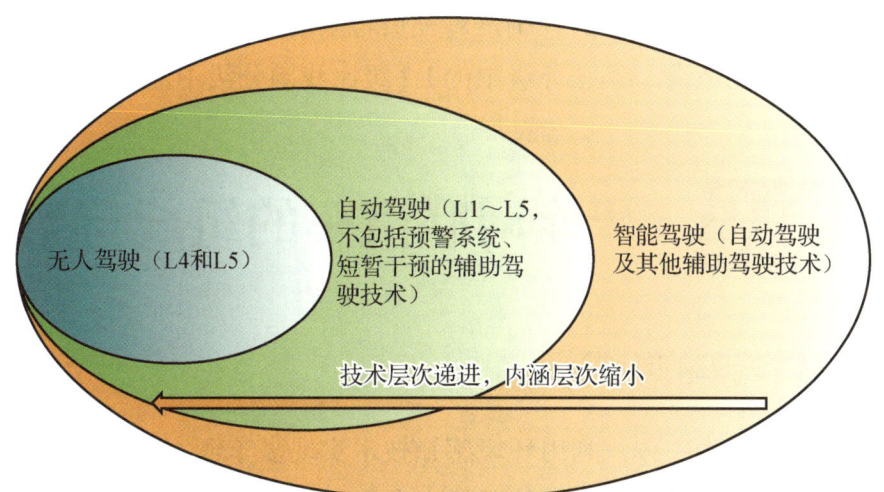

图1-1-5 无人驾驶、自动驾驶和智能驾驶之间的关系

表1-1-2 我国驾驶自动化等级与划分要素的关系

分级	名称	车辆横向和纵向运动控制	目标和时间探测与响应	动态驾驶任务接管	设计运行条件
0级	应急辅助	驾驶员	驾驶员和系统	驾驶员	有限制
1级	部分驾驶辅助	驾驶员和系统	驾驶员和系统	驾驶员	有限制
2级	组合驾驶辅助	系统	驾驶员和系统	驾驶员	有限制
3级	有条件自动驾驶	系统	系统	系统接管用户（接管后成为驾驶员）	有限制
4级	高度自动驾驶	系统	系统	系统	有限制
5级	完全自动驾驶	系统	系统	系统	无限制

0级驾驶自动化（应急辅助）：系统具备持续执行部分目标和事件探测与响应的能力,当驾驶员请求系统退出时,能够立即解除系统的控制权。

1级驾驶自动化（部分驾驶辅助）：系统具备与车辆横向或纵向运动控制相适应的部分目标和事件探测与响应的能力,能够持续地执行动态驾驶任务中的车辆横向或纵向运动控制。

2级驾驶自动化（组合驾驶辅助）：系统具备与车辆横向和纵向运动控制相适应的部分目标和事件探测与响应的能力,能够持续地执行动态驾驶任务中的车辆横向和纵向运动控制。

3级驾驶自动化（有条件自动驾驶）：系统在其设计运行条件内能够持续地执行全部动态驾驶任务。

4级驾驶自动化（高度自动驾驶）：系统在其设计运行条件内能够持续地执行全部动态驾驶任务,并实现系统接管。

5级驾驶自动化（完全自动驾驶）：系统在任何可行驶条件下持续地执行全部动态驾驶任

务，并实现系统接管。

我国的 0~5 级和美国的 L1~L5 级是基本对应的，但也有差异，主要体现在第 2 级。我国分级中的 2 级（部分自动驾驶）的控制是驾驶员与系统；SAE 分级中的 L2 级（部分自动化）的控制是系统，也就是说，SAE 分级中的 L2 级比我国分级中的 2 级要求高。

任务二　智能网联汽车的组成与架构

一、智能网联汽车的组成

智能网联汽车以汽车为主体，利用环境感知技术实现多车辆安全行驶，通过通信网络等手段，为用户提供多样化信息服务。智能网联汽车由环境感知层、智能决策层及控制执行层组成，如图 1-2-1 所示。

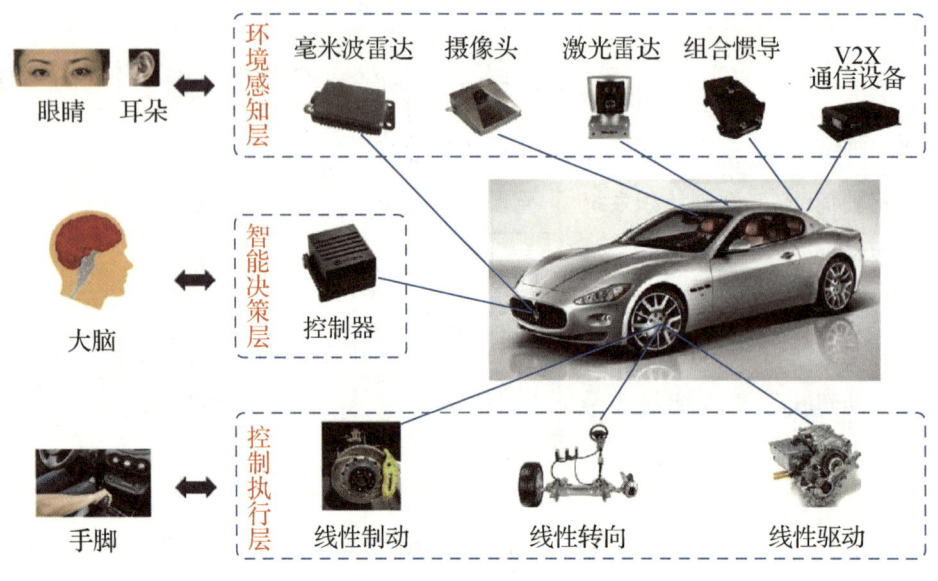

图 1-2-1　智能网联汽车的组成

1. 环境感知层

环境感知层类似于人的眼睛和耳朵，其主要功能是通过毫米波雷达、摄像头、激光雷达、组合惯导、V2X 通信设备等，实现对车辆自身属性和车辆外在属性（如道路、车辆和行人等）静态、动态信息的提取和收集，并向智能决策层输送信息。

2. 智能决策层

智能决策层类似于人的大脑，其主要功能是接收环境感知层的信息并进行融合，对道路、车辆、行人、交通标志和交通信号等进行识别，分析和判断车辆驾驶模式及将要执行的操作，并向控制执行层输送指令。

3．控制执行层

控制执行层类似于人的手脚。其主要功能是按照智能决策层的指令，对车辆进行操作和协同控制，并为联网汽车提供道路交通信息、安全信息、娱乐信息、救援信息，保障汽车的行驶安全和舒适驾驶。

二、智能网联汽车的架构

1．智能网联汽车的技术逻辑结构

智能网联汽车的技术逻辑结构如图 1-2-2 所示，它由"信息感知"和"决策控制"两条主线组成，其发展的核心是由系统进行信息感知、决策预警和智能控制，逐渐让系统替代驾驶员完成驾驶任务，并最终完全自主执行全部驾驶任务。智能网联汽车通过智能化与网联化两条技术路径协同实现"信息感知"和"决策控制"功能。

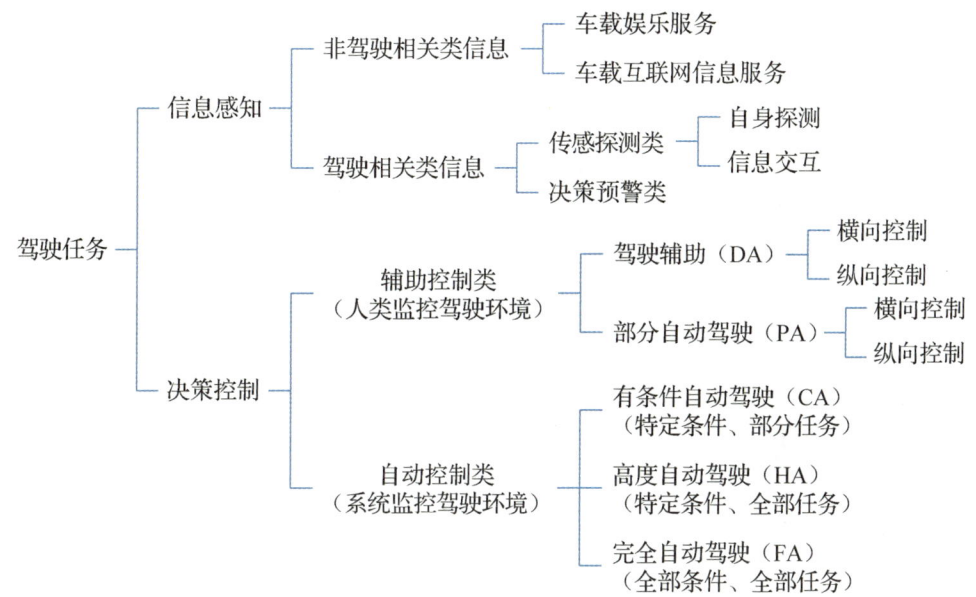

图1-2-2　智能网联汽车的技术逻辑结构

1）信息感知

在信息感知方面，根据信息对驾驶行为的影响和相互关系，将信息分为非驾驶相关类和驾驶相关类。

（1）非驾驶相关类信息主要包括车载娱乐服务和车载互联网信息服务。

（2）驾驶相关类信息包括传感探测类和决策预警类，传感探测类又可根据信息获取方式进一步细分为依靠车辆自身传感器直接探测所获取的信息（自身探测）和车辆通过车载通信装置从外部其他节点（如路侧节点或远程信息中心）所接收的信息（信息交互）。

智能化+网联化可以使车辆在自身传感器直接探测的基础上，通过与外部节点的信息交互，实现更加全面的环境感知，从而更好地支持车辆进行决策和控制。

2）决策控制

在决策控制方面，根据车辆和驾驶员在车辆控制方面的作用和职责，将决策控制分为辅助控制类和自动控制类，分别对应不同等级的决策控制。

（1）辅助控制类主要是指车辆利用各类电子技术辅助驾驶员进行车辆控制，如横向控制和纵向控制及其组合，可分为驾驶辅助（DA）横向和纵向控制，以及部分自动驾驶（PA）横向和纵向控制。

（2）自动控制类则根据车辆自主控制及替代人进行驾驶的场景和条件进一步细分为有条件自动驾驶（CA）（特定条件、部分任务）、高度自动驾驶（HA）（特定条件、全部任务）和完全自动驾驶（FA）（全部条件、全部任务）。

2. 智能网联汽车的技术架构

智能网联汽车涉及汽车、信息、网络、通信、控制、交通等领域的技术，其技术架构较为复杂，可划分为"三横两纵"式技术架构，如图 1-2-3 所示。"三横"是指智能网联汽车主要涉及的车辆/设施、信息交互与基础支撑三大关键技术，"两纵"是指支撑智能网联汽车发展的车载平台及基础设施。

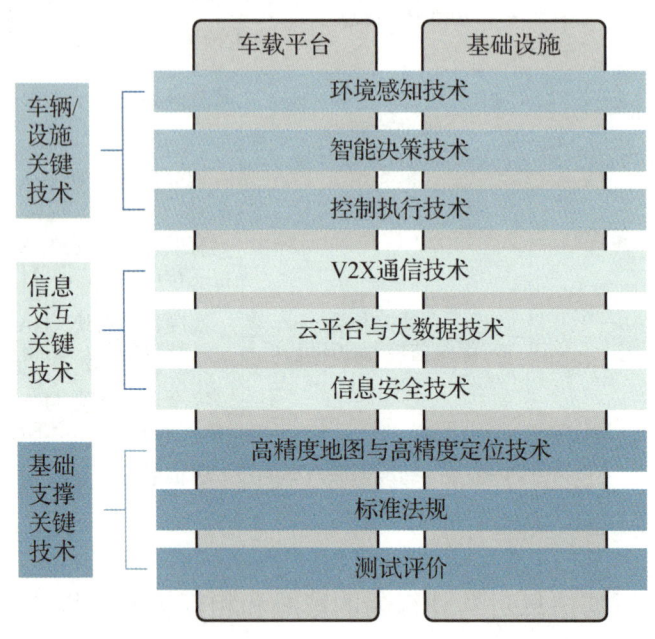

图 1-2-3　智能网联汽车的"三横两纵"式技术架构

智能网联汽车的"三横"架构涉及的 3 个领域的关键技术可以细分为以下 9 种。

1）环境感知技术

环境感知技术包括利用摄像头的图像识别技术、雷达（激光、毫米波、超声波）的周边障碍物检测技术、多源信息融合技术、传感器冗余设计技术等。

2）智能决策技术

智能决策技术包括危险事态建模技术、危险预警与控制优先级划分、群体决策和协同技术、局部轨迹规划、驾驶员多样性影响分析等。

3）控制执行技术

控制执行技术包括面向驱动/制动的纵向运动控制、面向转向的横向运动控制、基于驱动/制动/转向/悬架的底盘一体化控制、融合车联网通信及车载传感器的多车队列协同和车路协同控制等。

4）V2X 通信技术

V2X 通信技术包括车辆专用通信系统、实现车间信息共享与协同控制的通信保障机制、移动自组织网络技术、多模式通信融合技术等。

5）云平台与大数据技术

云平台与大数据技术包括智能网联汽车云平台架构与数据交互标准、云操作系统、数据高效存储和检索技术、大数据的关联分析和深度挖掘技术等。

6）信息安全技术

信息安全技术包括汽车信息安全建模技术，数据存储、传输与应用三维度安全体系，汽车信息安全测试方法，信息安全漏洞应急响应机制等。

7）高精度地图与高精度定位技术

高精度地图与高精度定位技术包括高精度地图数据模型与采集式样、交换格式和物理存储的标准化技术、基于北斗地基增强系统的高精度定位技术、多源辅助定位技术等。

8）标准法规

标准法规包括智能网联汽车整体标准体系，以及涉及汽车、交通、通信等各领域的关键技术标准。

9）测试评价

测试评价包括智能网联汽车测试评价方法与测试环境建设。

3. 智能网联汽车的产品物理结构

智能网联汽车的产品物理结构（见图 1-2-4）是把技术逻辑结构所涉及的各种"信息感知"与"决策控制"功能落实到物理载体上。车辆控制系统、车载终端、交通设施终端、外接终端等按照不同的用途，通过不同的网络通道、软件或平台，对采集或接收到的信息进行传输、处理和执行，从而实现不同的功能或应用。

1）功能/应用层

功能/应用层依据产品形态、功能类型和应用场景，分为车载信息类、先进驾驶辅助类、自动驾驶类及协同控制类等，涵盖与智能网联汽车相关的各类产品所应具备的基本功能。

2）软件/平台层

软件/平台层主要包括大数据平台、操作系统和云计算平台等基础平台产品，以及资讯、娱乐、导航和诊断等应用软件产品，共同为智能网联汽车相关功能的实现提供平台级、系统级和应用级的服务。

智能网联汽车概论

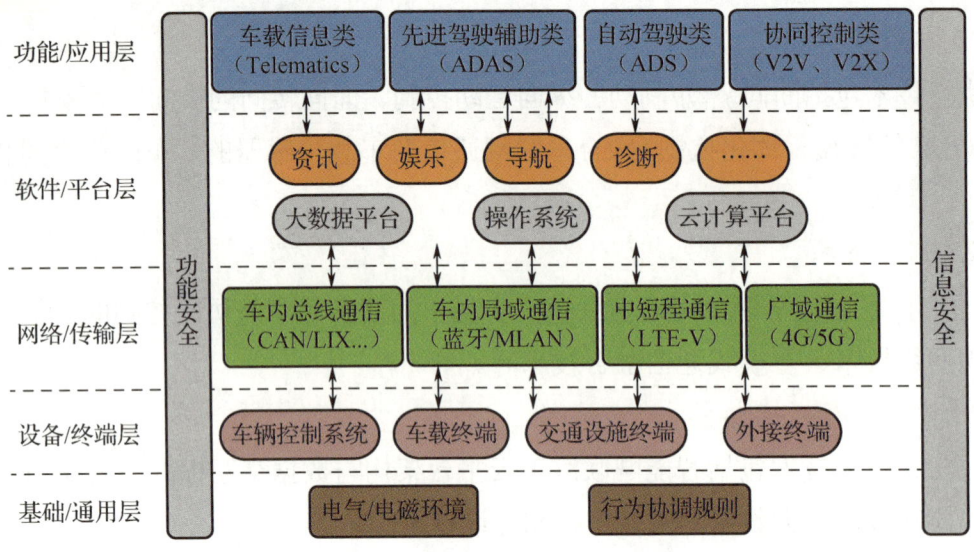

图 1-2-4 智能网联汽车的产品物理结构

3）网络/传输层

网络/传输层依据通信的不同应用范围，分为车内总线通信、车内局域通信、中短程通信和广域通信，是信息传递的"管道"。

4）设备/终端层

设备/终端层依据不同的功能或用途，分为车辆控制系统、车载终端、交通设施终端、外接终端等，各类设备和终端是车辆与外界进行信息交互的载体，同时也作为人机交互界面，成为连接"人"和"系统"的载体。

5）基础/通用层

基础/通用层包括电气/电磁环境及行为协调规则。安装在智能网联汽车上的设备、终端或系统需要利用汽车电源，在满足汽车特有的电气/电磁环境要求下实现其功能；设备、终端或系统间的信息交互和行为协调也应在统一的规则下进行。

此外，智能网联汽车的产品物理结构中还包括功能安全和信息安全两个重要组成部分。两者作为智能网联汽车各类产品和应用需要普遍满足的基本条件，贯穿于整个产品物理结构中，是智能网联汽车各类产品和应用实现安全、稳定、有序运行的可靠保障。

任务三　智能网联汽车行业背景

一、智能网联汽车行业背景分析

1. 国外自动驾驶技术的发展

在 20 世纪 80 年代，美国电视剧《霹雳游侠》中的 KITT 自动驾驶汽车曾经风靡世界。

后来，基于庞蒂亚克跑车改造的自动驾驶汽车进入"机器人名人堂"。

20 世纪 90 年代后期的另一项开创性工作来自意大利帕尔玛大学的视觉实验室（Vislab），他们使用由双目摄像头组成的立体视觉系统，在公路上进行了 2000km 的长途测试，自动驾驶里程占 94%，速度达到 112km/h。自动驾驶领域的重要企业 Waymo 采用了菲亚特克莱斯勒的小型货车"帕西菲卡"作为其自动驾驶汽车平台，达到平均行驶约 16000km（10000mile）才需要一次人工接管的高度自动驾驶水平。

国外自动驾驶汽车的发展历程如图 1-3-1 所示。

图 1-3-1　国外自动驾驶汽车的发展历程

1）科研院校对自动驾驶技术的研究

20 世纪 70 年代，科技发达国家率先开始自动驾驶汽车的研究。

1984 年，美国国防高级研究计划署（DARPA）与美国陆军合作，发起自主地面车辆（ALV）计划。为了推进自动驾驶技术更快、更好地发展，DARPA 于 2004 年至 2007 年共举办了 3 届 DARPA 自动驾驶挑战赛。

从 20 世纪 80 年代开始，美国著名的大学，如卡内基·梅隆大学、斯坦福大学、麻省理工学院等都先后加入自动驾驶汽车的研究工作中。其中，美国卡内基·梅隆大学研制的 NavLab 系列智能车辆最具有代表性。

2）汽车制造厂商对自动驾驶汽车的研究

除了科研院校在自动驾驶领域积极开展研究外，奥迪、福特、沃尔沃、日产、宝马等传统汽车制造厂商也于 2013 年开始相继在自动驾驶汽车领域进行布局。

2015 年 10 月，特斯拉推出了半自动驾驶系统 Autopilot。Autopilot 是第一个投入商用的自动驾驶系统。

2016 年，通用汽车收购了自动驾驶技术创业公司 Cruise Automation，正式进入自动驾驶领域。

目前，对于量产商用车辆来说，部分自动驾驶功能（L2 级）已经较为普及。

2018 款奥迪 A8 是全球首款量产搭载 L3 级自动驾驶系统的车型，如图 1-3-2 所示。L3 级自动驾驶可以使驾驶员在拥堵路况下获得最大限度的解放，允许驾驶员在车辆行驶过程中双手脱离转向盘，但驾驶员仍不能进行深度的睡眠。在量产车型中，目前还没有 L4 级和 L5 级的自动驾驶汽车，这两个级别的自动驾驶汽车仍处于开发阶段。

图 1-3-2　2018 款奥迪 A8（搭载 L3 级自动驾驶系统）

3）新技术力量对自动驾驶技术的研究

以谷歌为代表的新技术力量纷纷入局自动驾驶领域。这些企业多采用"一步到位"的自动驾驶技术发展路线，即直接研发 L4 级及以上的自动驾驶汽车。

4）创业公司对自动驾驶技术的研究

以 Uber 为代表的创业公司也纷纷入局自动驾驶领域。这些企业同样多采用"一步到位"的 L4 级及以上的自动驾驶技术发展路线。

2016 年 8 月，nuTonomy 成为新加坡第一家在试点项目下推出自动驾驶出租车的公司。

2. 国内自动驾驶技术的发展

国内自动驾驶汽车发展历程如图 1-3-3 所示。

1）我国汽车制造厂商对自动驾驶汽车的研究

与美国等发达国家相比，我国在自动驾驶汽车方面的研究起步稍晚，从 20 世纪 80 年代末才开始。清华大学在国防科工委和国家 863 计划的资助下，从 1988 年开始研究开发 THMR 系列智能车，THMR-V 智能车能够实现结构化环境下的车道线自动跟踪。

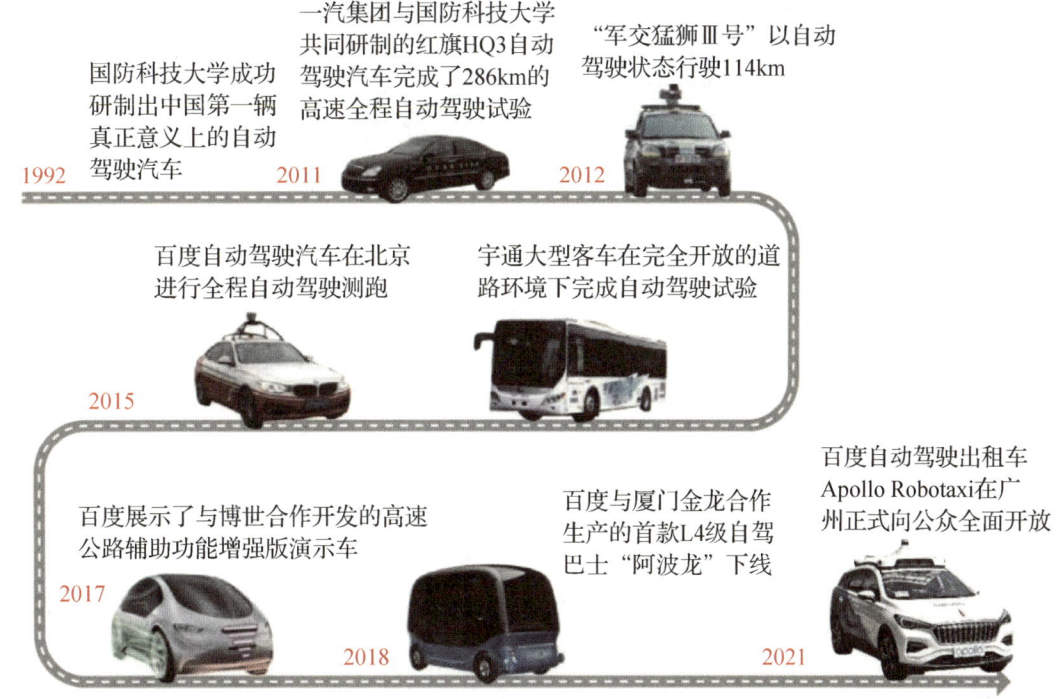

图 1-3-3　国内自动驾驶汽车发展历程

国防科技大学从 20 世纪 80 年代末开始先后研制出基于视觉的 CITAVT 系列智能车辆。直至 1992 年，国防科技大学才成功研制出中国第一辆真正意义上的自动驾驶汽车。2011 年 7 月，由一汽集团与国防科技大学共同研制的红旗 HQ3 自动驾驶汽车完成了 286km 的面向高速公路的全程自动驾驶试验。

2012 年，军事交通学院研制的"军交猛狮Ⅲ号"以自动驾驶状态行驶 114km，最高时速为 105km。

2015 年 4 月，长安汽车发布智能化汽车"654 战略"，即建立 6 个基础技术体系平台，开发 5 大核心应用技术，分 4 个阶段逐步实现汽车从单一智能到全自动驾驶的目标。

2015 年 8 月，宇通大型客车从郑开大道城铁贾鲁河站出发，在完全开放的道路环境下完成自动驾驶试验，这也是国内首次进行大型客车高速公路自动驾驶试验。

2016 年 4 月，北汽集团在北京车展上展示了其基于 EU260 打造的自动驾驶汽车，该车目前搭载的自动驾驶感知与控制设备大部分采用了国产设备，以期为未来的量产打下基础。

2018 年 5 月，宇通客车在其 2018 年新能源全系产品发布会上宣布，已具备面向高速结构化道路和园区开放通勤道路的 L4 级自动驾驶能力。

2018 年起，大批国内自主品牌 L2 级自动驾驶乘用车开始上市，如长安 CS55/CS75、长城 F7/V6、吉利缤瑞/缤越/博越 GE、上汽 Marvel X 等车型，如图 1-3-4 所示。

图 1-3-4　国内自主品牌 L2 级自动驾驶乘用车

2）我国高科技公司对自动驾驶汽车的研究

除了上述传统的汽车制造厂商在自动驾驶领域的研究，以百度为代表的高科技公司也相继加入了自动驾驶汽车领域的研究。百度自动驾驶汽车发展历程如表 1-3-1 所示。

表 1-3-1　百度自动驾驶汽车发展历程

名称	年份	内容
百度自动驾驶汽车	2013 年	百度开始了自动驾驶汽车项目，其技术核心是"百度汽车大脑"
	2015 年 12 月初	百度自动驾驶汽车在北京进行自动驾驶测跑，完成了进入高速到驶出高速不同道路场景的切换
	2015 年 12 月 14 日	百度宣布正式成立自动驾驶事业部
	2017 年 4 月 17 日	百度展示了与博世合作开发的高速公路辅助功能增强版演示车
	2018 年 7 月 4 日	百度在第二届百度 AI 开发者大会（Baidu Create 2018）上宣布，其与厦门金龙合作生产的首款 L4 级自动驾驶巴士"阿波龙"已经量产下线
	2019 年年初	百度与日本软银旗下的 SB Drive 合作，将 10 辆"阿波龙"带去包括东京在内的多个日本城市
	2021 年 6 月 21 日	120 余位驻华使馆外交官和国际组织代表在北京首钢园体验了百度无人车出行服务

二、国内外智能网联汽车发展现状

1. 国外智能网联汽车发展现状

1）美国自动驾驶汽车技术发展现状

早在 2013 年，美国国家高速公路交通安全管理局（NHTSA）就发布了《关于自动驾驶仪车辆控制政策的初步意见》，并制定了支持自动驾驶技术发展和推广的自动驾驶考核标准。2016 年 9 月，为确保技术变革得到恰当引导，美国交通部发布了一项联邦自动驾驶汽车政策，为自动驾驶安全部署提供政策监管框架。

2017 年 9 月，美国发布了一项车辆升级与驾驶政策，即《自动驾驶系统：安全愿景 2.0》，该政策不仅被业界视为自动驾驶汽车发展的指导方针，而且代表了美国联邦政府对自动驾驶的态度。

2017年9月，美国众议院一致通过了自动驾驶法案（SELF DRIVE ACT，H.R.3388），为美国自主车辆的成功开发、技术创新、技术测试和安全部署提供了重要支持，该法案要求自动驾驶汽车制造商或系统供应商向监管机构提交安全评估证书，以证明其自动驾驶汽车在数据、产品和功能方面采取了充分的安全措施。同时，该法案还要求制订隐私保护计划，其中包括收集、存储和使用车辆及乘客信息的保护措施，列出了需要考虑的12个优先安全设计要素，包括车辆网络安全、人机界面、防撞性、消费者教育和培训，以及碰撞后自动驾驶系统的响应等。

2018年10月发布的《未来交通准备：自动驾驶3.0》表明美国交通部将努力消除妨碍自动驾驶车辆发展的政策和法规，并支持将自动驾驶车辆纳入整个交通系统。

2020年新年伊始，美国交通部在官网发布了《确保美国自动驾驶领先地位：自动驾驶汽车4.0》（简称《自动驾驶4.0》）战略。该战略由美国白宫和交通部共同发起。《自动驾驶4.0》战略提出了涵盖用户、市场及政府三个方面的十大技术原则。在保护用户与群体方面，一是安全优先；二是强调技术与网络安全；三是确保隐私与数据安全；四是强化机动性与可及性。《自动驾驶4.0》战略是提供创新要素的基础保障，能够推动多种技术融合创新。《自动驾驶4.0》提出，自动驾驶是先进制造、高速通信技术、先进计算技术、计算机视觉、先进传感器、机器学习及人工智能等创新融合的结果；同时，应将自动驾驶的开发工作列为各部门研究与开发预算的优先事项，积极出台各类保障促进政策，为自动驾驶技术提供创新要素。

美国的一些州政府也有自己的政策法案，允许自动驾驶车辆的公开道路测试。加利福尼亚州（加州）是世界上率先通过无人驾驶汽车公开道路测试官方法规的地区，也是美国国家高速公路交通安全管理局的总部所在地，开放、宽容和权威使加州成为全球无人驾驶汽车测试的主要基地。2011年，内华达州率先通过了自动驾驶汽车立法，解决了州公路上自动驾驶汽车的路试问题。2012年9月，加州出台了更加宽松的汽车驾驶法规，确立了"促进和保障无人驾驶汽车安全"的立法理念，努力为自动驾驶技术的发展扫清障碍。

随后，包括佛罗里达州、哥伦比亚特区和密歇根州在内的数十个美国特区和州先后颁布了数十项自主车辆交通政策和法规，以促进美国自动驾驶和人工智能产业的发展。2018年2月底，加州再次放宽了无人驾驶政策，之前监管机构要求无人驾驶汽车在公共道路上进行测试时，需要有安全员负责车辆行驶与控制监管，而这一要求得到放宽，并于2018年4月2日起开始施行。图1-3-5所示为公开道路测试中的Waymo无人驾驶汽车。

图1-3-5　公开道路测试中的Waymo无人驾驶汽车

2）德国自动驾驶汽车技术发展现状

欧盟于 2012 年颁布法规，要求所有商用车在 2013 年 11 月之前安装紧急自动制动（AEB）系统。自 2014 年起，在欧盟市场销售的所有新车都必须配备 AEB 系统，没有该系统的车辆将很难获得 E-NCAP 五星级安全认证。沃尔沃的城市安全系统、本田的 CMBS 和梅赛德斯-奔驰的 Pre-Safe 等都属于这类系统。

戴姆勒的梅赛德斯-奔驰 S 系列汽车及配备激光雷达的奥迪 A8 可以实现在遇到交通堵塞时自动跟踪前方汽车，从而起到缓解交通拥堵的作用。

数据显示，从 2010 年 1 月到 2017 年 7 月，全世界共有 5839 项与自动驾驶汽车相关的技术专利。在专利数量最多的十家公司中，六家是德国公司，三家是美国公司。德国的博世拥有 958 项专利，远远高于排名第二的奥迪。

由于德国加入的《维也纳道路交通公约》要求驾驶人始终控制车辆，所以德国的自动驾驶汽车道路试验一般在海外开展。截至 2016 年 3 月，联合国修订并签署了《维也纳道路交通公约》，补充了第 8 条，允许"自动驾驶系统根据需要控制车辆，驾驶员可以随时接管"。

在德国，只有德国汽车公司才具备自动驾驶本土化测试条件。

2017 年 6 月，德国颁布了《道路交通法（修订案）》，该修订案允许自动驾驶系统在特定条件下取代人类驾驶车辆，极大地改善了德国道路的自动驾驶技术测试条件，并推动了自动驾驶技术的研究进度。为此，德国率先开放了 A9 高速公路的部分路段用于自动驾驶技术测试。此外，德国还公布了针对自动驾驶的道德标准，为自动驾驶系统设计和伦理道德研究提供了强有力的支持。该标准将允许自动驾驶车辆优先处理事故，并将其纳入系统的自我学习。自动驾驶的道德标准部分内容如下。

（1）自动驾驶系统必须始终确保其引发的事故数量低于人类驾驶者引发的事故数量。

（2）人类安全必须始终优先于动物或其他财产安全。

（3）当自动驾驶汽车发生不可避免的事故时，不允许基于年龄、性别、种族、身体特征或任何其他区别因素做出歧视性判断。

（4）在任何驾驶情况下，无论驾驶员是人还是自动驾驶系统，责任方必须遵守既定的道路法规。

（5）为了确定事故责任方，自动驾驶车辆必须配备"黑匣子"，随时记录和存储驾驶数据。

（6）自动驾驶车辆将保留车辆记录数据的唯一所有权，该所有权可决定数据是否由第三方保存或转发。

（7）尽管车辆在紧急情况下可能会自动反应，但在一个道德和模糊的事件中，人类应该重新控制车辆。

与美国企业通过无人驾驶的市场应用探索并从而分析出低级驾驶辅助技术不同，德国的自动驾驶采取了一种由低级的驾驶辅助逐渐向最高级驾驶升级的渐进式发展路线。以上两种路线是目前无人驾驶领域典型的研究方向和市场策略。

3）日本自动驾驶汽车技术发展现状

日本把自动驾驶作为一项重要的发展战略，十分重视人工智能应用和汽车工业发展。在2017年的智能交通系统（ITS）构想及路线图中，日本明确了自动驾驶技术的推广计划：到2025年，将实现在高速公路上的L4级自动驾驶。

2018年3月，日本政府在"未来投资会议"上提出了《自动驾驶相关制度整备大纲》，明确了L3级自动驾驶事故责任的定义。同年9月，日本国土交通省正式发布《自动驾驶汽车安全技术指南》，规定了L3级和L4级自动驾驶汽车必须满足的安全条件。

2. 国内智能网联汽车发展现状

2016年，我国发布了《节能与新能源汽车技术路线图》，明确了我国智能网联汽车技术路线，以指导汽车制造商的发展和未来的产业发展。

2017年，《新一代人工智能发展规划》的发布，进一步明确了自动驾驶技术自主应用的战略目标。

2018年1月，国家发展改革委发布了《智能汽车创新发展战略（征求意见稿）》。其中提到，到2020年，我国汽车市场中新型智能汽车比例将达到50%，中高端智能汽车将以市场为导向；智能交通系统建设取得积极进展，大城市和高速公路的LTE-V2X无线通信网络覆盖率达到90%。2018年我国20个智能网联汽车测试示范区如表1-3-2所示。

表1-3-2　2018年我国20个智能网联汽车测试示范区

区域	数量/个	示范区名称
北京	1	国家智能汽车与智慧交通（京冀）示范区
吉林	1	国家智能网联汽车应用（北方）示范区（长春）
辽宁	1	北汽盘锦无人驾驶汽车运营项目
江苏	2	国家智能交通综合测试基地（无锡）
		常熟中国智能车综合技术研发与测试中心
上海	1	国家智能网联汽车（上海）A NICE CITY示范区
浙江	3	杭州云栖小镇LTE-V车联网示范区
		桐乡乌镇示范区
		嘉善产业新城智能网联汽车测试场
福建	2	平潭无人驾驶汽车测试基地
		漳州无人驾驶汽车社会实验室（厦门）
广东	2	深圳无人驾驶示范区
		广州智联汽车与智慧交通应用示范区
四川	2	德阳Dicity智能网联汽车测试与示范运营基地
		成都中德智能网联汽车四川试验基地
重庆	2	重庆i-VISTA智能汽车集成系统试验区
		重庆中国汽研智能网联汽车试验基地

续表

区域	数量/个	示范区名称
湖北	2	武汉"智慧小镇"示范区
		武汉雷诺自动驾驶示范区
湖南	1	湘西新区智能系统测试区

2018年4月，工业和信息化部、公安部和交通运输部三部委联合印发的《智能网联汽车道路测试管理规范（试行）》，强调要推动汽车智能化，规范智能网联汽车道路测试管理，对提出智能网联汽车道路测试申请、组织测试并承担责任的测试主体做出明确规定，对测试驾驶员条件做出规定，对智能汽车自动驾驶功能检测项目做出说明，将道路测试规范化，有助于汽车制造商开展自动驾驶功能测试。其主要内容如图1-3-6所示，该文件是智能网联汽车测试的指导性文件。

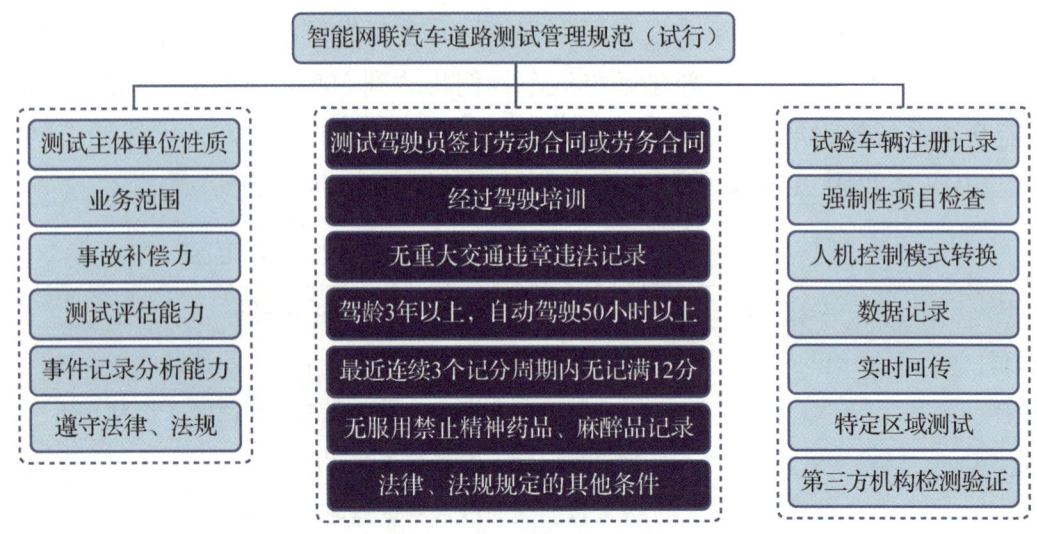

图1-3-6　2018年《智能网联汽车道路测试管理规范（试行）》的主要内容

2020年，我国L2级智能网联乘用车的市场渗透率达到15%，L3级自动驾驶车型在特定场景下开展测试验证。我国相关企业生产的高精度摄像头、激光雷达等感知设备已达到国际先进水平，为多款主流车型供货，智能驾驶（MDC）计算平台、车规级AI芯片在多个车型上进行装车应用。

多地加快部署5G通信、路侧联网设备等基础设施，加大交通设备数字化改造力度，开展车路协同试点，支持企业进行载人载物示范应用。

2020年2月，国家发展改革委、中央网信办等11部门联合发布《智能汽车创新发展战略》，明确提出要确保用户信息、车辆信息、测绘地理信息等数据安全可控。要完善数据安全管理制度，加强监督检查，开展数据风险、数据出境安全等评估。

2021年2月24日，《国家综合立体交通网规划纲要》印发，其中提出要建设融合感知平台，推动智能网联汽车与现代数字城市协同发展。

2021年4月，为进一步推动智能网联汽车产业健康有序发展，加强道路机动车辆生产企业及产品准入管理，工业和信息化部组织起草了《智能网联汽车生产企业及产品准入管理指南（试行）》（征求意见稿），提出了智能网联汽车功能安全、预期功能安全、网络与数据安全及车联网卡实名等有关要求。

2021年5月6日，住房和城乡建设部、工业和信息化部公布了智慧城市基础设施与智能网联汽车（"双智"）协同发展首批示范城市，北京、上海、广州、武汉、长沙、无锡6市入选。

目前，涉及自动驾驶汽车的公司主要分为5类，分别为互联网科技公司、传统汽车制造商、新能源汽车公司、智能驾驶解决方案供应商、专注于垂直领域的科创公司。

互联网科技公司，如百度、华为、腾讯、京东、美团、海康威视、小米、中兴通讯等企业。

传统汽车制造商，如吉利、比亚迪、上海汽车、长安汽车、广州汽车、奇瑞、江淮汽车等。

新能源汽车公司，如小鹏汽车、蔚来汽车、爱驰汽车、奇点汽车、零跑汽车、理想汽车等。

智能驾驶解决方案供应商，如驭势科技、初速度（Momenta）、纵目科技、四维图新、文远知行、禾多科技、小马智行等，其测试车如图1-3-7所示。

（a）初速度（Momenta）测试车

（b）文远知行测试车

（c）禾多科技测试车

（d）小马智行测试车

图1-3-7　智能驾驶解决方案供应商的测试车

此外，还有些公司专注于垂直领域，如专注于智能汽车芯片研发的地平线（Horizon Robotics）；专注于自动驾驶卡车领域的图森未来、智加科技、主线科技等。

任务四　智能网联汽车行业发展趋势

一、智能网联汽车的关键技术

智能网联汽车的关键技术包含环境感知技术、无线通信技术、智能互联技术、车载网络技术、先进驾驶辅助技术、信息融合技术、信息安全与隐私保护技术、人机界面（HMI）技术等。

1. 环境感知技术

环境感知包括车辆本身状态感知、道路感知、行人感知、交通信号感知、交通标识感知、交通状况感知、周围车辆感知等，如图1-4-1所示。

图1-4-1　环境感知技术

（1）车辆本身状态感知包括行驶速度、行驶方向、行驶状态、车辆位置的感知等。

（2）道路感知包括道路类型检测、道路标线识别、道路状况判断、是否偏离行驶轨迹等。

（3）行人感知主要判断车辆行驶前方是否有行人，包括白天行人识别、夜晚行人识别、被障碍物遮挡的行人识别等。

（4）交通信号感知主要是自动识别交叉路口的信号灯，并判断如何高效通过交叉路口等。

（5）交通标识感知主要是识别道路两侧的各种交通标志，如限速、弯道等，并及时提醒驾驶员注意。

（6）交通状况感知主要是检测道路交通拥堵情况及是否发生交通事故等，以便车辆选择通畅的路线行驶。

（7）周围车辆感知主要检测车辆前方、后方、侧方的车辆（也包括交叉路口被障碍物遮挡的车辆）情况，避免发生碰撞。

在复杂的路况交通环境下，单一传感器无法完成全部的环境感知，必须整合各种类型的传感器，利用传感器融合技术，使其为智能网联汽车提供更加真实可靠的路况环境信息。

2. 无线通信技术

无线通信技术包括长距离无线通信技术、中短距离无线通信技术,以及近距离无线通信技术。

(1)长距离无线通信技术用于提供即时的互联网接入,主要采用 4G/5G 技术,特别是 5G 技术有望成为车载长距离无线通信专用技术。

5G 具有大规模 MIMO、新型多址接入、新型信道编码、新型调制等方面的特性,相对于 4G 通信而言,具有更高的传输速率、更低的传输延迟,以及更多的接入用户等优点。智能终端的普及与应用的多样化(高清视频、VR 和 AR),也促进了无线通信的迅速发展,5G 已进入商用阶段。

(2)中短距离无线通信技术有专用短程通信技术(DSRC)、LTE-V 通信技术、近距离通信技术(如 RFID、NFC、Wi-Fi、蓝牙等)等,其中,DSRC 和 LTE-V 通信技术可以实现在特定区域内对高速运动下移动目标的识别和双向通信,如 V2V、V2I 双向通信,实时传输图像、语音和数据信息等,如图 1-4-2 所示。

图 1-4-2 中短距离无线通信技术

3. 智能互联技术

当两个车辆距离较远或被障碍物遮挡,导致直接通信无法完成时,两者之间可以通过路侧单元进行信息传递,构成一个无中心、完全自组织的车载自组织网络。车载自组织网络依靠短距离通信技术实现 V2V 和 V2I 之间的通信,它使得在一定通信范围内的车辆可以相互交换各自的车速、位置等信息和车载传感器感知的数据,并自动连接建立起一个移动的网络。典型的应用包括行驶安全预警、交叉路口协助驾驶、交通信息发布及基于通信的纵向车辆控制等。

4. 车载网络技术

车载网络技术是用点对点的连线方式,将汽车的内部传感器、控制器和执行器之间的通信连成复杂的网状结构的技术,如图 1-4-3 所示。目前,汽车上广泛应用的车载网络是 CAN、LIN、FlexRay 和 MOST 总线等,它们的特点是传输速率低、带宽窄。随着越来越多的高清视频应用进入汽车,如高级驾驶辅助系统

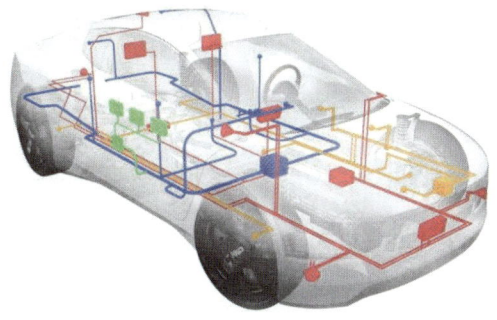

图 1-4-3 车载网络技术

（Advanced Driving Assistant System，ADAS）、360°全景泊车系统等，它们的传输速率和带宽已无法满足需要。

以太网最有可能进入智能网联汽车系统中工作，它采用星形连接架构，每个设备或每条链路都可以专享100Mbit/s带宽，而且传输速率可达万兆级。同时，以太网还可以顺应未来汽车行业的发展趋势，即开放性、兼容性原则，从而将现有的应用轻松嵌入新的系统中。

5. 先进驾驶辅助技术

先进驾驶辅助技术是通过车辆环境感知技术和自组织网络技术对道路、车辆、行人、交通标志、交通信号等进行检测和识别，对识别信号进行分析处理，传输给执行机构，保障车辆安全行驶的技术，如图1-4-4所示。先进驾驶辅助技术是智能网联汽车重点发展的技术之一，其成熟程度和使用多少代表了智能网联汽车的技术水平高低，是其他关键技术的具体应用体现。

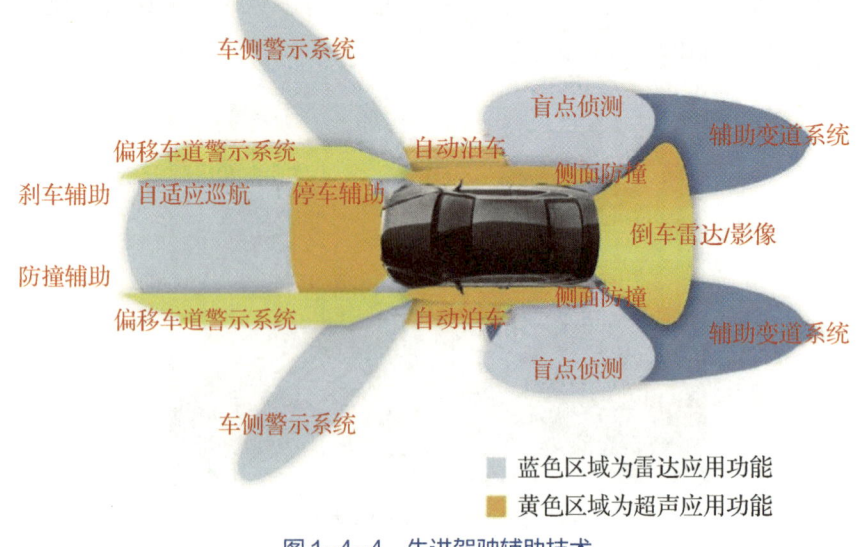

图1-4-4 先进驾驶辅助技术

6. 信息融合技术

信息融合技术是指在一定准则下，利用计算机技术对多源信息进行分析和综合，以实现对不同应用的分类任务进行处理的技术。该技术主要用于对多源信息进行采集、传输、分析和综合，将不同数据源在时间和空间上的冗余或互补信息依据某种准则进行组合，从而产生完整、准确、及时、有效的综合信息。智能网联汽车采集和传输的信息种类多、数量大，必须采用信息融合技术才能保障其实时性和准确性，如图1-4-5所示。

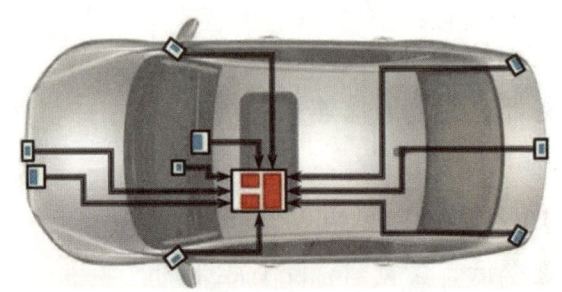

图1-4-5 信息融合技术

7. 信息安全与隐私保护技术

在智能网联汽车接入网络的同时，也带来了信息安全的问题。在应用中，每辆车及其车主的信息都将随时随地传输到网络中被感知，这种暴露在网络中的信息很容易被干扰、窃取，甚至被修改，从而直接影响智能网联汽车体系的安全。因此，在智能网联汽车中，必须重视信息安全与隐私保护技术的研究。

8. 人机界面技术

人机界面技术，尤其是语音控制技术、手势识别技术和触屏技术，在全球未来汽车市场上已被大量采用。全球领先的汽车制造商，如奥迪、宝马、奔驰、福特及菲亚特等都在研究人机界面技术。不同国家的汽车人机界面技术的发展重点也不同，美国和日本侧重于远程控制，主要通过呼叫中心（Call Center）实现；德国则把精力放在车辆的中央控制系统上，如奥迪的 MMI、宝马的 iDrive、奔驰的 COMMAND。

智能网联汽车人机界面的设计，其最终目的在于提供良好的用户体验，增强用户的驾驶乐趣或在驾驶过程中的操作体验。它更加注重驾驶的安全性，因此人机界面的设计必须在好的用户体验和安全之间做平衡，而安全始终是第一位的。智能网联汽车人机界面应集成车辆控制、功能设定、信息娱乐、导航系统、车载电话等多项功能，方便驾驶员快捷地从中查询、设置、切换车辆系统的各种信息，从而使车辆达到理想的运行和操纵状态。未来车载信息显示系统和智能手机将无缝连接，人机界面提供的输入方式将会有多种选择，通过使用不同的技术，消费者能够根据不同的操作、不同的功能进行自由切换。

图 1-4-6 所示为宝马的 iDrive 8.5，其采用语言、触屏技术、多功能旋钮三种方式进行控制，给用户提供了更为智能化的交互方式，提升了用户体验。BMW 的 iDrive 8.5 操作系统是宝马集团开发的功能非常强大的操作系统和数据处理系统与技术平台，通过车载网络架构和数个高性能计算机来共同实现，不仅高度模块化，而且具有极高的灵活性。iDrive 8.5 操作系统可以处理各种各样的任务，包括信息处理和互联服务、数据处理、连接不同设备和第三方应用程序，以及无缝集成云端服务，远远超出了常规的显示和操作概念。

图 1-4-6 宝马的 iDrive 8.5

除以上关键技术外，智能网联汽车还涉及高精度地图与定位技术、异构网络融合关键技术、交通大数据处理与分析关键技术、交通云计算与云存储关键技术等先进技术。

二、智能网联汽车发展总体目标

智能网联汽车发展总体目标如图 1-4-7 所示：在顶层设计方面，加速中国方案的智能网联汽车发展战略形成；在技术和产品创新能力方面，实现中国品牌智能网联汽车竞争力的增强，使人-车-路-云高度协同；在市场应用方面，持续提高 PA、CA 级智能网联汽车渗透率（2025年达到 50%，2030 年超过 70%；2025 年实现蜂窝车联网（C-V2X）终端的新车装配率达 50%，2030 年基本普及；2025 年，在特定场景和限定区域首先高度自动驾驶车辆实现商业化应用）。

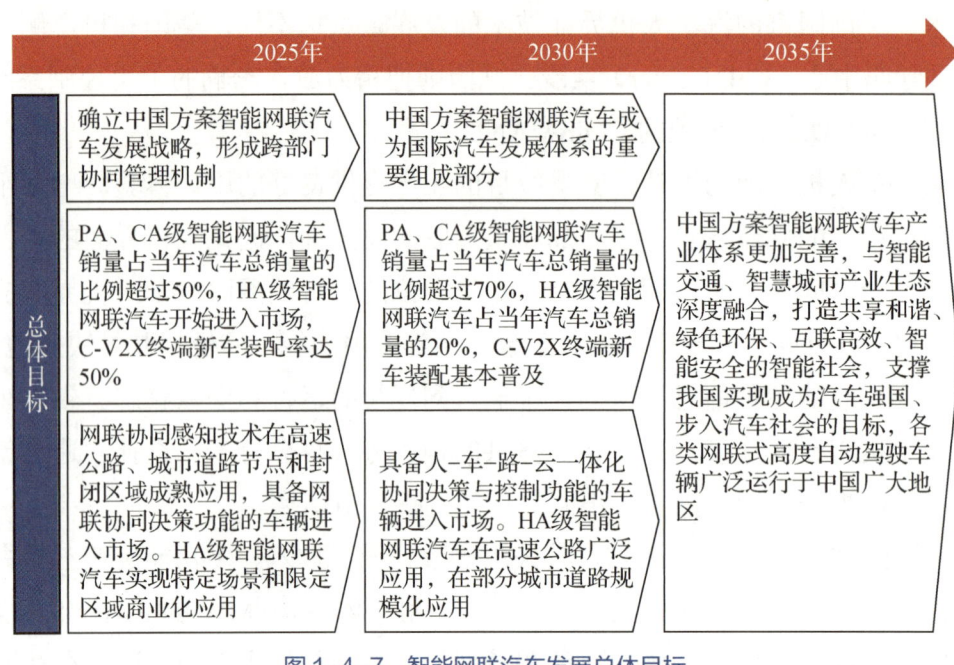

图 1-4-7 智能网联汽车发展总体目标

到 2035 年，中国方案智能网联汽车技术和产业体系全面建成、产业生态健全完善，整车智能化水平显著提升，网联式高度自动驾驶智能网联汽车大规模应用。由于采用智能化和网联化技术，驾乘安全性和舒适性显著提高，交通事故和人员伤亡数量大幅降低，交通出行和物流运输效率显著提升，道路交通能源消耗和污染排放有效降低。中国方案智能网联汽车关键核心技术处于国际领先水平，有效助推我国汽车产业转型升级、新兴产业经济重构和安全、高效且绿色的汽车社会文明形成，助力建设世界汽车强国的战略目标实现。

在顶层设计方面，中国方案智能网联汽车发展战略形成，并逐渐成为国际汽车发展体系的重要组成部分。政策法规体系、技术标准体系、产品安全体系、运行监管体系建成并不断完善。汽车与交通、信息通信等产业相互赋能、协同发展，新型产业生态体系形成，智能网联汽车、智能交通、智慧城市深度融合。

在技术和产品创新能力方面，研发体系、生产配套体系、创新产业链体系已经形成并持续优化。拥有世界排名前十的供应商企业 1~2 家，中国品牌智能网联汽车及核心零部件国际竞争力增强。人-车-路-云高度协同，通信网络、道路交通、地图定位等智能化基础设施覆盖度高。

在市场应用方面，PA、CA 级智能网联汽车渗透率持续增加，2025 年超过 50%，2030 年超过 70%。C-V2X 终端的新车装配率在 2025 年达 50%，2030 年基本普及，网联协同感知、协同决策与控制功能不断应用，车辆与其他交通参与者互联互通。高度自动驾驶车辆将于 2025 年首先在特定场景和限定区域实现商业化应用，并不断扩大运行范围。

在此期间，整车厂将遵循既定的方式进行市场化，首先在高端车型上配备自动驾驶模块。智能网联汽车的行驶模式可以更加节能高效，因此交通拥堵及汽车对空气的污染程度将得以减弱。智能网联汽车的未来发展前景如图 1-4-8 所示。

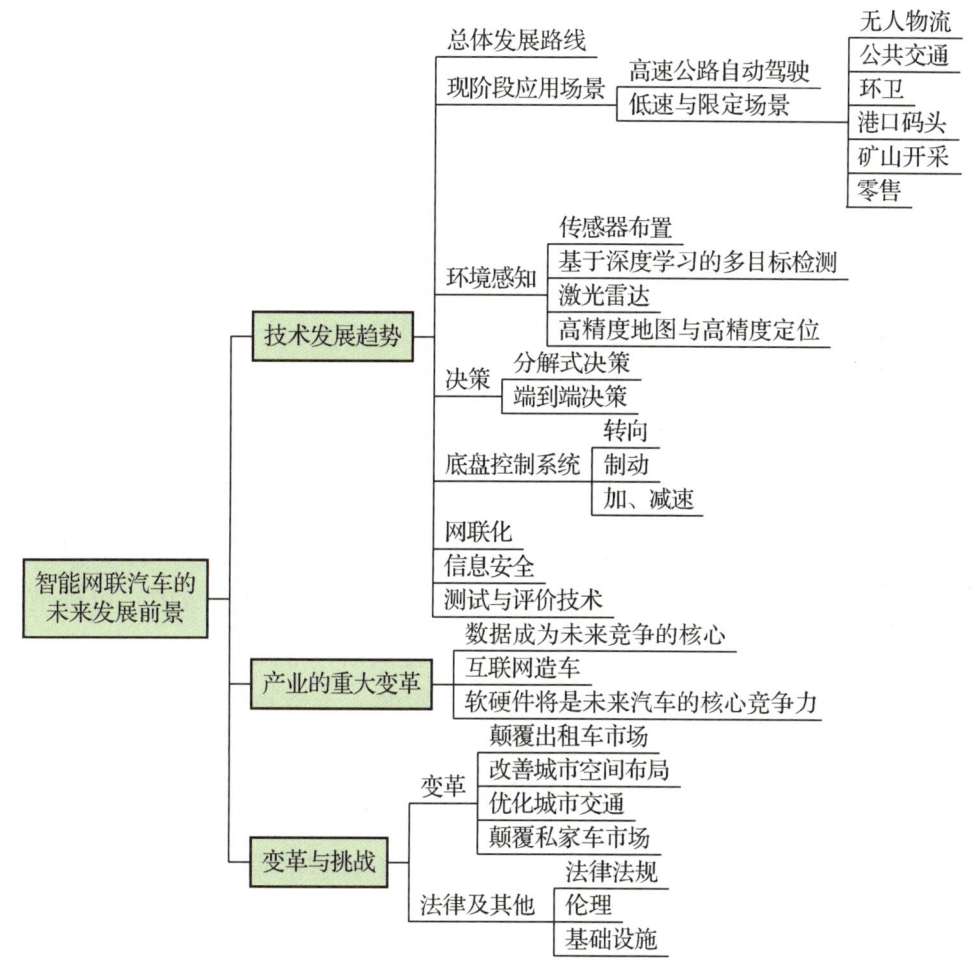

图 1-4-8　智能网联汽车的未来发展前景

三、智能网联汽车技术发展趋势

智能网联汽车技术发展具有以下趋势。

1. 以深度学习方法为代表的人工智能技术快速发展和应用

以深度学习方法为代表的人工智能（Artificial Intelligence，AI）技术在智能网联汽车上正在得到快速应用。尤其在环境感知领域，深度学习方法已凸显出巨大的优势，正在以惊人

智能网联汽车概论

的速度替代传统机器学习方法。深度学习方法需要大量的数据作为学习的样本库，对数据采集和存储提出了较高需求。但是，深度学习方法还存在内在机理不清晰、边界条件不确定等缺点，需要与其他传统方法融合使用，以确保其可靠性，且目前也受车载芯片处理能力的限制。

2. 激光雷达等先进传感器加速向低成本和小型化发展

激光雷达相对于毫米波雷达等其他传感器具有分辨率高、识别效果好等优点，已逐渐成为主流的智能网联汽车用传感器；但其体积大、成本高，同时也更易受雨雪等天气条件影响，这导致它现阶段难以被大规模商业化应用。目前，激光雷达正在向低成本、小型化的固态扫描或机械固态混合扫描形式发展，但仍需要克服光学相控阵易产生旁瓣从而影响探测距离和分辨率，以及繁复的精密光学调装影响量产规模和成本等问题。

3. 自主式智能技术与网联式智能技术加速融合

网联式系统能从时间和空间维度突破自主式系统对于车辆周边环境的感知能力的限制。在时间维度，通过 V2X 通信，系统能够提前获知周边车辆的操作信息、红绿灯等交通控制系统信息，以及气象条件、拥堵预测等更长期的未来状态信息。在空间维度，通过 V2X 通信，系统能够感知交叉路口盲区、弯道盲区、车辆遮挡盲区等位置的环境信息，从而帮助自动驾驶系统更全面地掌握周边交通态势。自主式智能技术与网联式智能技术相辅相成，互为补充，正在加速融合发展。

4. 高速公路自动驾驶与城市低速区域自动驾驶系统将率先应用

高速公路与城市低速区域将是自动驾驶系统率先应用的 2 个场景。高速公路的车道线、标志牌等结构化特征清晰，交通环境相对简单，适合车道偏离预警、车道保持系统、自动制动、自适应巡航控制等驾驶辅助系统的应用。目前，市场上常见的特斯拉等自动驾驶汽车就是 L1 级和 L2 级自动驾驶技术的典型应用。而在特定的城市低速区域内，可提前设置好高精度定位、V2X 等支撑系统，采集好高精度地图，以便实现车辆在特定区域内的自动驾驶，如自动物流运输车、景区自动摆渡车、园区自动通勤车等。

四、智能网联汽车发展的重点产品

智能网联汽车发展的重点产品主要有基于网联的车载智能信息服务系统、驾驶辅助级智能汽车、部分自动或高度自动驾驶级智能汽车、完全自主驾驶级智能汽车等。

1. 基于网联的车载智能信息服务系统

在现有远程信息服务系统基础上，为驾驶和出行提供交通、资讯、车辆运行状态及智能控制等信息服务，突出信息化和升级人机交互；逐步普及远程通信功能，部分实现 V2X 短程通信功能，信息可用于智能化控制。

2. 驾驶辅助级智能汽车

制定中国版智能驾驶辅助标准，基于车载传感器实现智能驾驶辅助，可提醒驾驶员干预车辆，突出安全性、舒适性和便利性，驾驶员对车辆应保持持续控制。

3. 部分自动或高度自动驾驶级智能汽车

制定中国版乘用车城市智能驾驶标准和高速公路智能驾驶标准；乘用车逐步实现部分自动或高度自动驾驶，突出舒适性、便利性、高效机动性和安全性，实现网联信息的安全管理；制定中国版商用车城郊智能驾驶标准和高速公路智能驾驶标准，商用车逐步实现部分自动或高度自动驾驶，以网联智能管理和编队控制技术突破为主，提高运输车辆的运行效率、经济性、安全性和便利性。

4. 完全自主驾驶级智能汽车

制定中国版完全自主驾驶标准，基于多源信息融合、多网融合，利用人工智能、深度挖掘及自动控制技术，配合智能环境和辅助设施实现自主驾驶，可改变出行模式、消除拥堵、提高道路利用率。

项目二 智能网联汽车环境感知系统认知

任务一　环境感知系统的定义与组成

一、环境感知系统的定义

智能网联汽车的环境感知系统就是利用车载超声波雷达（也称超声波传感器）、毫米波雷达、激光雷达、视觉传感器，以及 V2X 通信技术等获取道路、车辆位置和障碍物的信息，并将这些信息传输给车载控制中心，为智能网联汽车提供决策依据的系统，是 ADAS 实现的第一步。环境感知系统在智能网联汽车中的典型应用如图 2-1-1 所示。

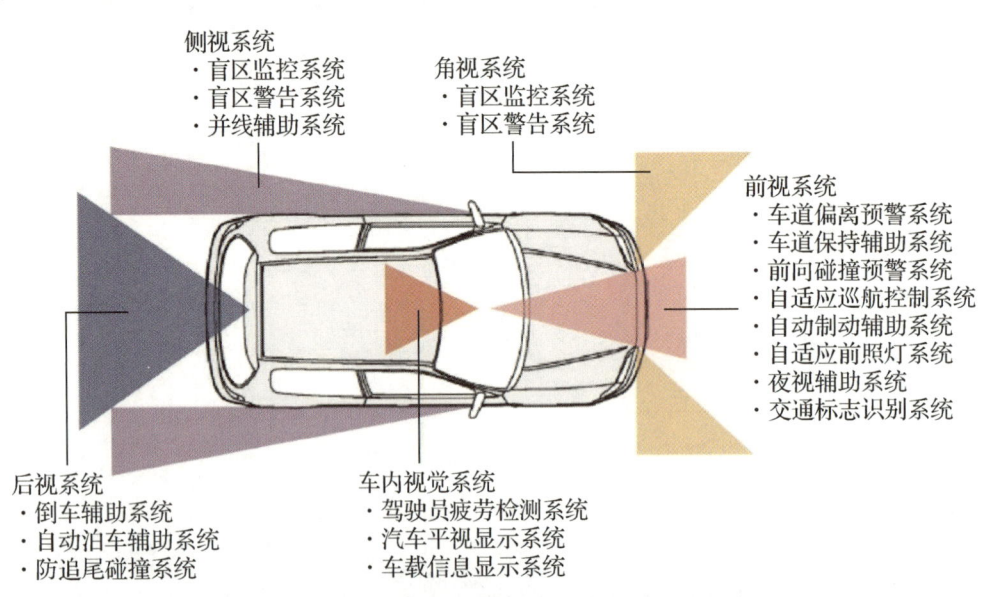

图 2-1-1　环境感知系统在智能网联汽车中的典型应用

环境感知系统相当于智能网联汽车的"眼睛和耳朵",它的性能将决定智能网联汽车能否适应复杂多变的交通环境。智能驾驶的智能程度越高,对环境感知系统要求就越高。无人驾驶汽车对环境感知系统的要求最高,其次是自动驾驶汽车、智能网联汽车和智能汽车。

智能网联汽车进行环境感知的对象主要有道路、车辆、行人、各种障碍物、交通标志、交通信号灯等,如图 2-1-2 所示。环境感知的对象有静止的,如道路、静止的障碍物、交通标志和交通信号灯;也有移动的,如车辆、行人和移动的障碍物。对于移动的对象,不仅要检测,还要对其轨迹(位置)进行追踪,并根据追踪结果,预测该对象下一步的轨迹(位置)。

图 2-1-2 智能网联汽车进行环境感知的对象

二、环境感知系统的组成

智能网联汽车的环境感知系统由信息采集单元、信息处理单元和信息传输单元组成,如图 2-1-3 所示。

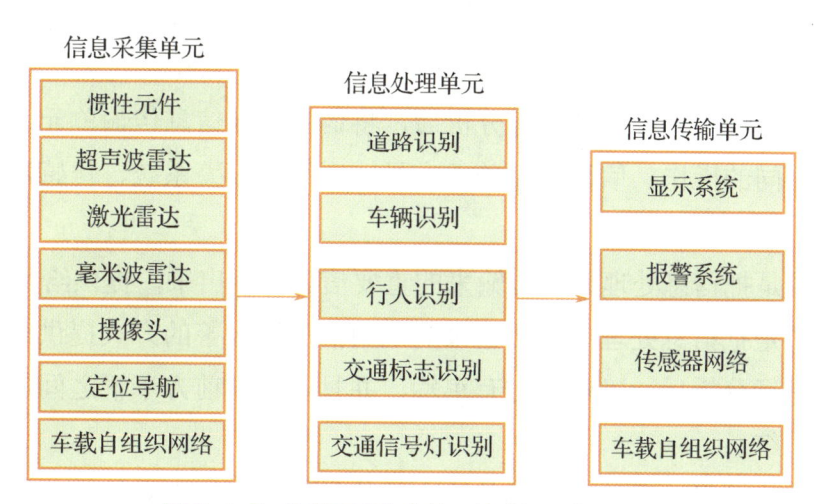

图 2-1-3 智能网联汽车的环境感知系统的组成

1. 信息采集单元

对环境的感知和判断是智能网联汽车工作的前提和基础,感知系统获取周围环境和车辆信息的实时性和稳定性,直接关系到后续检测或识别的准确性和执行的有效性。信息采集单元主要有惯性元件、超声波雷达、激光雷达、毫米波雷达、摄像头、定位导航及车载自组织网络等。

（1）惯性元件和定位导航主要是获取车辆的行驶速度、姿态和方位等信息，为智能网联汽车的定位和导航提供有效数据。惯性元件主要是指汽车上的车轮转速传感器、加速度传感器、微机械陀螺仪、转向盘转角传感器等，通过它们感知汽车自身的行驶状态。定位导航是指 GPS 或北斗导航系统，利用它们可以感知汽车自身的位置。

（2）超声波雷达、激光雷达、毫米波雷达和摄像头属于环境感知传感器，主要是获取交通环境信息，为智能网联汽车安全行驶提供有效数据。超声波雷达主要用于短距离的障碍物的检测；激光雷达不仅用于感知，也用于高精度地图的测绘和定位，是公认的 L3 级以上自动驾驶必不可少的传感器；毫米波雷达主要用于交通车辆的检测；摄像头主要用于车道线、交通标志、交通信号灯，以及车辆、行人的检测。

按照获取交通环境信息的途径，可将环境感知传感器分为被动环境感知传感器和主动环境感知传感器。被动环境感知传感器自身不会发射信号，而是通过接收外部反射或辐射的信号来获取环境信息，如摄像头；主动环境感知传感器可以主动向外部环境发射信号并进行环境感知，如超声波雷达、激光雷达和毫米波雷达。

（3）车载自组织网络强调了车辆、基础设施和行人三者之间的联系，利用短程通信技术，获得实时路况、道路信息、车辆信息和行人信息等一系列交通信息，从而提高驾驶安全性和驾驶效率。

2. 信息处理单元

信息处理单元主要是对信息采集单元输送来的信号，通过一定的算法识别道路、车辆、行人、交通标志、交通信号灯等，为智能网联汽车安全行驶提供保障。

3. 信息传输单元

信息处理单元对环境感知信号进行分析后，将信息送入信息传输单元，信息传输单元根据具体情况执行不同的操作。信息传输单元有显示系统、报警系统、传感器网络和车载自组织网络。

（1）显示系统是把信息处理单元传输来的重要信息显示出来，提供给驾驶员观看。

（2）报警系统是把信息处理单元传输来的危险信息用报警的方式提供给驾驶员，如信息处理单元对信息进行分析后，确定前方有车辆，并且本车与前方车辆之间的距离小于安全距离，则启动报警系统。

（3）传感器网络是把信息处理单元传输来的信息输送到控制系统的执行模块，例如，若驾驶员没有采取措施，碰撞危险继续加大，则将危险信息送入制动系统的控制执行模块，控制执行模块结合本车速度、加速度、转向角等自动调整智能网联汽车的车速和方向，实现自动避障，在紧急情况下也可以自动制动。信息传输单元把信息传输到传感器网络上，可以实现车辆内部资源共享。

（4）车载自组织网络是把信息处理单元传输来的信息传输给车辆周围的其他车辆，实现车辆与车辆之间的信息共享。

图 2-1-4 所示为智能网联汽车的周边环境感知示意图，从图中可以看出，不同传感器的感知范围是不同的。

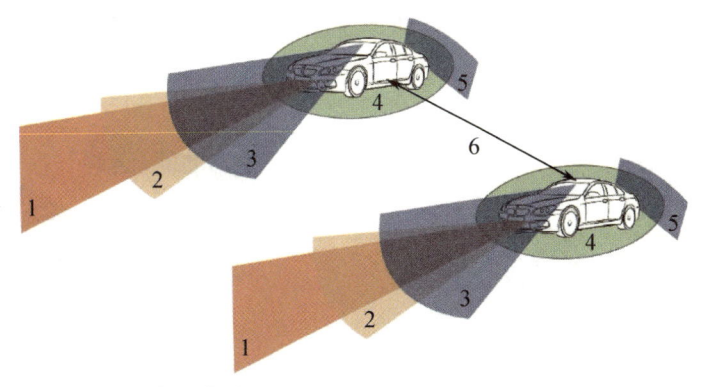

1—长距离雷达；2—短距离雷达；3—摄像头；
4—超声波雷达；5—摄像头；6—车载自组织网络。
图 2-1-4 智能网联汽车的周边环境感知示意图

任务二　环境感知系统传感器

一、摄像头

1. 摄像头概述

1）摄像头的定义

摄像头也称视觉传感器，可以先采集图像，将图像转换为二维数据；然后对采集的图像（车道、行人、车道线、交通标志等）进行模式识别，通过图像匹配算法识别行驶过程中的车辆、行人、交通标志等；最后依据目标物体的运动模式或使用双目定位技术，估算目标物体与本车的相对距离和相对速度。

车载摄像头主要用于检测路面的车道线、障碍物、交通标识牌、地面标识、交通信号和通行空间。

2）典型车载摄像头

（1）LI-USB30-AR023ZWDR 摄像头。LI-USB30-AR023ZWDR 摄像头（见图 2-2-1）采用标准 USB 3.0 接口，由 Leopard Imaging 公司制造。该系列产品基于 AZ023Z 1080P 传感器和安森美半导体的 AP0202 ISP。它支持外部触发和软件触发。

在百度 Apollo 平台上，建议使用 3 个摄像头，即两个带 6mm 镜头的摄像头和一个带 25mm 镜头的摄像头，以达到交通灯检测应用所需的性能。

该摄像头可通过 USB 3.0 电缆连接到 IPC（控制模块），用于提供电能和数据通信。外部触发信号可通过 HR25-7TP-8P（72）连接器发送到摄像头。

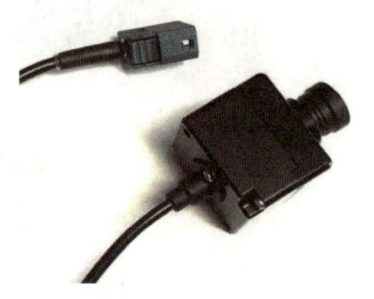

（2）Argus 摄像头。Argus 摄像头（见图 2-2-2）是由 Truly Semiconductors 和百度联合投资开发的产品。Argus 摄像头具有高动态范围（HDR 120dB），内部/外部触发和 OTA 固件更新。它能很好地匹配 Apollo 传感器单元。该系列产品是基于安森美半导体的 AR230 1080P 传感器和 AP0202ISP 的。

图 2-2-1 LI-USB30-AR023ZWDR 摄像头

图 2-2-2 Argus 摄像头

（3）Wissen 摄像头。Wissen 摄像头（见图 2-2-3）是 Wissen Technologies 和百度联合投资开发的产品。该摄像头具有高动态范围（HDR 120dB），内部/外部触发和 OTA 固件更新。

该摄像头同样可通过 FAKRA 连接器连接到 Apollo 传感器单元，以进行数据传输、触发和 OTA 固件更新。

图 2-2-3 Wissen 摄像头

3）摄像头组成及成像原理

摄像头主要由镜头、感光传感器、模/数转换器、图像处理器、图像存储器等组成。摄像头一般具有视频摄像/传播和静态图像捕捉等基本功能，它由镜头采集图像后，先由摄像头内的感光组件及控制组件对图像进行处理并转换成计算机能识别的数字信号，然后经并行端口或 USB 连接输入计算机后由软件进行图像还原，并将其存储到图像存储器中，摄像头成像原理如图 2-2-4 所示。

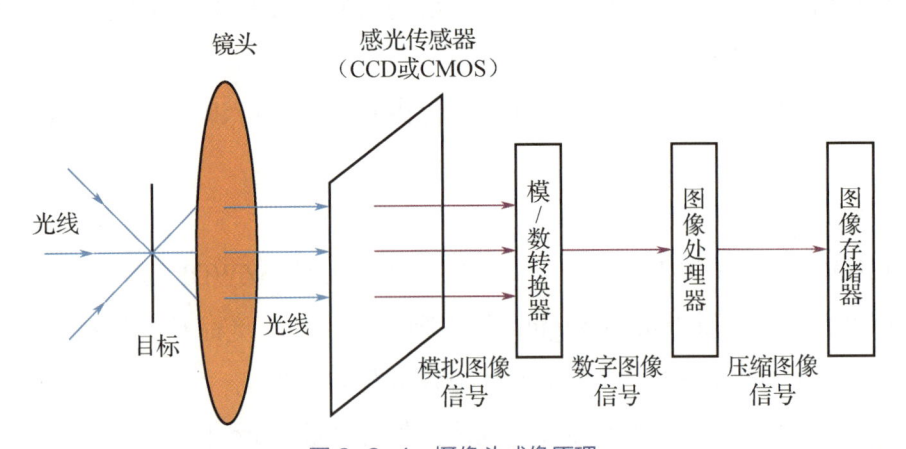

图 2-2-4 摄像头成像原理

4）车载摄像头的优缺点

现今摄像头技术比较成熟，使得其使用成本较为低廉。首先，其能采集的信息十分丰富，包含能直观获取最基本人类视觉的语义信息，但是基于视觉的感知技术受光线、天气影响较大，在恶劣天气和类似隧道内的昏暗环境中其性能难以得到保障；其次，物体识别基于机器学习资料库，需要的训练样本很大，训练周期长，也难以识别非标准障碍物；最后，由于广角摄像头的边缘畸变，导致得到的距离准确度较低。

2. 单目摄像头

单目摄像头如图 2-2-5 所示，一般安装在前挡风玻璃上部，用于探测车辆前方环境，识别道路、车辆、行人等。控制单元先通过图像匹配进行目标识别（各种车型、行人、物体等），再通过目标在图像中的大小去估算目标距离。这就要求先对目标进行准确识别，然后要建立并不断维护一个庞大的样本特征数据库，保证这个数据库包含待识别目标的全部特征数据。如果缺乏待识别目标的特征数据，就无法估算与目标的距离，进而导致 ADAS 的漏报。

单目摄像头的优点是成本低廉，能够准确识别具体障碍物的种类，也就是说能识别障碍物是车、人还是其他物品。由于很多图像算法的研究都是基于单目摄像头开发的，因此相对于其他类别的车载摄像头，单目摄像头的算法成熟度更高。

单目摄像头的缺点是由于其识别原理导致其无法识别没有明显轮廓的障碍物，其工作准确率与外部光线条件有关，并且受限于数据库，没有自学习功能。而且单目摄像头的视野完全取决于镜头，单目摄像头的视角越宽，可以实现的精确检测距离越近；视角越窄，可以实现的精确检测距离越远。目前辅助驾驶领域使用的单目摄像头可识别 40～120m 的范围，未来将达到 200m 或更远。但目前仍存在离物体越远，测距的精度就越低的问题。

单目摄像头是自动驾驶车辆系统中最重要的传感器之一，通过车道线检测和车辆检测，可以实现车道保持和自适应巡航功能，如图 2-2-6 所示。它具有成本低、帧速率高、信息丰富、检测距离远等优点，但易受光照、气候等环境影响，缺乏目标距离等深度信息，对目标速度的测量也有一定影响。

图 2-2-5　单目摄像头　　　　　图 2-2-6　单目摄像头的位置及应用

3. 双目摄像头

双目摄像头（见图 2-2-7）通过对两幅图像视差的计算，直接对前方景物（图像所涉及的范围）进行距离测量，因此无须判断前方出现的物体是什么类型的障碍物，不用像单目摄像头那样建立并维护庞大的样本特征数据库。依靠两个平行布置的摄像头产生的视差，找到同一物体所有的点，依靠精确的三角测距，就能够算出摄像头与前方障碍物之间的距离，实现

更高的识别精度和更大的探测范围。使用这种方案,需要两个摄像头有较高的同步率和采样率,因此技术难点在于双目标定及双目定位。相比单目摄像头,双目摄像头具有以下优势:解决方案没有识别率的限制,无须先识别再测量;直接利用视差计算距离的精度更高;无须维护样本数据库。

在距离测算上,相比单目摄像头及其他感知技术,双目摄像头对硬件及计算量的要求都迈上了一个新台阶,这也是双目视觉方案在应用时的一道难关。双目摄像头的测距精度依赖两个摄像头的安装距离,对安装精度和设备刚性有较高的要求。

2013年10月,斯巴鲁推出第三代Eyesight(智能驾驶安全辅助系统),与第二代相比,其像素数从30万提升到100万,两个摄像头之间的距离还是350mm,如图2-2-8所示。从CCD图像传感器改变为彩色CMOS图像传感器,最远探测距离从第二代的70m提高到100m,水平视角由25°扩展到35°。

图2-2-7 双目摄像头

图2-2-8 斯巴鲁第三代Eyesight的双目摄像头

4. 多目摄像头

1)三目摄像头

三目摄像头是三个不同焦距单目摄像头的组合。由于单目摄像头和双目摄像头都存在某些缺陷,因此,很多智能网联汽车采用了三目摄像头方案。宝马3系自动驾驶辅助系统Pro配备的一组前视三目摄像头如图2-2-9所示。

图2-2-9 前视三目摄像头

三目摄像头的感知范围如图2-2-10所示,其中每个摄像头的焦距不同,其感知范围也不尽相同,一般划分为不同的视场角,如250m视场、60m视场和150m视场。其中,250m视场探测距离远，用于检测前车道线、交通灯；60m 视场探测距离和范围均衡，用于一般的道路状况监测；150m 视场探测范围广，用于检测平行车道、行人和非机动车行驶的状况，可以有效获得道路状况、行人状况和交通灯等信息。

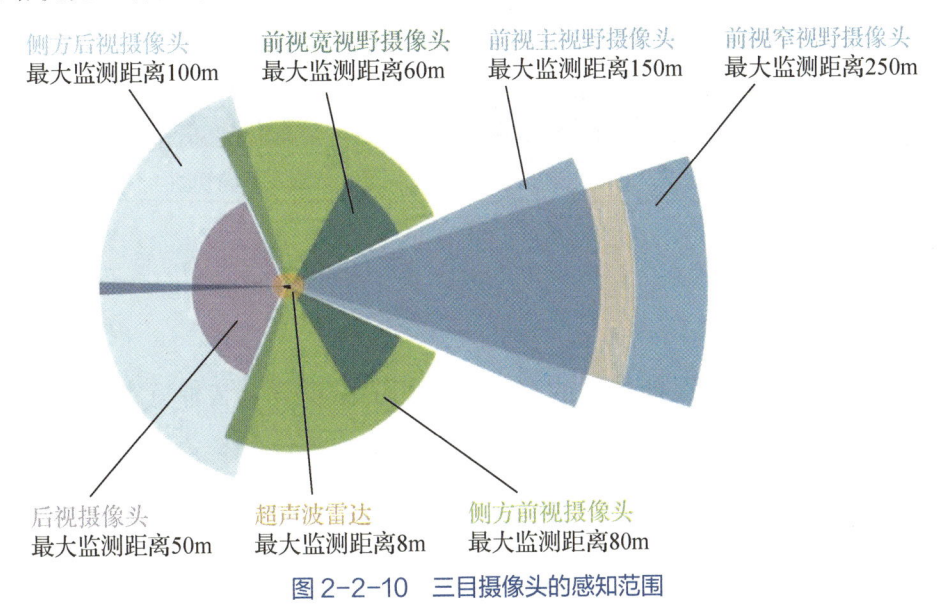

侧方后视摄像头 最大监测距离100m
前视宽视野摄像头 最大监测距离60m
前视主视野摄像头 最大监测距离150m
前视窄视野摄像头 最大监测距离250m
后视摄像头 最大监测距离50m
超声波雷达 最大监测距离8m
侧方前视摄像头 最大监测距离80m

图 2-2-10　三目摄像头的感知范围

对一般的车载摄像头来说，感知的范围要么损失视野，要么损失距离。三目摄像头则能较好地弥补感知范围的问题。三目摄像头的缺点之一是需要同时标定三个车载摄像头，因此工作量更大一些；缺点之二是软件部分需要关联三个车载摄像头的数据，因此对算法要求很高。

2）环视摄像头

环视摄像头的镜头是鱼眼镜头，一般至少包含四个摄像头，分别安装在汽车的前、后、左、右侧，如图 2-2-11 所示，实现 360° 环境感知，其难点在于畸变还原及图像之间的对接。通过标定值进行图像的投影变换，可将图像还原成俯视图的样子，对四个方向的图像进行拼接，再在四幅图像的中间放上一张车的俯视图，即可实现从车顶往下看的效果，如图 2-2-12 所示。

环视摄像头的感知范围并不大，主要用于车身 5～10m 内的障碍物检测及自主泊车时的库位线识别等。

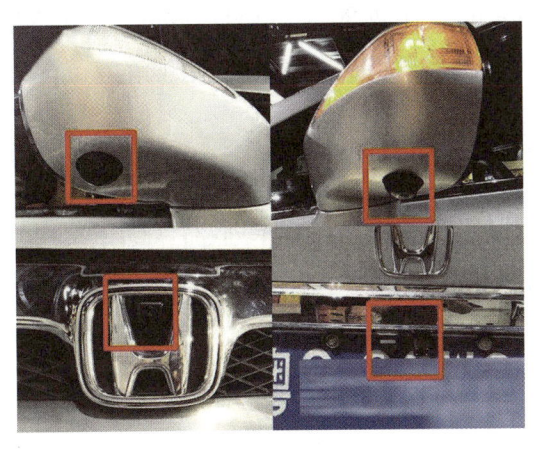

图 2-2-11　某车型鱼眼摄像头的安装

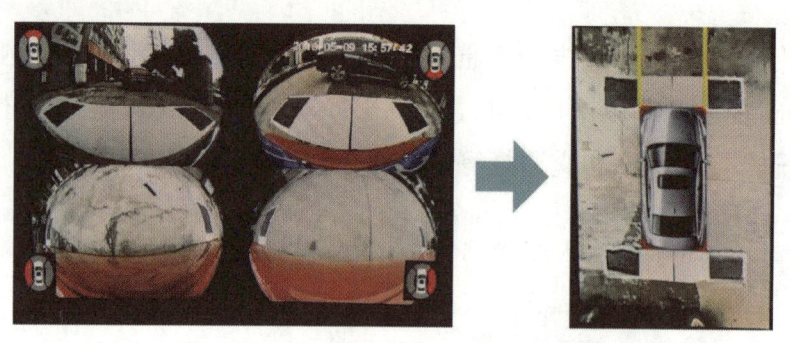

图 2-2-12　四个方向的鱼眼采集的图像拼接成车的俯视图

二、超声波雷达

1. 超声波雷达的概念

声源体在产生振动时，会促使周围的空气发生相应的振荡，这种特定的振荡方式即声波。声波以波动形态进行传播。频率低于 20Hz 的声波为次声波；频率为 20~20000Hz 的声波就是人能够听见的声波；频率高于 20000Hz 的声波为超声波。超声波的方向性好，反射能力强，易于获得较集中的声能。

超声波雷达是利用超声波的特性研制成的传感器，利用从超声波发射装置向外发出超声波到接收器接收到反射回来的超声波的时间差来计算距离，即通过接收反射后的超声波来探知周围的障碍物情况。它可以解决驾驶员泊车、倒车，以及启动车辆时前、后、左、右探视带来的麻烦，帮助驾驶员消除盲点和视线模糊缺陷，提高行车安全性，如图 2-2-13 所示。

图 2-2-13　超声波雷达示意图

常用超声波雷达（探头）的工作频率有 40kHz、48kHz 和 58kHz 三种。一般来说，频率越高，雷达的灵敏度越高，但水平与垂直方向的探测角度就越小。目前应用比较广泛的是 40kHz 的超声波雷达，其测距精度是 1~3cm。

2. 超声波雷达类型

车载超声波雷达主要分为超声波驻车辅助传感器（Ultrasonic Parking Assistant，UPA）和自动泊车辅助传感器（Automatic Parking Assistant，APA）两大类，两者的对比如表 2-2-1 所示。UPA 是安装在汽车前后保险杠上的，也就是用于测量汽车前后障碍物的倒车雷达；APA 是安装在车身侧面的，是用于测量侧方障碍物距离的超声波雷达。

表 2-2-1 UPA 与 APA 的对比

类型	安装位置	作用	探测距离
UPA	保险杠处	探测前后障碍	15～250cm
APA	车身侧面	探测侧方停车空间	30～500cm

UPA 是一种短程超声波雷达，检测范围为 15～250cm，由于检测距离短，因此受多普勒效应和温度干扰小，检测更准确。APA 是一种远程超声波雷达，主要用于车身侧面，检测范围为 30～500cm，可覆盖一个停车位，方向性强，探头的波传播性能优于 UPA，功率更大，但相比 UPA 成本更高。

UPA 和 APA 的探测范围和探测区域示意图如图 2-2-14 所示，图中的汽车在前后方向各装配了四个 UPA，左右两侧各装配了两个 APA，APA 的探测距离优势让它不仅能够检测左右两侧的障碍物，而且能依据超声波雷达返回的数据判断停车位是否存在。因此，可用于自动泊车时的泊车库位检测。

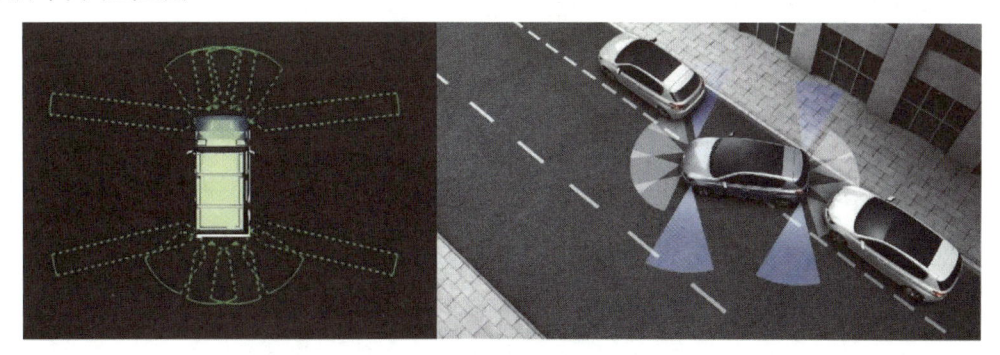

图 2-2-14 UPA 和 APA 的探测范围和探测区域示意图

3. 超声波雷达组成及工作原理

超声波雷达是利用超声波的特性研制而成的传感器，是在超声波频率范围内将交变的电信号转换成声信号或将外界声场中的声信号转换为电信号的能量转换器件。

超声波雷达主要由发射装置、接收装置、控制部分（单片机）与驱动电路等组成，如图 2-2-15 所示。超声波雷达有一个发射头和一个接收头，安装在同一面上。在有效的检测距离内，发射头发射特定频率的超声波，遇到障碍物反射部分超声波，接收头接收返回的超声波，由控制部分（单片机）记录声波的往返时间，并计算出距离值。

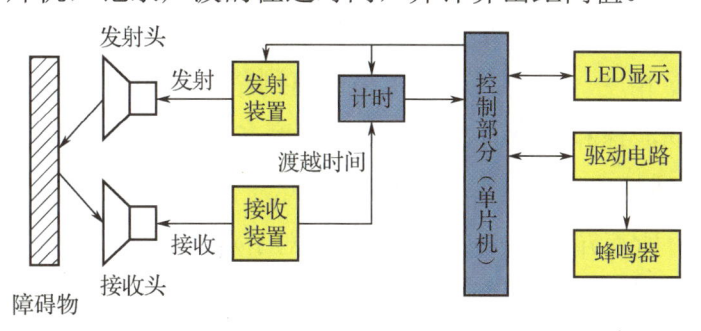

图 2-2-15 超声波雷达的组成

超声波雷达的工作原理图如图 2-2-16 所示。超声波在空气中的传播速度为 340m/s，发射点与障碍物表面之间的距离 s 可以根据计时器记录的时间 t 进行计算。

计算公式为：s=340t/2

4．超声波雷达的特点

（1）超声波雷达的有效探测距离非常短，一般在 10m 之内，且其中会有一个最小探测盲区，一般为几十毫米，如图 2-2-17 所示。

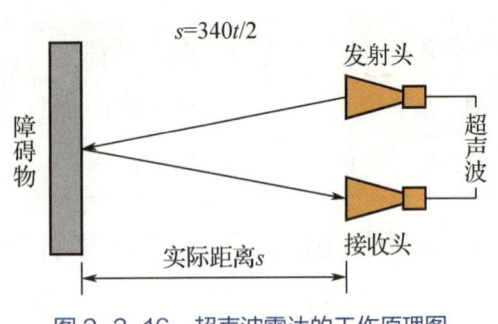

图 2-2-16　超声波雷达的工作原理图

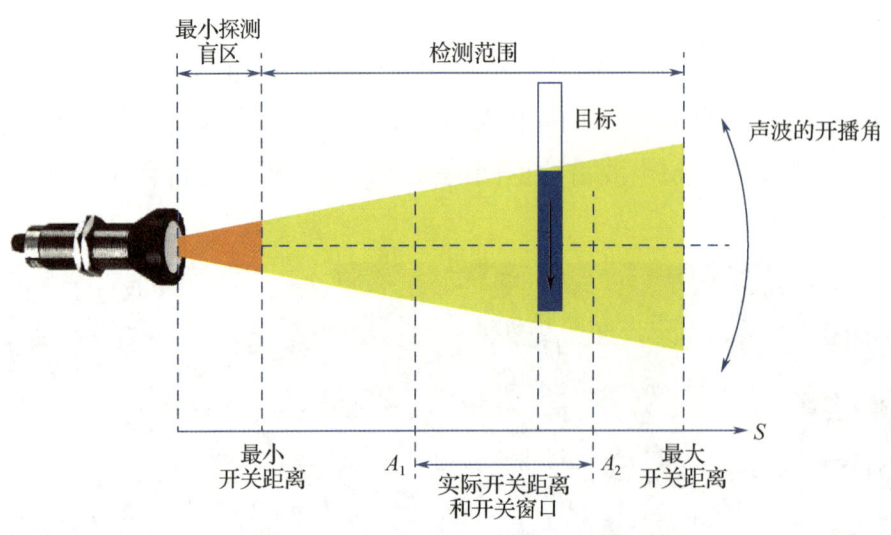

图 2-2-17　超声波的有效探测距离

（2）超声波雷达对色彩、光照度不敏感，适用于识别透明、半透明及漫反射差的物体。

（3）超声波雷达对外界光线和电磁场不敏感，可用于黑暗、有灰尘或烟雾、电磁干扰强、有毒等恶劣环境中。

（4）超声波雷达结构简单、体积小、成本低，信息处理简单可靠，易于小型化与集成化，并且可以进行实时控制。

（5）超声波雷达适用于低速环境，在速度很高的情况下测量距离具有一定的局限性。这是因为超声波的传输速度容易受天气情况的影响，在不同的天气情况下，超声波的传输速度不同，而且传播速度较慢，当汽车高速行驶时，使用超声波测距无法跟上汽车的车距实时变化，误差较大。此外，超声波散射角大，方向性较差，在测量较远距离的目标时，其回波信号会比较弱，影响测量精度。但是，在短距离低速测量中，超声波雷达具有非常大的优势。

（6）超声波雷达的波速和温度有关。例如，温度在 0℃时，超声波的传播速度为 332m/s；温度在 30℃时，超声波的传播速度为 350m/s。因此，在相同的相对位置上，障碍物的测量距离会因温度的不同而有所差异。由以上特点可知，对于对传感器精度要求极高的智能网联汽车来说，要么选择将超声波雷达的测距进行保守计算，要么将温度信息引入智能网联汽车系统中，提升测量精度。

三、毫米波雷达

1. 毫米波雷达概述

毫米波雷达是工作在毫米波波段的探测雷达，通常毫米波是指频率在30～300GHz（波长为1～10mm）的电磁波。毫米波雷达向周围发射电磁波，通过测定和分析反射波，以计算障碍物相对雷达的距离、运动速度和方位角等信息。车载毫米波雷达分类如图2-2-18所示。

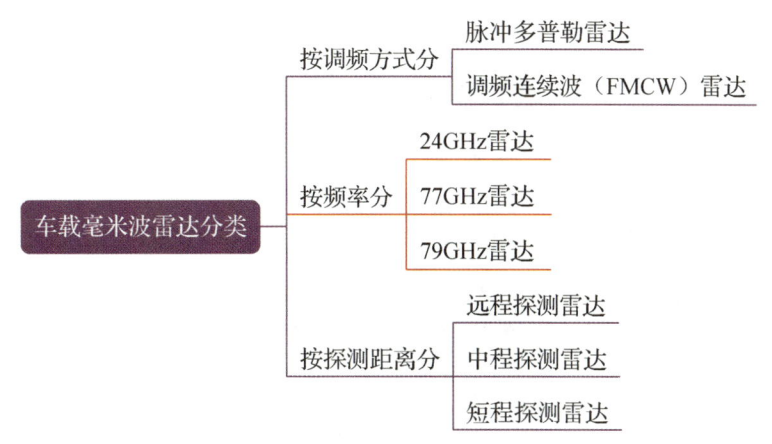

图 2-2-18 车载毫米波雷达分类

1）按调频方式分

按调频方式分为脉冲多普勒雷达、调频连续波（FMCW）雷达，在汽车用雷达领域，调频连续波雷达比较常见。调频连续波的发射波为高频连续波，其频率随时间按照三角波规律变化。接收的回波频率与发射的频率变化规律相同，都是三角波规律，只是有一个时间差，利用这个微小的时间差可计算出目标距离。

2）按频率分

应用在智能网联汽车领域的毫米波雷达主要有三个频段，分别是 24GHz、77GHz 和 79GHz。不同频段的毫米波雷达有着不同的性能。

24GHz 毫米波雷达主要用于 50～70m 的短、中距离的检测，可用于感知车辆近处的障碍物，为换道决策提供感知信息。其在 ADAS 中用于实现盲点监测（BSD）、换道辅助（ICA）、自动泊车辅助（PA）等功能。

77GHz 毫米波雷达主要用于 100～250m 的中、远距离的检测，实现诸如自适应巡航（ACC）、前碰撞预警（FCW）、紧急制动（AEB）等功能，同时也能满足自动驾驶领域对障碍物距离、速度和角度的测量需求。

79GHz毫米波雷达能够实现的功能与77GHz毫米波雷达的相同，也是用于远距离的测量。

根据公式光速=波长×频率（$t=\lambda f$，$f=1/T$）可知，频率越高的毫米波雷达，其波长越短。波长越短，意味着分辨率越高；而分辨率越高，意味着在距离、速度和角度上的测量精度越高。因此，79GHz 的毫米波雷达必然是未来的发展趋势。

3）按探测距离分

按探测距离分为远程探测雷达（LRR）、中程探测雷达（MRR）、短程探测雷达（SRR）三种。

2. 毫米波雷达的结构组成

毫米波雷达主要由高频 PCB 板、前端单片 PCB、壳体组成。其外观和内部结构如图 2-2-19 所示。

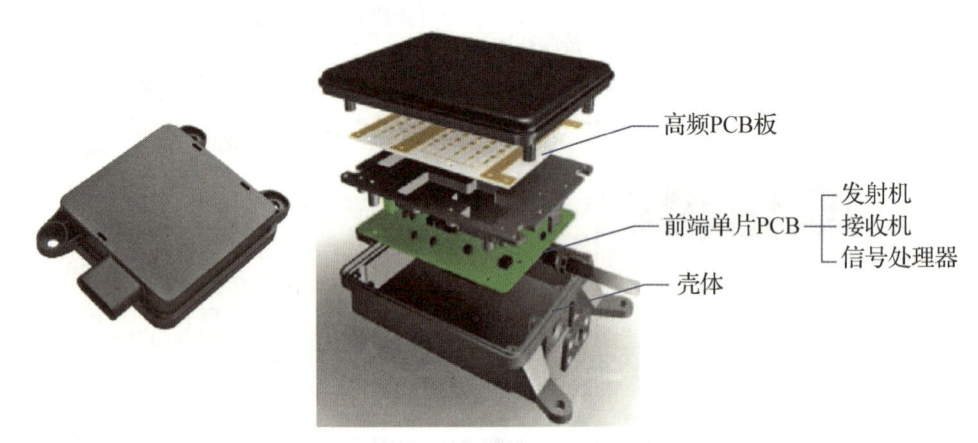

图 2-2-19 毫米波雷达的外观和内部结构

（1）高频 PCB 板：当前毫米波雷达天线的主流方案是用微带阵列将天线集成在高频 PCB 板上，在较小的集成空间内保持天线有足够的信号强度。雷达天线的作用是在电能与电磁波之间进行转换，其包括发射天线和接收天线。

（2）前端单片 PCB：前端单片 PCB 又称前端微波集成电路（MMIC），负责信号的调制发射，接收及回波信号的解调。前端单片 PCB 是一种多功能电路，具有电路损耗小、噪声低、频带宽、动态范围大、功率大、附加效率高、抗电磁辐射能力强等特点。

前端单片 PCB 由发射机、接收机、信号处理器等组成。

① 发射机：生成频射电信号。

② 接收机：将频射电信号转换为低频信号。

③ 信号处理器：从信号中抽取出距离、速度、方位角等信息。

3. 调频连续波雷达测量原理

目前，车载毫米波雷达主要采用调频式连续波雷达。调频式连续波雷达是利用多普勒效应测量得出目标的距离和速度，它通过发射源向给定目标发射微波信号，并分析发射信号频率和反射信号频率之间的差值，精确测量出目标相对毫米波雷达的运动速度等。

雷达调频器通过天线发射微波信号，发射信号遇到目标后，经目标的反射会产生回波信号，发射信号与回波信号形状相同，但在时间上存在差值；当目标与毫米波雷达信号发射源之间存在相对运行时，发射信号与回波信号之间除时间差外，还会产生多普勒频率。调频式连续毫米波雷达测量原理如图 2-2-20 所示。

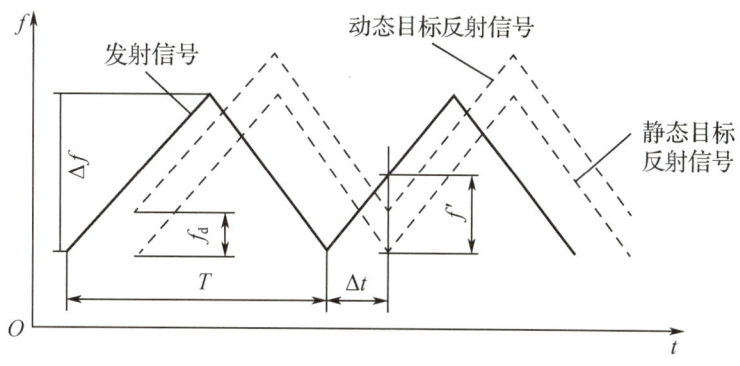

图 2-2-20 调频式连续毫米波雷达测量原理

毫米波雷达测量的距离和速度分别为：

$$s = \frac{c\Delta t}{2} = \frac{cTf'}{4\Delta f}$$

$$u = \frac{cf_d}{2f_0}$$

式中，s 为相对距离；c 为光速；Δt 为发射信号与反射信号的时间间隔；T 为信号发射周期；f' 为发射信号与反射信号的频率差；Δf 为调频带宽；f_d 为多普勒频率；f_0 为发射信号的中心频率；u 为相对速度。

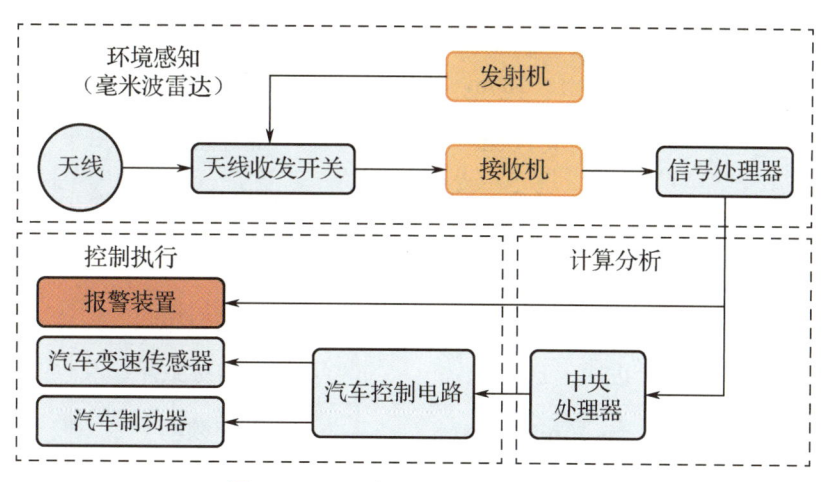

4. 毫米波雷达的工作过程

毫米波雷达的工作过程如图 2-2-21 所示，它是通过天线向外发射毫米波的。首先，接收机接收目标反射信号，经信号处理器处理后快速准确地获取汽车周围的环境信息，如汽车与其他物体之间的相对距离、相对速度、角度、运动方向等；然后，根据所探知的物体信息进行目标追踪和识别，进而结合车身动态信息进行数据融合；最后，通过中央处理单元（CPU）进行智能处理。经合理决策后，以声、光及触觉等多种方式告知或警告驾驶员，或及时对汽车做出主动干预，从而保证汽车行驶的安全性和舒适性，降低事故发生率。

图 2-2-21 毫米波雷达的工作过程

5. 常用毫米波雷达

1）ARS408-21 毫米波雷达

ARS408-21 毫米波雷达的外观和探测范围如图 2-2-22 所示。这款由 Continental 公司出品的 ARS408-21 毫米波雷达具有开阔的视角和远距离检测功能。因此，自适应巡航控制、前方碰撞警告和紧急辅助刹车等功能都得以较简单地实现，并且它还可以独立检测静止物体。

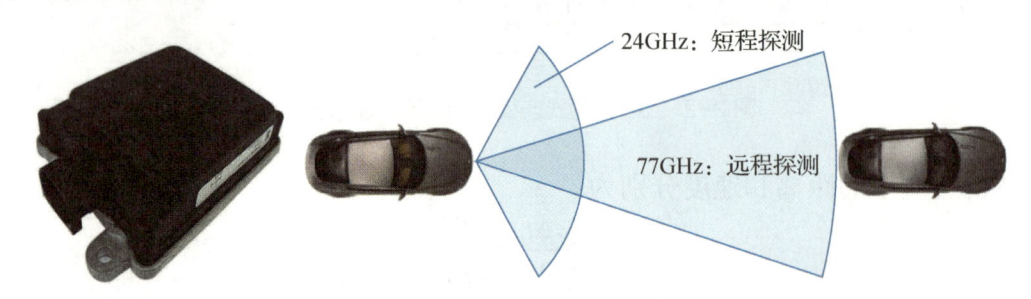

图 2-2-22　ARS408-21 毫米波雷达的外观和探测范围

2）B01HC 毫米波雷达

B01HC 毫米波雷达及其性能参数如图 2-2-23 所示。B01HC 毫米波雷达是北京理工雷科电子信息技术有限公司自主研发的 77GHz 毫米波汽车防撞雷达，采用了 MIMO 虚拟孔径技术，实现了更好的精度、更高的角度分辨率、更小的体积，并兼容了近远距探测功能，可在全工况条件下，对车辆行驶环境和其他车辆目标进行实时探测，是无人驾驶及 ADAS 的核心传感器。

技术项	指标	技术项	指标
探测距离	远距：1～180m	角度分辨率	10°
	近距：1～60m	测速范围	-100～40m/s
距离分辨率	远距：1.5m	速度分辨率	0.3m/s
	近距：1.0m	速度精度	±0.1m/s
距离精度	远距：±0.6m	探测周期	50ms
	近距：±0.2m	探测目标数量	64
探测范围	水平：≥±10°（远距）	工作频率	76～77GHz
	≥±40°（近距）	—	—
	俯仰：≥±8°	—	—

图 2-2-23　B01HC 毫米波雷达及其性能参数

作为 ADAS 及无人驾驶技术的核心传感器，77GHz 毫米波汽车防撞雷达可用于感知车辆运行环境，为车辆提供前防撞功能，同时识别道路上大量的潜在危险，识别的目标物体分为轿车、行人、自行车等。

6. 毫米波雷达的应用

24GHz 与 77GHz 毫米波雷达兼用于 ADAS 的长短距检测。毫米波雷达因其硬件体积小，且不受恶劣天气影响，被广泛应用在 ADAS 之中。24GHz 毫米波雷达目前大量应用于汽车的盲点检测、变道辅助。雷达安装在车辆的后保险杠内，用于检测车辆后方两侧的车道是否有车、可否进行变道。77GHz 毫米波雷达在探测精度与距离上优于 24GHz 毫米波雷达，主要装配在车辆的前保险杠上，探测与前车的距离及前车的速度，实现的主要是紧急制动、自动跟车等主动安全领域的功能。完全实现 ADAS 各项功能一般需要"1 长+4 中、短"5 个毫米波雷达，奥迪 A8 搭载了 5 个毫米波雷达（1LRR+4MRR），奔驰 S 级搭载了 7 个毫米波雷达（1LRR+6SRR），如图 2-2-24 所示。

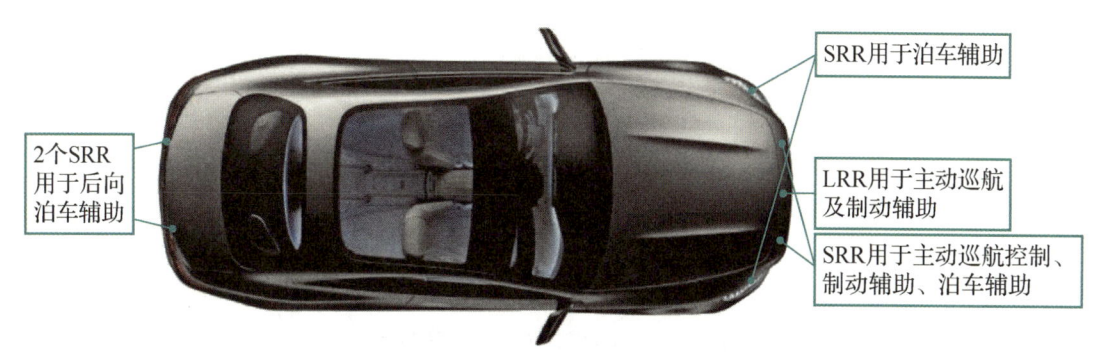

图 2-2-24 奔驰 S 级搭载的 7 个毫米波雷达

四、激光雷达

1. 激光雷达概述

激光雷达（Light Detection And Ranging，LiDAR）又称光学雷达，是工作在光波频段的雷达，它利用光波频段的电磁波先向目标发射探测信号，然后将其接收到的同波信号与发射信号相比较，从而获得目标的位置（距离、方位和高度）、运动状态（速度、姿态）等信息，以实现对目标的探测、跟踪和识别。

在激光雷达领域，领先的公司有美国的 Velodyne、Luminar，以色列的 Innoviz，德国的 Valeo，我国的禾赛光电科技、速腾聚创 RoboSense、光珀智能、北醒光子等。

激光雷达有的安装在智能网联汽车的车顶，有的安装在智能网联汽车的四周，如图 2-2-25 所示。安装在智能网联汽车或无人驾驶汽车四周的激光雷达，其激光线束数一般小于 8，常见的有单线束激光雷达和 4 线束激光雷达，适用于 L3 级及以下；安装在智能网联汽车或无人驾驶汽车车顶的激光雷达，其激光线束数一般不小于 16，常见的有 16/32/64 线束激光雷达，适用于 L3 级以上，L5 级甚至会使用 128 线束激光雷达。少线束激光雷达主要用于智能网联汽车的先进驾驶辅助系统，多线束激光雷达主要用于制作无人驾驶汽车的高精度地图，并进行道路和车辆的识别等。

图 2-2-25　车上激光雷达的安装位置

2. 激光雷达的基本组成和工作原理

多线旋转式激光雷达主要由激光源、光学接收器、伺服电机、光学旋转编码器、圆光栅、倾斜面等构成，如图 2-2-26 所示。

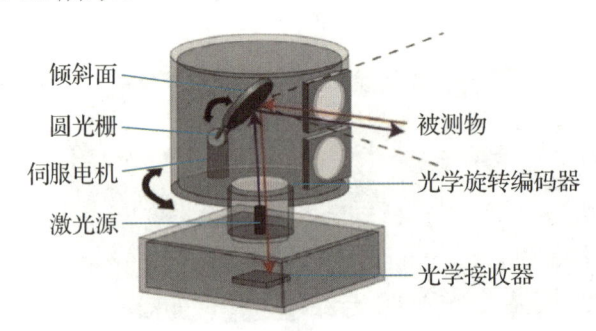

图 2-2-26　多线旋转式激光雷达结构

激光发射器将电脉冲变成光脉冲发射出去，光学接收器再把从目标反射回来的光脉冲还原成电脉冲，将连续检测获取的 360°环境信息进行数据处理，得到呈现出一系列分散的、具有准确角度和距离信息的点，称为点云。激光雷达工作过程中的点云图如图 2-2-27 所示，激光束越多，扫描频率越快，对环境中物体轮廓的获取就越全面。

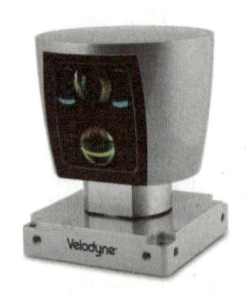

图 2-2-27　激光雷达工作过程中的点云图

激光雷达能够确定物体的位置、大小、外形甚至材质。激光雷达先向目标物体发射激光，然后根据接收反射激光的时间间隔确定目标物体的实际距离，如图 2-2-28 所示。同时结合这束激光的发射角度，利用简单的三角函数原理即可推导出目标的位置信息。

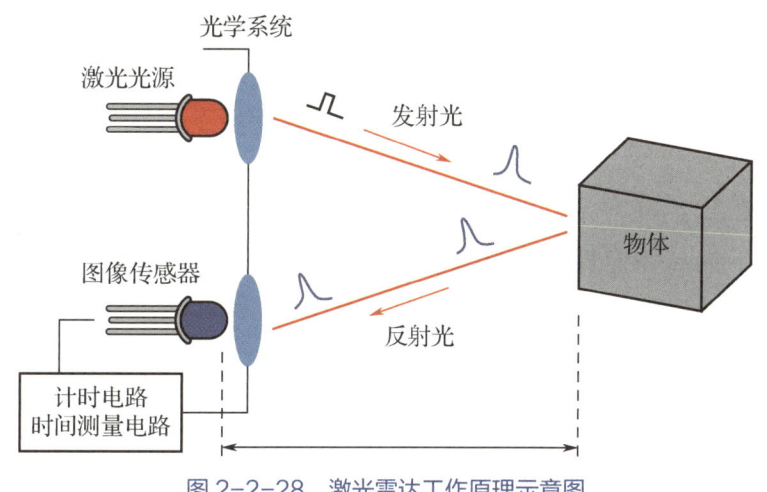

图 2-2-28　激光雷达工作原理示意图

3. 激光雷达类型

1）激光雷达按有无机械旋转部件分类

按有无机械旋转部件，激光雷达可分为机械激光雷达、固态激光雷达和混合固态激光雷达。

（1）机械激光雷达。机械激光雷达带有控制激光发射角度的旋转部件，体积较大，价格昂贵，测量精度相对较高，一般置于汽车顶部。

美国威力登（Velodyne）HDL-64E 机械激光雷达采用 64 线束激光，性能出众，能够描绘出周围空间的 3D 形态，精度极高，甚至能够探测出百米内人类的细微动作。

HDL-64E 机械激光雷达已经在谷歌、百度等公司的无人驾驶测试车上使用，如图 2-2-29 所示。

HDL-64E 机械激光雷达的缺点是体积大，装配复杂，成本高，机械旋转部件在行车环境下的可靠性不高，难以符合车规的严格要求。

（2）固态激光雷达。固态激光雷达则依靠电子部件来控制激光发射角度，无须机械旋转部件，故尺寸较小，可安装于车体内。

Quanergy 公司在 2016 年发布了固态激光雷达 S3（见图 2-2-30），它采用了相控阵新技术，在宏观和微观尺度上都不含任何旋转活动部件，在很大程度上提高了产品的使用寿命，实现了小型化。

图 2-2-29　百度无人驾驶测试车使用的 HDL-64E 机械激光雷达 　　图 2-2-30　固态激光雷达 S3

固态激光雷达 S3 可安装于任何车辆的车身内，不会牺牲设计美感和提高风阻。该传感器能够绘制可靠、实时的 3D 测图，以及进行对象侦测、跟踪与分类，为自动驾驶汽车提供支持。

在效果上，固态激光雷达 S3 可以达到厘米级精度、30Hz 扫描频率、0.1°的角分辨率，以及不同天气条件下的高稳定性，这些特性比起一般的激光雷达更具竞争力。虽然其只有 8 线束激光，但是每秒可扫描接近 0.5 个百万点，产生 50 万点的点云数据量，即在横向扫描的时候，横向的角度分辨率非常高。

为了降低激光雷达的成本，也为了提高可靠性，满足车规的要求，激光雷达的发展方向是从机械激光雷达转向固态激光雷达。

（3）混合固态激光雷达。混合固态激光雷达介于固态激光雷达和机械激光雷达之间，从外观上看，混合固态激光雷达基本看不到旋转部件，但其实内部仍存在一些机械旋转部件。混合固态激光雷达采用固定激光光源，通过内部玻璃片旋转的方式改变激光光束方向，实现多角度检测，并且采用嵌入式安装。

2）激光雷达根据线束数量分类

根据线束数量的多少，激光雷达又可分为单线束激光雷达与多线束激光雷达。

（1）单线束激光雷达。单线束激光雷达扫描一次只产生一条扫描线，其所获得的数据为 2D 数据，因此无法区别有关目标物体的 3D 信息。单线束激光雷达具有测量速度快、数据处理量少、在测量周围物体障碍物的距离和精度上更加精确等特点。但是，单线激光雷达只能平面式扫描，不能测量物体高度，有一定局限性。目前，主要应用于服务机器人领域，如扫地机器人。在智能网联汽车上，单线激光雷达主要用于规避障碍物及进行地形测绘等。

在 2019 年 5 月 15 日举办的商汤人工智能峰会上，商汤推出了《人工智能入门》教材、Sensestudy AL 实验平台、SenseRover Pro 自动驾驶小车等一系列新产品，把受众扩展至初中生甚至小学生，真正做到了自动驾驶从娃娃抓起。值得一提的是，SenseRover 系列小车体型虽小，但是传感器的种类齐全，俨然是小号的自动驾驶测试车，如图 2-2-31 所示。中小学生在经过短时间的学习之后，就能使用简单的算法来让小车实现一些自动驾驶功能。SenseRover Pro 小车配备的虽然是最基础的单线激光雷达，但是它能起到的作用是非常大的。结合 Sensestudy AL 实验平台，SenseRover Pro 小车可以实现车道线识别、信号灯交通标志识别、行人检测、避障等多项功能。

（2）多线束激光雷达。多线束激光雷达扫描一次可产生多条扫描线，目前市场上的多线束激光雷达产品的线束数包括 4 线束、8 线束、16 线束、32 线束、64 线束等，其细分可分为 2.5D 激光雷达及 3D 激光雷达。2.5D 激光雷达与 3D 激光雷达最大的区别在于激光雷达垂直视野的范围，前者的垂直视野范围一般不超过 10°，而后者的垂直视野范围一般为 30°甚至 40°以上，这也就导致两者对于激光雷达在汽车上的安装位置要求有所不同。

图 2-2-31 单线激光雷达及 SenseRover 系列小车

奥迪 A8 为了实现 L3 级的自动驾驶，在汽车的进气格栅下布置了 4 线束激光雷达，如图 2-2-32 所示。4 线束激光雷达将 4 个激光发射器进行轮巡，一个轮巡周期后，得到一帧的激光点云数据。4 条激光点云数据可以组成面状信息，这样就能够获取障碍物的高度信息；根据单帧的点云坐标，可得到障碍物的距离信息；根据多帧的点云的坐标，对距离信息做微分处理，可得到障碍物的速度信息。

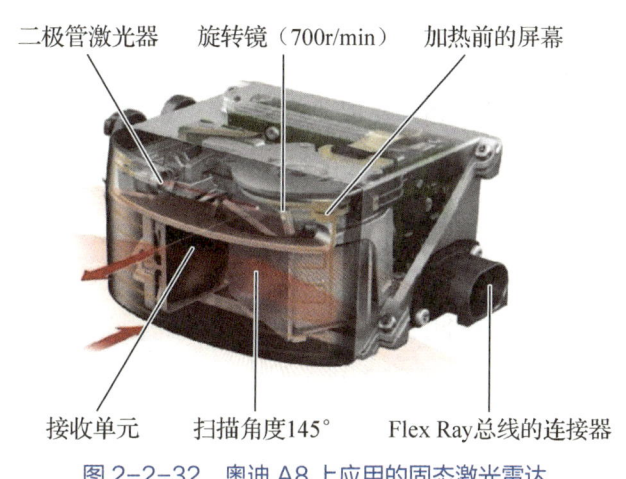

图 2-2-32 奥迪 A8 上应用的固态激光雷达

美国威力登（Velodyne）公司开发的 VLP-16、HDL-32E、HDL-64E、128 线束激光雷达如图 2-2-33 所示，其参数如表 2-2-2 所示。128 线束激光雷达的探测距离约是 HDL-64E 的 3 倍，达到 300m，分辨率则是 HDL-64E 的 10 倍，尺寸缩小了 70%。该产品是为 L5 级自动驾驶而开发的。

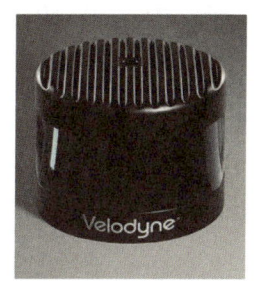

（a）VLP-16　　（b）HDL-32E　　（c）HDL-64E　　（d）128 线束激光雷达
图 2-2-33 美国威力登（Velodyne）公司的多线激光雷达

表 2-2-2　Velodyne 公司的多线激光雷达参数

产品	通道数	探测距离	测量精度	垂直视角	垂直视角分辨率	水平视角	水平视角分辨率	数据量/（万点/s）
VLP-16	16	100m	±3cm	-15°～+15°	2°	360°	0.1°～0.4°	30
HDL-32E	32	100m	±2cm	-30°～+10°	1.33°	360°	0.1°～0.4°	139
HDL-64E	64	120m	±2cm	-24.8°～+2°	0.4°	360°	0.08°～0.35°（可调）	220
128 线束激光雷达	128	300m	±3cm	-25°～+15°	0.11°	360°	0.1°～0.4°	960

此外，激光雷达按照功能用途可分为激光测距雷达、激光测速雷达、激光成像雷达、大气探测雷达、跟踪雷达等；按照激光发射波形可分为连续型激光雷达和脉冲型激光雷达；按载荷平台可分为机载激光雷达和车载激光雷达等；按探测方式可分为直接探测激光雷达和相干探测激光雷达。

4．激光雷达的特点

（1）激光雷达的优点。

① 探测范围广。探测距离为 300m 及以上。

② 分辨率高。激光雷达可以获得极高的距离、速度和角度分辨率。通常激光雷达的距离分辨率可达 0.1m；速度分辨率能达到 10m/s 以内；角度分辨率不低于 0.1°，也就是说可以分辨 3km 距离内相距 0.3m 的两个目标，并可同时跟踪多个目标。

③ 信息量丰富。可直接获取探测目标的距离、角度、反射强度、速度等信息，生成目标多维度图像。

④ 可全天候工作。激光主动探测，不依赖于外界光照条件或目标本身的辐射特性，它只需发射自己的激光束，通过探测发射激光束的回波信号来获取目标信息。

⑤ 激光雷达探测精度高。激光雷达测量精度可达厘米级别。

（2）激光雷达的缺点。

① 与毫米波雷达相比，产品体积大，成本高。

② 不能识别交通标志和交通信号灯。

5．车载激光雷达的应用场景

智能网联汽车通过激光雷达对周边环境进行扫描识别，从而引导车辆行进。激光雷达在智能网联汽车中起着类似"眼睛"的功能，能够根据扫描到的点云数据快速绘制 3D 全景地图。其主要应用场景有障碍物分类、障碍物跟踪与轨迹预测、高精度地图制作和高精度定位、路沿可行驶区域检测、车道标志线检测等。

1）障碍物分类

激光雷达对周围障碍物进行扫描，提取障碍物的形状特征，对比数据库原有的特征数据，进行障碍物分类。障碍物分类如图 2-2-34 所示。激光雷达将小轿车、大货车和自行车等进行了分类。

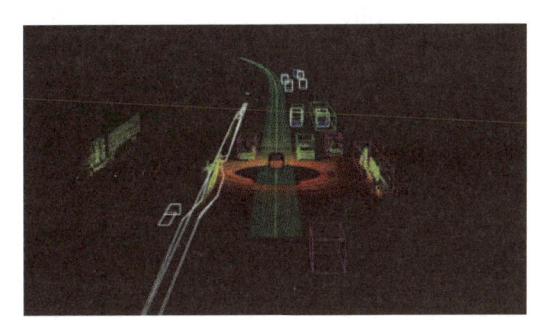

图 2-2-34 障碍物分类

2）障碍物跟踪与轨迹预测

激光雷达采用相关算法对比障碍物的前后帧变化，利用同一障碍物的坐标变化，实现对障碍物的速度和航向的检测跟踪，为后续避障提供可靠的数据信息，如图 2-2-35（a）所示。

轨迹预测。根据激光雷达的感知数据与障碍物所在车道的拓扑关系（道路连接关系）进行障碍物的轨迹预测，以此作为无人驾驶汽车规划（避障、换道、超车等）的判断依据，如图 2-2-35（b）所示。

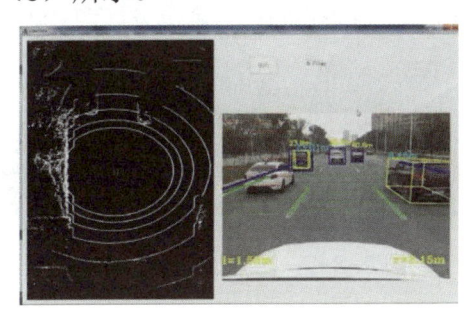

（a）障碍物跟踪　　　　　　　　　　（b）轨迹预测

图 2-2-35 障碍物跟踪与轨迹预测

3）高精度地图制作和高精度定位

利用多线束激光雷达的点云信息与车载组合惯导采集的信息，进行高精度地图制作。智能网联汽车利用激光点云信息与高精度电子地图匹配，以此实现高精度定位，如图 2-2-36 所示。

图 2-2-36 高精度地图制作和高精度定位

任务三　道路、车辆、行人、交通标志及信号识别

一、智能网联汽车的道路识别方法

1. 道路识别的定义

道路识别就是把真实的道路通过环境感知传感器转换成汽车认识的道路，供自动驾驶汽车规划路线，如图 2-3-1 所示；或通过视觉传感器识别的车道线，如图 2-3-2 所示，提供车辆在当前车道中的位置，帮助智能网联汽车提高行驶的安全性。

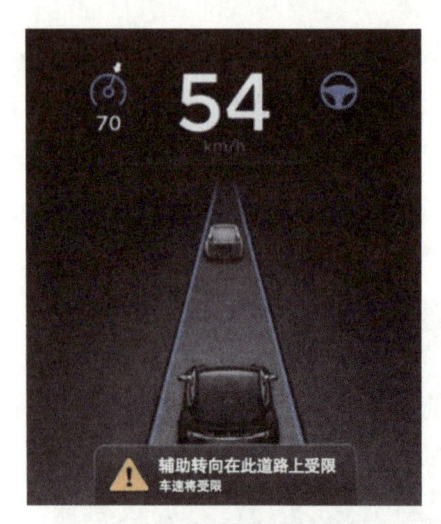

图 2-3-1　自动驾驶汽车识别的道路

图 2-3-2　视觉传感器识别的车道线

道路识别的作用如下：

（1）提取车道的几何结构，如车道的宽度、车道线的曲率等。

（2）确定车辆在车道中的位置、方向。

（3）提取车辆可行驶的区域。

2. 道路识别的分类

1）根据道路类型分类

根据道路类型的不同，道路分为结构化道路和非结构化道路，见表 2-3-1。

表 2-3-1　道路类型

道路类型	结构化道路	非结构化道路
典型道路	高速公路、城市道路	乡村道路、越野道路
主要特点	结构明确，形状相对规则，有明显的标志线或边界，环境相对稳定	道路形状不规则，没有明确的边界，光照、景物、天气多变

根据道路构成特点，道路识别可以分为结构化道路识别和非结构化道路识别。

（1）结构化道路识别。结构化道路（见图2-3-3）具有明显的车道标识线或边界，几何特征明显，车道宽度基本上保持不变，如城市道路、高速公路。结构化道路识别一般依据车道线的边界或车道线的灰度与车道明显的不同实现检测。结构化道路识别的方法对道路模型有较强的依赖性，且对噪声、阴影、遮挡等环境变化敏感。结构化道路识别技术比较成熟。

（2）非结构化道路识别。非结构化道路（见图2-3-4）相对比较复杂，一般没有车道线和清晰的道路边界，或路面凹凸不平，或交通拥堵，或受到阴影和水迹的影响。多变的道路类型，复杂的环境背景，以及阴影与变化的天气等，都是非结构化道路识别方法所面临的困难，它们使道路区域及非道路区域更难以区分，因此非结构化道路识别是自动驾驶汽车的难点。综上，非结构化道路识别主要依据车道的颜色或纹理进行检测。

图2-3-3 结构化道路　　　　　　图2-3-4 非结构化道路

2）根据所用传感器类型分类

根据智能网联汽车（自动驾驶汽车）所用传感器的不同，道路识别分为基于视觉传感器的道路识别和基于雷达的道路识别。

（1）基于视觉传感器的道路识别。基于视觉传感器的道路识别就是通过视觉传感器采集道路图像，并通过算法处理道路图像，识别出车道线。

（2）基于雷达的道路识别。基于雷达的道路识别就是通过雷达采集道路信息，并通过算法处理信息，识别出车道线。

根据实际的应用情况，智能网联汽车主要是基于视觉传感器进行道路识别。

3. 道路图像的特点

复杂的道路环境和复杂的气候变化都会影响道路识别。不同条件下的道路图像具有以下特点。

1）阴影条件下的道路图像

具有树荫等状况的道路图像经常出现阴影（见图2-3-5），道路识别一般要先对道路的阴影进行去除。

阴影检测特征一个是基于物体的特性，另一个是基于阴影的特性。前者通过目标的三维几何结构、已知场景和光源信息来确定阴影区域；后者通过分析阴影在色彩、亮度和几何结构等方面的特征来识别阴影。第一种方法局限性很大，因为获得场景、目标的三维结构信息并不是一件容易的事，而第二种方法则具有普遍性和实用性。

2）强弱光照条件下的道路图像

光照可分为强光照射和弱光照射。强光照射造成的路面反射会使道路其余部分的像素的亮度变大，而弱光照射会使道路的像素变得暗淡。例如，阴天的道路（见图2-3-6）的图像具有黑暗、车道线难辨别等特点。

图2-3-5　阴影条件下的道路　　　　　图2-3-6　阴天的道路

3）雨天条件下的道路图像

雨水对道路有覆盖，而且雨水能反光。雨天的道路如图2-3-7所示。

4）弯道道路图像

弯道道路图像与直线道路图像相比，在建模上会有些复杂，但是并不影响道路图像的检测。弯道道路图像的彩色信息与普通图像的彩色信息差别不大，所以依然可以利用基于模型的道路图像进行建模，提取弯道曲线的斜率，从而进一步检测图像。车辆行驶的重要信息均来自近区域，而近区域视野的车道线可近似看成直线模型。图2-3-8所示为弯道。

图2-3-7　雨天的道路　　　　　图2-3-8　弯道

4. 道路识别的流程与方法

1）道路识别的流程

智能网联汽车利用视觉传感器进行道路识别的流程：原始图像采集→图像灰度化→图像滤波→图像二值化→车道线提取，如图2-3-9所示。

2）道路识别的方法

智能网联汽车道路识别的主要方法如下。

（1）基于区域分割的识别方法。基于区域分割的识别方法是把道路图像的像素分为道路和非道路两类。分割的依据一般是颜色特征或纹理特征。基于颜色特征的区域分割方法的依据是道路图像中道路部分的像素与非道路部分的像素的颜色存在显著差别。根据采集到的图像性质，颜色特征可以分为灰度特征和彩色特征两类。灰度特征来自灰度图像，可用的信息为亮度的大小。彩色特征除了亮度信息，还包含色调和饱和度。基于颜色特征的车道检测的本质是彩色图像分割问题，主要涉及颜色空间的选择和采用的分割策略两个方面。

（2）基于道路特征的识别方法。基于道路特征的识别方法主要是结合道路图像的一些特征，如颜色、梯度、纹理等特征，从所获取的图像中识别出道路边界或车道线，适合有明显边界特征的道路。

（a）原始图像采集

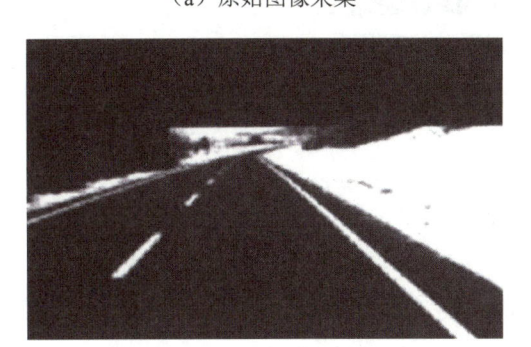

（b）图像灰度化

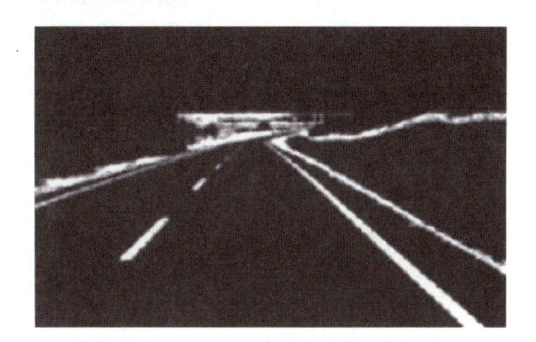

（c）图像滤波

（d）图像二值化

（e）车道线提取

图 2-3-9 道路识别的流程

基于道路特征的识别方法与道路的形状没有关系，但对阴影和水迹较为敏感，且计算量较大。

（3）基于道路模型的识别方法。基于道路模型的识别方法主要是基于不同的（2D或3D）道路图像模型，采用不同的检测技术对道路边界或车道线进行识别。

因为基于道路模型的识别方法检测出的道路较为完整，只需较少的参数就可以表示整个道路，所以基于道路模型的方法对阴影、水迹等外界影响有较强的抗干扰性。不过在道路类型比较复杂的情况下，很难建立准确的模型，从而降低了对任意类型道路检测的灵活性。

（4）基于道路特征与模型相结合的识别方法。基于道路特征与模型相结合的识别方法的基本思想是利用基于道路特征的识别方法在对抗阴影、光照变化等方面的稳定性，对待处理的图像进行分割，找出其中的道路区域，再根据道路区域与非道路区域的分割结果找出道路边界，并使用道路边界拟合道路模型，从而达到综合利用基于道路特征的识别方法与基于道路模型的识别方法的目的。

图2-3-10所示为自动驾驶车辆道路识别的结果图像。

图2-3-10　自动驾驶车辆道路识别的结果图像

二、智能网联汽车的车辆识别方法

1. 车牌识别

1）车牌识别的定义

车牌识别就是利用摄像头对监控路面过往车辆的特征图像和车辆全景图像进行实时拍摄，利用图像处理的分析方法，提取出车牌区域，进而对车牌区域进行字符分割和识别，从而对车辆进行管理，如图2-3-11所示。

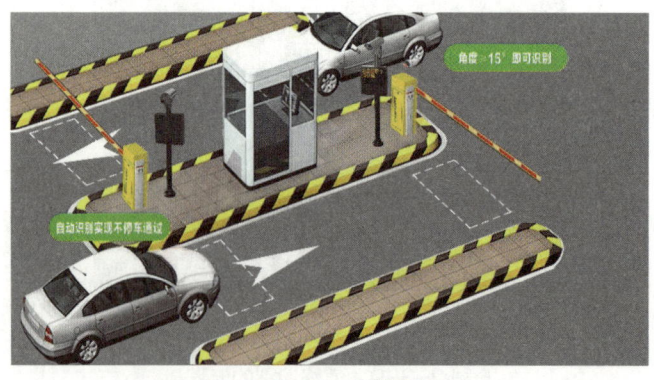

图2-3-11　车牌识别

2）车牌识别系统的组成

停车场典型的车牌识别系统组成如图 2-3-12 所示，以出口为例，由出口道闸、出口显示屏、出口控制板、交换机及计算机软硬件等组成。

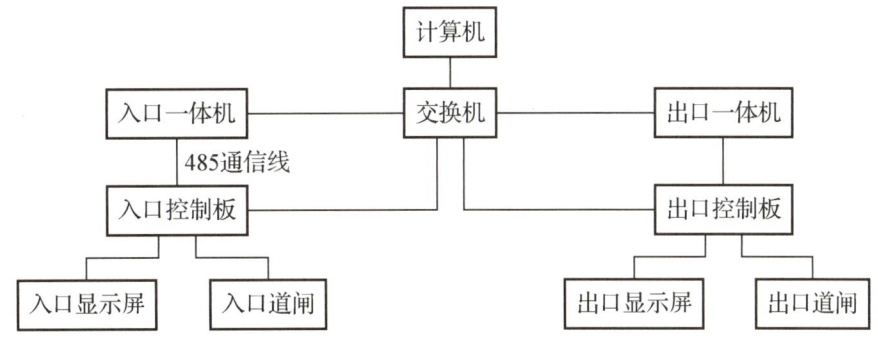

图 2-3-12 停车场典型的车牌识别系统组成

3）车牌识别流程

车牌识别流程主要是，摄像头录制车辆视频信号→图像采集→视频车辆检测→车牌定位→字符分割→字符识别→结果输出，如图 2-3-13 所示。

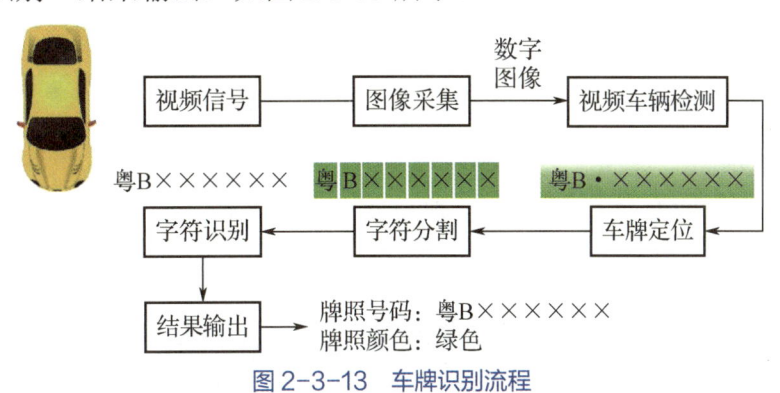

图 2-3-13 车牌识别流程

4）车牌识别方法

车牌识别实际上是字符识别，其识别的主要方法如下。车牌识别系统自动识别的车牌号码如图 2-3-14 所示。

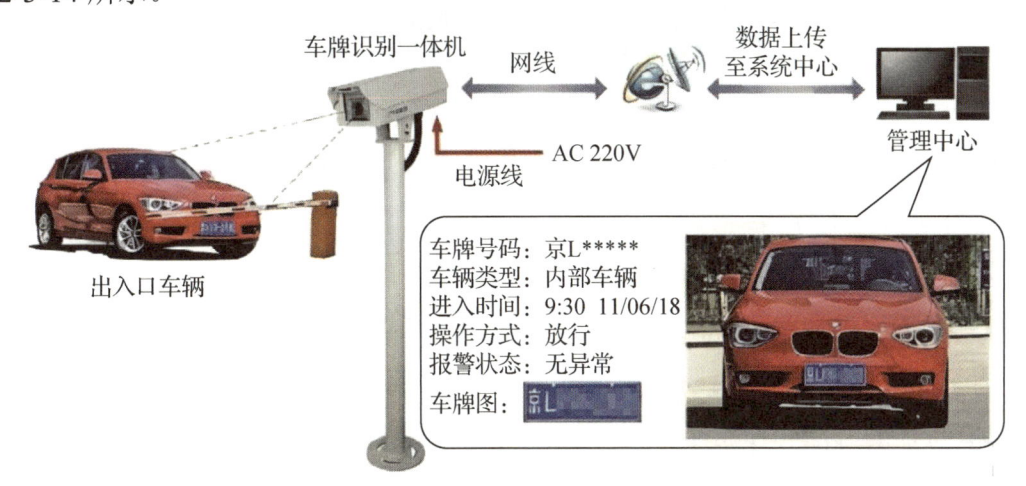

图 2-3-14 车牌识别系统自动识别的车牌号码

（1）基于模板匹配的字符识别算法。模板匹配方法是一种经典的模式识别方法，是最直接的字符识别方法，其实现方式是计算输入模式与样本之间的相似性，取相似性最大的样本为输入模式所属类别。这种方法具有较快的识别速度，尤其对二值图像的识别速度更快，可以满足实时性要求。

（2）基于特征的统计匹配法。针对字符图像的特征提取方法多种多样，有逐像素特征提取法、垂直方向数据统计特征提取法、基于网格的特征提取法、弧度梯度特征提取法等。这些方法选择的特征对一般噪声不敏感，并且能够反映出图像的局部细节特征，方法相对简单。然而在实际应用中，由于外部原因的存在，常常会出现字符模糊、字符倾斜等情况，从而影响识别效果。当字符出现笔画融合、断裂、部分缺失时，此方法更是无能为力。因此，其实际应用效果不理想，抗干扰性不强。

（3）基于边缘检测和水平灰度变化特征的方法。这是目前使用十分广泛的方法，细分类也多。有用可变矩形模板检测的方式搜索符合条件的车牌矩形区域的方法，有记录灰度水平跳变频度的方法。其速度快，漏检率低，但误检率高。

（4）基于颜色相似度及彩色边缘的算法。这类方法一般利用颜色模型转换，结合先验知识进行定位和判断，优点是不受大小限制，精度较高；缺点是对图像的品质要求高，对偏色、牌照褪色及背景色干扰等情况无能为力，一般也不独立使用。

2. 运动车辆识别

图 2-3-15 所示为前方车辆检测，它是判断安全车距的前提，车辆检测的准确与否不仅决定了测距的准确性，而且决定了是否能够及时发现一些潜在的交通事故。

图 2-3-15 前方车辆检测

目前智能网联汽车用于识别前方运动车辆的主要方法如下。

1）基于特征的识别方法

车辆的颜色、轮廓、对称性等特征都可以用来将车辆与周围的背景区别开来。因此，基于特征的识别方法就以这些车辆的外形特征为基础，从图像中检测前方行驶的车辆。常用的基于特征的识别方法主要有使用阴影特征的方法、使用边缘特征的方法、使用对称特征的方法、使用位置特征的方法和使用车辆尾灯特征的方法等。

2）基于机器学习的识别方法

基于机器学习的识别方法一般需要先从正样本集和负样本集中提取目标特征，再训练出识别车辆区域与非车辆区域的决策边界，最后使用分类器判断目标。

3）基于光流场的识别方法

光流场是指图像中所有像素点构成的一种二维瞬时速度场，其中的二维速度矢量是景物中可见点的三维速度矢量在成像表面的投影。通常光流场是由摄像头、运动目标或二者在同时运动的过程中产生的。在存在独立运动目标的场景中，通过分析光流场可以检测目标的数量、目标的运动速度、目标的相对距离及目标的表面结构等。

4）基于模型的识别方法

基于模型的识别方法是先根据前方运动车辆的参数来建立二维或三维模型，然后利用指定的搜索算法来匹配查找前方车辆。

多传感器融合技术是未来车辆识别技术的发展方向。目前，在车辆识别中主要有两种融合技术：一种是视觉传感器与激光雷达的融合技术；另一种是视觉传感器与毫米波雷达的融合技术。

三、智能网联汽车的行人识别方法

1. 行人识别的定义

行人识别是采用安装在车辆前方的视觉传感器采集前方场景的图像信息，然后通过一系列复杂的算法分析处理这些图像信息，从而实现对行人识别的方法，如图 2-3-16 所示。

图 2-3-16　智能网联汽车行人识别的场景

行人识别是智能网联汽车先进驾驶辅助系统的重要组成部分。行人是道路交通的主体和主要参与者，由于其行为具有非常大的随意性，再加上驾驶人在车内视野变窄及长时间驾驶导致的视觉疲劳，使得行人在交通事故中很容易受到伤害。行人识别的目的是能够及时、准确地检测出车辆前方的行人，并根据不同危险级别提供不同的预警提示（如距离车辆越近的行人危险级别越高，提示音也应越急促），以保证驾驶人具有足够的反应时间，从而极大降低甚至避免撞人事故的发生。

2. 行人识别的类型

根据所采用的视觉传感器的不同，可以将基于视觉的行人检测方法分为可见光行人的检

测和红外行人的检测。

1）可见光行人的检测

可见光行人的检测采用的视觉传感器为普通的光学摄像头，由于普通的光学摄像头基于可见光进行成像，因此非常符合人的正常视觉习惯，而且硬件成本十分低廉。但是受到光照条件的限制，该方法只能应用在白天，在光照条件很差的阴雨天或夜间则无法使用。

2）红外行人的检测

红外行人的检测采用红外热成像摄像头，利用物体发出的热红外线进行成像，不依赖光照，具有很好的夜视功能，在白天和晚上都适用，尤其是在夜间及光线较差的阴雨天具有无可替代的优势。

红外行人的检测相比可见光行人的检测，主要优势包括：红外摄像头靠感知物体发出的红外线（与温度成正比）进行成像，与可见光光照条件无关，对于夜间场景中的发热物体检测有明显的优势；行人属于恒温动物，温度一般会高于周围背景很多，在红外图像中表现为行人相对于背景明亮突出；由于红外成像不依赖于光照条件，所以对光照的明暗、物体的颜色变化及纹理和阴影干扰不敏感。

3．行人识别系统的组成

行人识别系统的组成如图 2-3-17 所示，其由预处理、分类检测和决策报警组成。

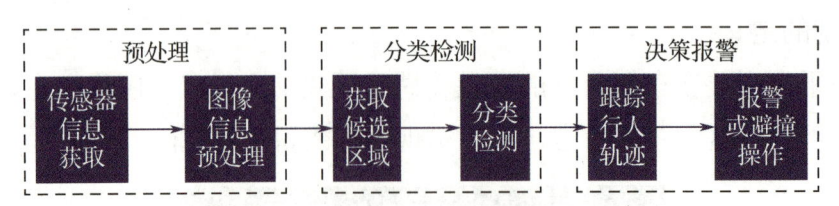

图 2-3-17　行人识别系统的组成

1）预处理

通过传感器获得车辆前方的图像信息，对这些信息做预处理，如降噪、增强等。

2）分类检测

先采用图像分割、模型提取等图像处理技术在图像中选取一些感兴趣的区域，即行人的候选区域，然后对候选区域进行进一步的验证，用分类等技术方法判断候选区域中是否包含行人。

3）决策报警

对含有行人的区域进行跟踪，得到行人的运动轨迹，在提高检测精度和速度的同时，也能对行人是否会和车辆发生碰撞进行判断，对可能发生碰撞的情况进行报警或进行其他避免碰撞的操作。

4．行人识别方法

行人识别方法主要有基于特征分类的行人识别方法、基于模型的行人识别方法、基于运动特性的行人识别方法、基于形状模型的行人识别方法、小波变换和支持向量机，以及神经网络方法等。

1）基于特征分类的行人识别方法

基于特征分类的行人识别方法着重于先提取行人的特征，然后通过特征匹配来识别行人目标，是目前较为主流的行人识别方法。

2）基于模型的行人识别方法

基于模型的行人识别方法是通过建立背景模型来识别行人的。常用的基于背景建模的行人识别方法有混合高斯法、核密度估计法和密码本（Codebook）法。

3）基于运动特性的行人识别方法

基于运动特性的行人识别方法是利用人体运动的周期性特性来确定图像中的行人的。该方法主要针对运动的行人进行识别，不适合识别静止的行人。在基于运动特性的行人识别方法中，比较典型的算法有背景差分法、帧间差分法和光流法。

4）基于形状模型的行人识别方法

基于形状模型的行人识别方法主要依靠行人的形状特征来识别行人，避免了背景变换和摄像头运动带来的影响，适用于识别运动和静止的行人。

5）小波变换和支持向量机

行人检测技术的核心在于小波模板概念的运用，该技术通过定义图像中与小波相关的系数子集来构建目标形状的小波模板。在操作过程中，系统首先针对图像中的每一个特定大小窗口，以及这些窗口通过定范围比例缩放得到的新窗口，进行 Har 变换（小波变换）。随后，利用支持向量机（SVM）对变换结果进行详尽分析，判断其是否与预设的小波模板相匹配。一旦匹配成功，系统将确认检测到行人目标。

6）神经网络方法

在行人识别技术中，神经网络方法的应用主要聚焦于对通过视觉信息探测到的潜在行人区域进行精准的分类识别。此过程起始于采用立体视觉技术进行目标区域的初步分割，随后，对子目标候选图像进行合并与分离，筛选出符合行人尺寸和形状约束的子图像。最终，所有识别到的潜在行人目标所在的方框区域将被输入至神经网络模型，以实现对行人的准确识别。图 2-3-18 所示为智能网联汽车行人识别的结果示意图。

图 2-3-18　智能网联汽车行人识别的结果示意图

四、智能网联汽车的交通标志识别方法

1. 交通标志简介

交通标志作为重要的道路交通安全附属设施，可向驾驶员提供各种引导和约束信息。驾驶员实时、正确地获取交通标志信息，可保障行车更安全。

鉴于地区和文化差异，目前世界各个国家执行的交通标志标准有所不同。其中，警告标志、禁令标志和指示标志是十分重要且常见的交通标志，直接关系到道路交通的通畅与安全，更与智能网联汽车的行车路径规划直接相关。为引起行人和车辆驾驶人的注意，交通标志都具有鲜明的颜色特征。我国的警告标志禁令标志和指示标志由五种主要颜色（红、黄、蓝、黑和白）组成。

交通标志的颜色与形状之间也有着一定的关系，如图2-3-19所示，禁令标志的颜色以红色为主，形状有圆形、倒三角形和正八边形；警告标志以黄色为主，形状为正三角形；指示标志以蓝色为主，形状为圆形和矩形。在交通标志的检测与识别过程中，应该充分利用这些颜色信息和形状信息，以及颜色与形状信息间的对应关系。

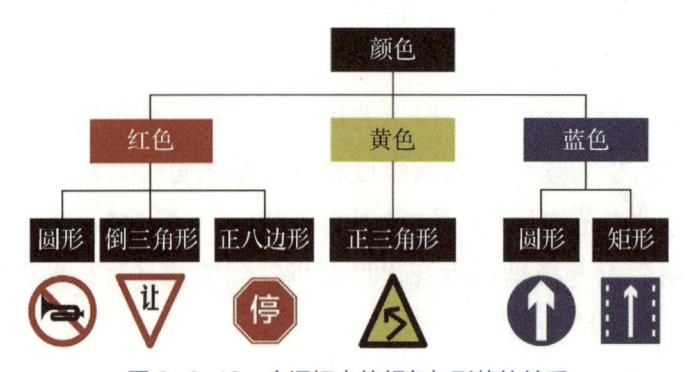

图2-3-19 交通标志的颜色与形状的关系

交通标志具有鲜明的色彩特征，因此要实现对交通标志图像的有效分割，颜色是一个重要信息；选择合适的颜色空间对其加以分析和提取，将有助于提高系统识别的实时性和准确性。

2. 交通标志识别系统

在智能网联汽车中，交通标志的检测是通过图像识别系统实现的。交通标志识别系统如图2-3-20所示，首先使用车载摄像头获取目标图像，然后进行图像分割和特征提取，通过与交通标志标准特征库比较进行交通标志识别，识别结果可以与其他智能网联汽车共享。

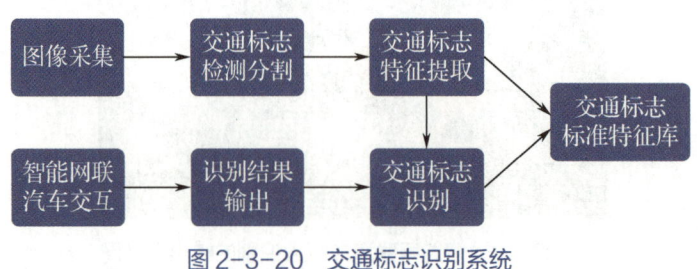

图2-3-20 交通标志识别系统

3. 交通标志识别流程与方法

1）交通标志识别流程

利用视觉传感器进行交通标志识别的流程：原始图像采集→图像预处理→图像分割检测→图像特征提取→交通标志识别，如图 2-3-21 所示。

（a）原始图像采集

（b）图像预处理

（c）图像分割检测

（d）图像特征提取

（e）交通标志识别

图 2-3-21　交通标志识别的流程

2）交通标志识别方法

交通标志识别的主要方法如下。

（1）基于颜色特征的交通标志识别。颜色分割就是利用交通标志特有的颜色特征，将交通标志与背景分离。基于颜色特征设计的交通标志识别算法对图像旋转、倾斜的情况具有较好的健壮性。

（2）基于形状特征的交通标志识别。除颜色特征外，形状特征也是交通标志的显著特征。我国的警告标志、指示标志、禁令标志共有131种，其中的130种都有规则的形状，如圆形、矩形、正三角形、倒三角形、正八边形。颜色检测和形状检测是交通标志识别中的重要内容。检测方法通常都先以颜色分割做粗检测，排除大部分的背景干扰；再提取二值图像各连通域的轮廓，进行形状特征的分析，进而确定交通标志候选区域并完成定位。

（3）基于显著性的交通标志识别。由于交通标志具有显眼的颜色和特定的形状，在一定程度上满足了显著性的要求，因此可以采用显著性模型来识别交通标志。

（4）基于特征提取和机器学习的交通标志识别。基于特征提取和机器学习的交通标志识别一般使用窗口滑动的方式，或使用之前处理得到的感兴趣区域进行验证的方式。前者对全图或交通标志可能出现的感兴趣区域操作，以多尺度的窗口滑动扫描目标区域，对得到的每一个窗口均用训练好的分类器判断是否为标志。后者则认为经过之前的处理，如颜色、形状分析等，得到的感兴趣区域已经是一整个标志或干扰物，只需对其整体进行分类即可。图2-3-22所示为交通标志识别的结果。

图 2-3-22 交通标志识别的结果

五、智能网联汽车的交通信号灯识别

1. 交通信号灯简介

不同国家和地区采用的交通信号灯的式样各不相同。在国内，交通信号灯的设置都必须遵循《道路交通信号灯》（GB 14887—2011）和《道路交通信号灯设置与安装规范》（GB 14886—2016）。我国交通信号灯的特征如图2-3-23所示。从颜色来看，交通信号灯的颜色有红色、黄色、绿色三种颜色，而且三种颜色在交通信号灯中出现的位置有一定的顺序关系。从安装方法来看，交通信号灯有横放安装和竖放安装两种，一般安装在道路上方。

从功能来看，交通信号灯有机动车信号灯、非机动车信号灯、左转非机动车信号灯、人行横道信号灯、车道信号灯、方向指示信号灯、闪光警告信号灯、道口信号灯、掉头信号灯等。其中，机动车信号灯、闪光警告信号灯、道口信号灯的光信号无图案，非机动车信号灯、左转非机动车信号灯、人行横道信号灯、车道信号灯、方向指示信号灯、掉头信号灯的光信号为各种图案。

图 2-3-23 我国交通信号灯的特征

2. 交通信号灯识别系统

交通信号灯识别系统包括检测和识别两个基本环节。首先是定位交通信号灯，通过摄像头，从复杂的城市道路交通环境中获取图像，根据交通信号灯的颜色、几何特征等信息，准确定位其位置，获取候选区域；然后是识别交通信号灯，在检测算法中，已经获取交通信号灯的候选区域，通过对其进行分析及特征提取，运用分类算法，实现对其分类识别。

智能网联汽车配备有各类交通信号灯识别系统，以确保行驶过程中的安全性。图 2-3-24 所示为某交通信号灯识别系统的组成。

图 2-3-24 某交通信号灯识别系统的组成

1）图像采集模块

摄像头成像质量的好坏会直接影响其后续识别和跟踪的效果。一般采用彩色摄像头。其中，摄像头的镜头焦距、曝光时间、增益、白平衡等参数的选择都对摄像头成像效果和后续处理有重要影响。

2）图像预处理模块

图像预处理模块包括彩色空间选择和转换、彩色空间各分量的统计分析、基于统计分析的彩色图像分割、噪声去除、基于区域生长聚类的区域标记，通过图像预处理得到交通信号灯的候选区域。

3）检测模块

检测模块包括离线训练和在线检测两部分。离线训练通过交通信号灯的样本和背景样本的统计学习得到分类器，利用得到的分类器完成交通信号灯的检测。

4）识别模块

通过检测模块在图像中的检测定位，结合图像预处理得出的信号灯色彩结果、交通信号灯发光单元面积的大小和位置等先验知识，完成交通信号灯的识别功能。

5）跟踪模块

通过识别模块所获取的结果，能够实现对目标的跟踪，利用基于彩色的跟踪算法可以对

目标进行跟踪，有效提高了目标识别的实时性和稳定性。运动目标跟踪方法可分为四类，分别是基于区域的跟踪方法、基于特征的跟踪方法、基于主动轮廓线的跟踪方法和基于模型的跟踪方法。

6）通信模块

通信模块是联系环境感知模块、规划决策模块与车辆底层控制模块的桥梁，通过制定的通信协议完成各系统的通信，实现信息共享。

3．交通信号灯识别流程与方法

1）交通信号灯识别流程

利用视觉传感器进行交通信号灯识别的流程：原始图像采集→图像灰度化→直方图均衡化→图像二值化→交通信号灯识别，如图 2-3-25 所示。

（a）原始图像采集

（b）图像灰度化

（c）直方图均衡化

（d）图像二值化

（e）交通信号灯识别

图 2-3-25　交通信号灯识别的流程

2）交通信号灯识别方法

交通信号灯识别的主要方法如下。

（1）基于颜色特征的识别方法。基于颜色特征的交通信号灯识别方法主要是选取某个色彩空间，对交通信号灯的红、黄、绿三种颜色进行识别。

（2）基于形状特征的识别方法。基于形状特征的识别方法主要是利用交通信号灯和其相关支撑物之间的几何信息进行识别。也可以将交通信号灯的颜色特征和形状特征结合起来，以减少单独利用某一特征所带来的不利影响。图2-3-26所示为交通信号灯识别的结果。

图2-3-26　交通信号灯识别的结果

项目三

智能网联汽车无线通信系统认知

任务一　无线通信的定义与分类

一、无线通信的定义

无线通信就是不用导线、电缆、光纤等有线介质，而是利用电磁波信号在自由空间中传播的特性进行信息交换的一种通信方式，如图 3-1-1 所示。无线通信可以传输数据、图像、音频和视频等。

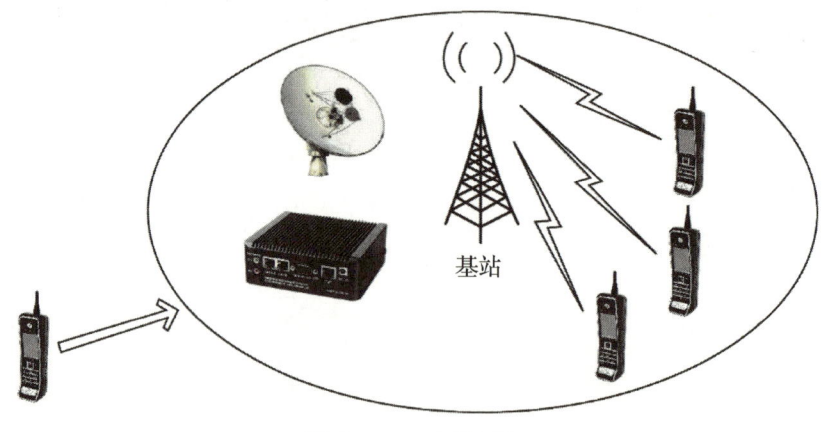

图 3-1-1　无线通信

无线通信系统一般由发射设备、传输介质和接收设备组成。发射设备和接收设备上需要安装天线，以完成电磁波的发射与接收，如图 3-1-2 所示。

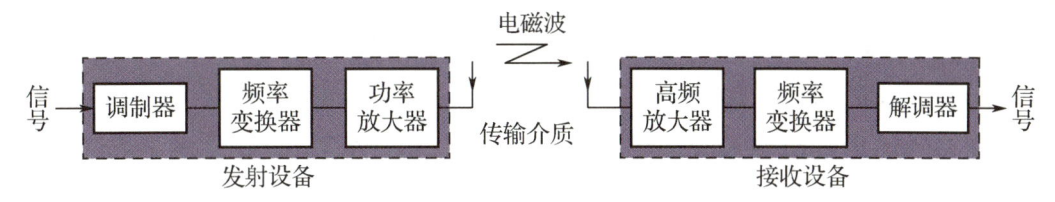

图 3-1-2　无线通信系统的组成

1. 发射设备

发射设备是将原始的信号源转换成适合在给定传输介质上传输的信号的设备，其中包括调制器、频率变换器、功率放大器等。调制器将低频信号加到高频载波信号上，频率变换器进一步将信号变换成发射电波所需要的频率，如短波频率、微波频率等，经功率放大器放大后，再通过天线发射出去进行传输。

2. 传输介质

无线通信系统的传输介质为电磁波。

3. 接收设备

接收设备是将收到的信号还原成原来的信息送至接收端的设备。接收设备把天线接收的射频载波信号经过信号放大、频率变换、解调这一过程恢复出来，完成无线通信。

二、无线通信的分类

无线通信可以按传输信号形式、无线终端状态、电磁波波长、传输方式和通信距离等进行分类。

1. 根据传输信号形式分类

根据传输信号形式的不同，无线通信可以分为模拟无线通信和数字无线通信。

（1）模拟无线通信。模拟无线通信是将采集的信号直接进行传输，传输的是模拟信号。

（2）数字无线通信。数字无线通信是将采集的信号转变为数字信号后再进行传输，传输的信号只包括0、1数字。数字无线通信正在逐步取代模拟无线通信。

2. 根据无线终端状态分类

根据无线终端状态的不同，无线通信可以分为固定无线通信和移动无线通信。

（1）固定无线通信。固定无线通信是指终端设备是固定的，如固定电话通信。

（2）移动无线通信。移动无线通信是指终端设备是移动的，如移动电话通信。

3. 根据电磁波波长分类

根据电磁波波长的不同，无线通信可以分为长波无线通信、中波无线通信、短波无线通信、超短波无线通信、微波无线通信等。

（1）长波无线通信。长波无线通信是指利用波长大于1000m、频率低于300kHz的电磁波进行的无线通信，亦称低频通信。它可细分为长波（波长为1～10km、频率为30～300kHz）、甚长波（波长为10～100km、频率为3～30kHz）、特长波（波长为100～1000km、频率为300～

3000Hz)、超长波（波长为 1000～10000km、频率为 30～300Hz）和极长波（波长为 1 万～10 万 km、频率为 3～30Hz）波段的通信。

（2）中波无线通信。中波无线通信是指利用波长为 100～1000m、频率为 300～3000kHz 的电磁波进行通信的无线通信。

（3）短波无线通信。短波无线通信是指利用波长为 10～100m、频率为 3～30MHz 的电磁波进行通信的无线通信。

（4）超短波无线通信。超短波无线通信是指利用波长为 1～10m、频率为 30～300MHz 的电磁波进行通信的无线通信。

（5）微波无线通信。微波无线通信是指利用波长小于 1m、频率高于 300MHz 的电磁波进行通信的无线通信，它可细分为分米波（波长为 100～1000mm、频率为 300～3000MHz）、厘米波（波长为 10～100mm、频率为 3～30GHz）、毫米波（波长为 1～10mm、频率为 30～300GHz）、丝米波（波长为 0.1～1mm、频率为 300～3000GHz）波段的通信。

4．根据传输方式分类

根据传输方式的不同，无线通信可以分为红外通信、可见光通信、微波中继通信和卫星通信等。

（1）红外通信。红外通信是一种利用红外线传输信息的通信方式。

（2）可见光通信。可见光通信是指利用可见光波段的光作为信息载体，在空气中直接传输光信号的通信方式。

（3）微波中继通信。微波中继通信是利用微波的视距传输特性，采用中继站接力的方法进行通信的无线电通信方式。

（4）卫星通信。卫星通信实际上也是一种微波通信，它以卫星作为中继站来转发微波信号，在多个地面站之间通信。

5．根据通信距离分类

根据通信距离分类，无线通信可以分为短距离无线通信和远距离无线通信。

（1）短距离无线通信。短距离无线通信和远距离无线通信在传输距离上至今并没有严格的定义，一般来说，只要通信收发两端是以无线方式传输信息，并且传输距离被限定在较短的范围内（一般是几厘米至几百米），就可以称为短距离无线通信，它具有低成本、低功耗和对等通信这三个重要特征。短距离无线通信技术主要有蓝牙技术、紫蜂（ZigBee）技术、Wi-Fi 技术、超宽带（UWB）技术、60GHz 技术、红外技术、射频识别（RFID）技术、近场通信（NFC）技术、可见光通信（VLC）技术、专用短程通信（DSRC）、LTE-V 通信等。

（2）远距离无线通信。当无线通信传输距离超过短距离无线通信的传输距离时，称为远距离无线通信。远距离无线通信主要有移动通信、微波通信和卫星通信等。

任务二　V2X 通信概述

一、V2X 通信的定义

智能网联汽车 V2X 通信是指车辆与车辆（V2V）通信、车辆与基础设施（V2I）通信、车辆与行人（V2P）通信、车辆与网络（V2N）通信，如图 3-2-1 所示。

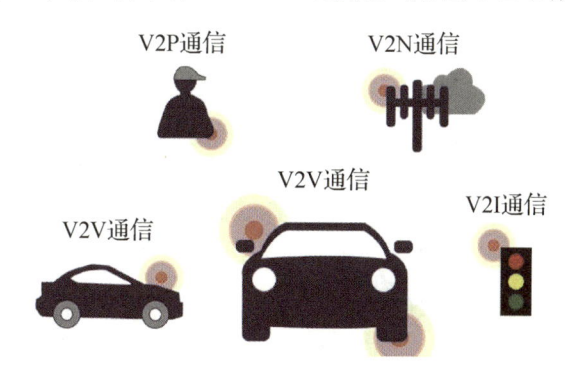

图 3-2-1　智能网联汽车的 V2X 通信

1. 车辆与车辆通信

车辆与车辆通信主要是指通过车载单元（OBU）进行车辆间的通信。车载单元可实时获取周围车辆的车速、车辆位置、行车状态警告等信息，车辆之间也可以构成一个互动的平台，实时交换各种文字、图片、音频和视频等信息。车辆与车辆通信主要应用于避免和减缓交通事故、车辆监督管理、生活娱乐等。此外，基于公共网络的车辆与车辆通信，还应用于车辆间的语音、视频通话等。

V2V 通信（见图 3-2-2）是将无线数字传输模块植入智能网联汽车中，由无线数字传输模块向周边的智能网联汽车提供本车的状态信息和数字化交通信号灯信息等信息的通信。智能网联汽车中的无线数字传输模块可同步接收来自其他智能网联汽车的数字化信息并在汽车内进行显示，同时将信息与车内的驾驶辅助系统相连，为智能网联汽车的安全行驶提供依据。根据接收的由其他智能网联汽车发送的数字信息，智能网联汽车便会知道周边智能网联汽车的状况，包括位置、距离、相对速度及加速度等，并在紧急制动情况下令随后的智能网联汽车同步减速，从而有效防止汽车追尾事故的发生。

V2V 通信的主要特点包括车与车之间的连接是间断性和随机的；车辆之间的通信可以进行多跳传输，能保证消息的安全正确到达；车辆之间的多跳传输取决于路由的选择。

2. 车辆与基础设施通信

车辆与基础设施通信是指车辆区域设备与道路区域设备（如交通信号灯、交通摄像头、路侧单元等）进行通信，道路区域设备获取附近区域中的车辆信息并发布实时的各种信息。

车辆与基础设施通信主要应用于实时信息服务、车辆监控管理、不停车收费等。

V2I 通信（见图 3-2-3）是将无线数字传输模块植入当前道路交通基础设施中的通信，无线数字传输模块可先向路经的汽车发送数字化交通信号灯信息、指示信息、路况信息等，并接收其他智能网联汽车的信息查询及导航请求，然后将有关信息反馈给相关智能网联汽车。智能网联汽车可接收来自基础设施的数字化信息，并将信息在智能网联汽车内显示，同时还将信息与车内的驾驶辅助系统相连接，作为汽车安全驾驶的控制信号。

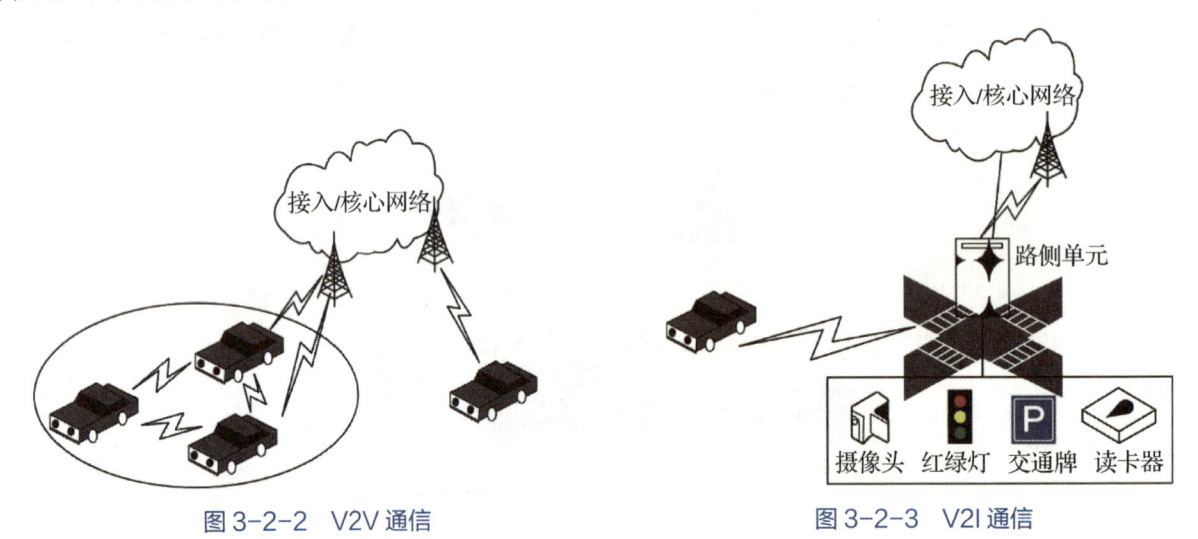

图 3-2-2　V2V 通信

图 3-2-3　V2I 通信

V2I 通信的主要特点包括车辆可以通过路侧单元（RSU）来接入互联网；路侧单元可以对在其覆盖范围内的车辆节点进行信息广播；路侧单元可以准确地捕获其覆盖范围内的道路状况、交通灯及车辆状况；具有一定的实时性和可靠性。

3. 车辆与行人通信

车辆与行人通信（见图 3-2-4）是指行人使用用户区域的设备，如智能手机、笔记本电脑、多功能读卡器等，与车辆区域的设备进行通信。车辆与行人通信主要应用于防止车与行人相撞、智能钥匙、信息服务、车辆信息管理等。

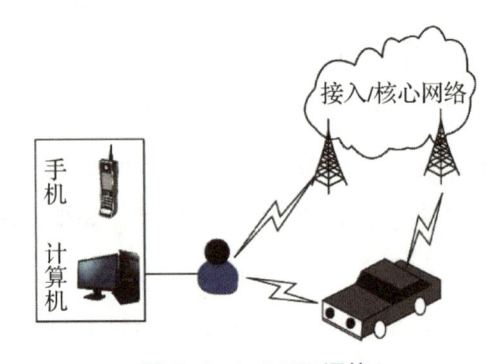

图 3-2-4　V2P 通信

4. 车辆与网络通信

车辆与网络通信（见图 3-2-5）是指车载单元通过接入/核心网络与远程的应用平台建立

连接，使应用平台与车辆之间进行数据交互，并对获取的数据进行存储和处理，提供远程车辆交通、娱乐、商务服务和车辆管理等应用的通信。V2N 通信主要应用于车辆导航、车辆远程监控、紧急救援、信息娱乐服务等。

图 3-2-5 V2N 通信

适用于 V2X 通信的技术主要有 DSRC 和 LTE-V。

二、对 V2X 通信系统的要求

智能网联汽车 ADAS 对 V2X 通信系统的要求如表 3-2-1 所示。

表 3-2-1 智能网联汽车 ADAS 对 V2X 通信系统的要求

分类	应用	通信类型	频率/Hz	最大时延/ms	定位精度/m	通信范围/m	适用通信技术
低时延、高频率	汽车防撞预警	V2V	10	100	1.5	300	LTE-V/DSRC/5G
	盲区预警/变道辅助	V2V	10	100	1.5	150	
	紧急制动预警	V2V	10	100	1.5	150	
	逆向超车碰撞预警	V2V	10	100	1.5	300	
	闯红灯预警	V2I	10	100	1.5	150	
	交叉路口碰撞预警	V2V/V2I	10	100	5	150	
	左转辅助	V2V/V2I	10	100	5	150	
	高优先级车辆让行/紧急车辆信号优先权	V2V/V2I	10	100	5	300	
	弱势交通参与者预警	V2P/V2I	10	100	5	150	
	车辆失控预警	V2V	10	100	5	300	
	异常车辆提醒	V2V	10	100	5	150	
	道路危险状况提示	V2I	10	100	5	300	
高时延、低频率	基于信号灯的车速引导	V2I	2	200	1.5	150	4G/LTE-V/DSRC/5G
	限速预警	V2I	1	500	5	300	

071

续表

分类	应用	通信类型	频率/Hz	最大时延/ms	定位精度/m	通信范围/m	适用通信技术
高时延、低频率	车内标牌	V2I	1	500	5	150	4G/LTE-V/DSRC/5G
	前方拥堵提醒	V2I	1	500	5	150	
	智能网联汽车近场支付	V2I	1	500	5	150	

三、V2X 通信的应用

以 V2I 通信为例，介绍 V2X 通信在智能网联汽车上的应用。

1．基于 V2I 通信的道路异常状态预警

基于 V2I 通信的道路异常状态预警如图 3-2-6 所示。

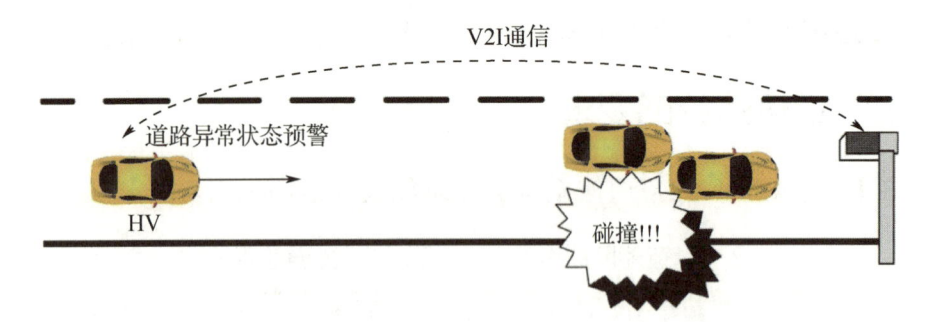

图 3-2-6　基于 V2I 通信的道路异常状态预警

工作过程如下。

（1）主车（HV）装有 V2I 通信车载终端。

（2）HV 运行前方出现道路异常状态（如交通事故、交通管制等突发事件）。

（3）V2I 路侧终端获取道路异常状态信息。

（4）V2I 路侧终端通过 V2I 通信，将道路异常状态发送至周边车辆。

（5）HV 驾驶员自主调整行驶线路以避开异常路段。

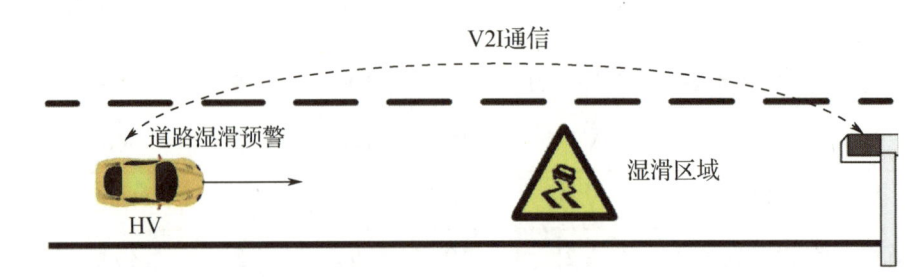

2．基于 V2I 通信的道路湿滑预警

基于 V2I 通信的道路湿滑预警如图 3-2-7 所示。

图 3-2-7　基于 V2I 通信的道路湿滑预警

工作过程如下。

（1）HV 装有 V2I 通信车载终端，且运行前方途经湿滑（雨雪等天气导致）区域。

（2）V2I 路侧终端获取湿滑区域位置信息。

（3）V2I 路侧终端通过 V2I 通信，将道路湿滑信息发送至周边车辆。

（4）HV 上的 V2I 车载终端接收路侧终端信息，驾驶员自主调整速度通过湿滑区域或调整行驶线路绕开湿滑区域。

3. 基于 V2I 通信的道路施工预警

基于 V2I 通信的道路施工预警如图 3-2-8 所示。

图 3-2-8　基于 V2I 通信的道路施工预警

工作过程如下。

（1）HV 装有 V2I 通信车载终端，拟通过道路施工所在路段。

（2）V2I 路侧终端获取道路施工位置信息。

（3）V2I 路侧终端通过 V2I 通信，将道路施工信息发送至周边车辆。

（4）HV 上的 V2I 车载终端接收路侧终端信息，驾驶员自主调整速度及行驶线路，绕开道路施工的区域。

4. 基于 V2I 通信的交通标识标牌信息显示

基于 V2I 通信的交通标识标牌信息显示如图 3-2-9 所示。

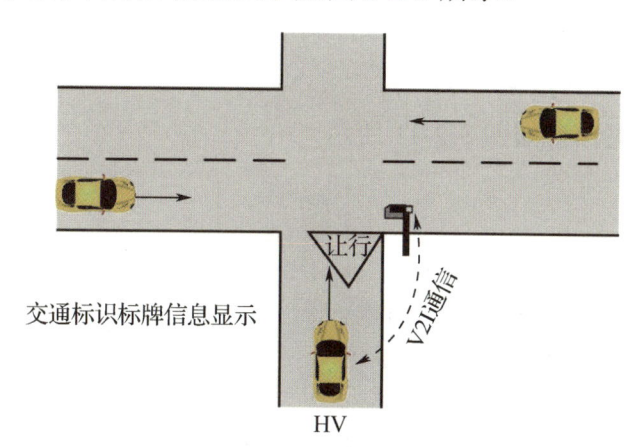

图 3-2-9　基于 V2I 通信的交通标识标牌信息显示

工作过程如下。

（1）HV 装有 V2I 车载终端，且途经有标识标牌（如减速让行、反向弯路、注意落石等）的路段。

（2）V2I 路侧终端获取标识标牌内容及位置信息。

（3）V2I 路侧终端通过 V2I 通信，将标识标牌信息发送至周边车辆。

（4）HV 上的 V2I 车载终端接收路侧终端信息，驾驶员自主调整速度通过标识标牌区域或调整行驶路线。

5．基于 V2I 通信的主动安全控制

基于 V2I 通信的主动安全控制如图 3-2-10 所示。

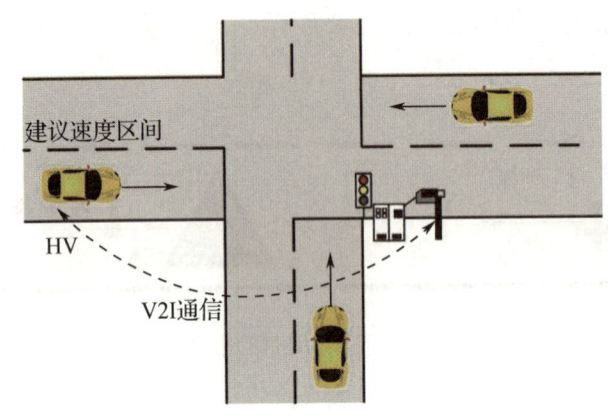

图 3-2-10 基于 V2I 通信的主动安全控制

工作过程如下。

（1）HV 装有 V2I 车载终端，拟通过信号灯控制的交叉路口。

（2）V2I 路侧终端获取信号灯的灯色及配时信息。

（3）V2I 路侧终端通过 V2I 通信，将信号灯状态发送至周边车辆。

（4）HV 上的 V2I 车载终端接收路侧终端信息，并根据自车位置及信号灯状态计算绿灯通行速度，为驾驶员提供建议速度区间。

（5）驾驶员自主调整速度，通过信号灯控制的交叉路口。

6．基于 V2I 通信的行人预警

基于 V2I 通信的行人预警如图 3-2-11 所示。

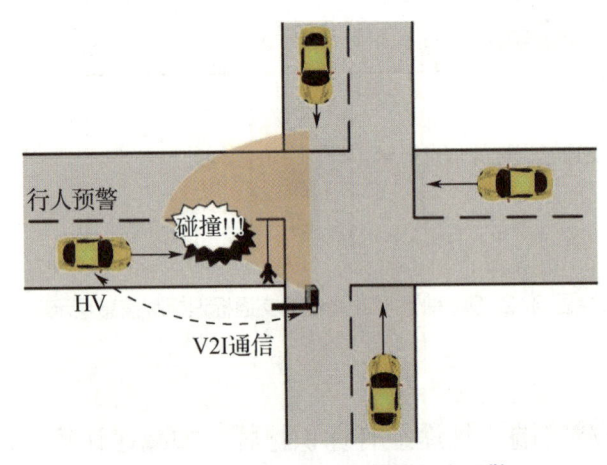

图 3-2-11 基于 V2I 通信的行人预警

工作过程如下。

（1）HV 装有 V2I 车载终端。

（2）路侧检测器感知特定区域内的行人位置及运动状态信息。

（3）V2I 路侧终端通过 V2I 通信将检测器感知到的行人信息发送至周边车辆。

（4）HV 上的 V2I 车载终端接收路侧终端信息并计算自车与周边行人的运行轨迹。

（5）HV 与行人存在碰撞风险时，V2I 车载终端向 HV 发出行人碰撞预警，驾驶员自主调整速度，避免碰撞。

7．基于 V2I 通信的盲区碰撞预警

基于 V2I 通信的盲区碰撞预警如图 3-2-12 所示。

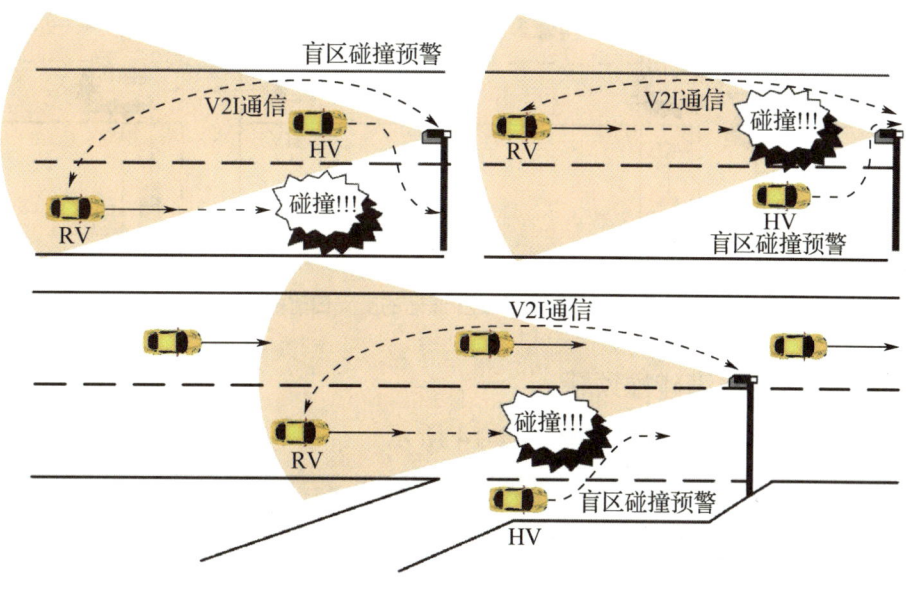

图 3-2-12　基于 V2I 通信的盲区碰撞预警

工作过程如下。

（1）HV 装有 V2I 车载终端，远端车辆（RV）无 V2I 车载终端。

（2）HV 及 RV 位于不同车道或分别位于辅路、主路，且 RV 位于 HV 后侧。

（3）路侧检测器感知特定区域内的车辆位置及其运行状态信息。

（4）V2I 路侧终端通过 V2I 通信将检测器感知到的信息发送至周边车辆。

（5）HV 上的 V2I 车载终端接收路侧终端信息，并计算自车与周边车辆的运行轨迹。

（6）HV 与 RV 存在碰撞风险时，V2I 车载终端向 HV 发出盲区碰撞预警，驾驶员自主调整速度以避免碰撞。

8．基于 V2I 通信的交叉口碰撞预警

基于 V2I 通信的交叉口碰撞预警如图 3-2-13 所示。

工作过程如下。

（1）HV 装有 V2I 车载终端，RV 无 V2I 车载终端。

（2）HV 及 RV 沿相互垂直方向通过无信号灯控制的交叉路口。

（3）路侧检测器感知特定区域内的车辆位置及运行状态信息。

（4）V2I 路侧终端通过 V2I 通信将检测器感知信息发送至周边车辆。

（5）HV 上的 V2I 车载终端接收路侧终端信息，并计算自车与周边车辆的运行轨迹。

（6）HV 与 RV 存在碰撞风险时，V2I 车载终端向 HV 发出交叉口碰撞预警，驾驶员自主调整速度以避免碰撞。

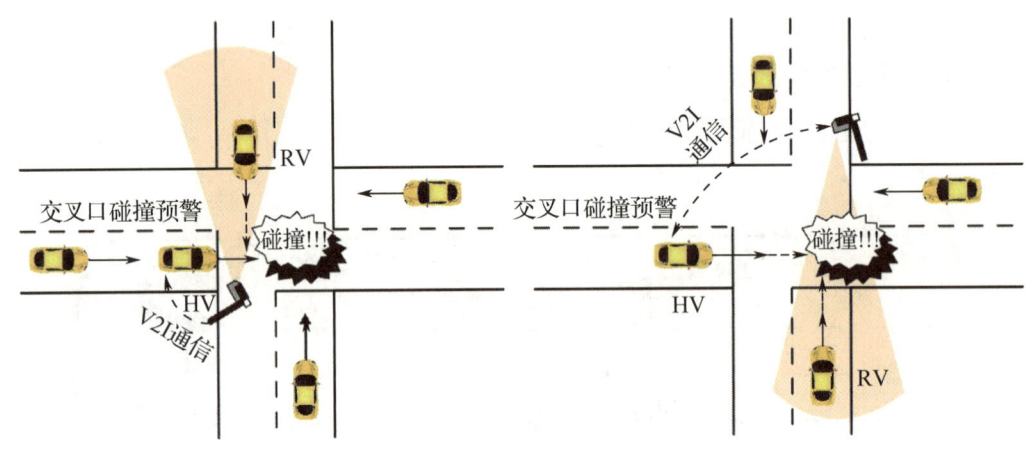

图 3-2-13　基于 V2I 通信的交叉口碰撞预警

9. 基于 V2I 通信的换道碰撞预警

基于 V2I 通信的换道碰撞预警如图 3-2-14 所示。

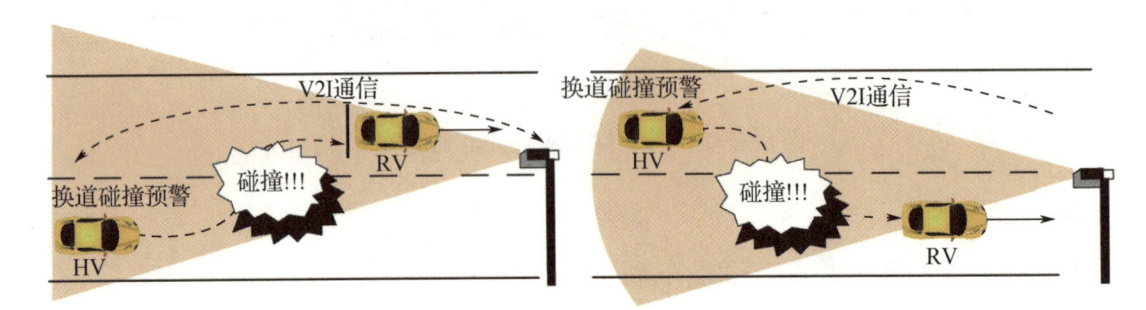

图 3-2-14　基于 V2I 通信的换道碰撞预警

工作过程如下。

（1）HV 装有 V2I 车载终端，RV 无 V2I 车载终端。

（2）HV 及 RV 位于不同车道，且 HV 位于 RV 后侧。

（3）HV 拟换道至 RV 所在车道。

（4）路侧检测器感知特定区域内的车辆位置及运行状态信息。

（5）V2I 路侧终端通过 V2I 通信将检测器感知信息发送至周边车辆。

（6）HV 上的 V2I 车载终端接收路侧终端信息，并计算自车与周边车辆的运行轨迹。

（7）HV 与目标车道前部车辆存在碰撞风险时，V2I 车载终端向 HV 发出换道碰撞预警，驾驶员自主调整速度或换道以避免碰撞。

任务三　近距离通信技术

一、射频识别技术

1. 概念

RFID（Radio Frequency Identification）技术也称为射频识别技术，俗称电子标签。通过无线射频方式结合数据访问技术，进行非接触双向数据通信，利用无线射频方式通过电磁波对电子标签进行读写，以实现识别目标和数据交换的目的。

2. 组成及工作原理

RFID 设备由读写器和电子标签、计算机系统等部分组成，如图 3-3-1 所示。在 RFID 系统工作时，由读写器在一个大小取决于发射功率的区域内发送射频能量形成电磁场，覆盖区域内的电子标签被触发，发送存储在其中的数据给读写器，或根据读写器的指令修改存储在其中的数据。

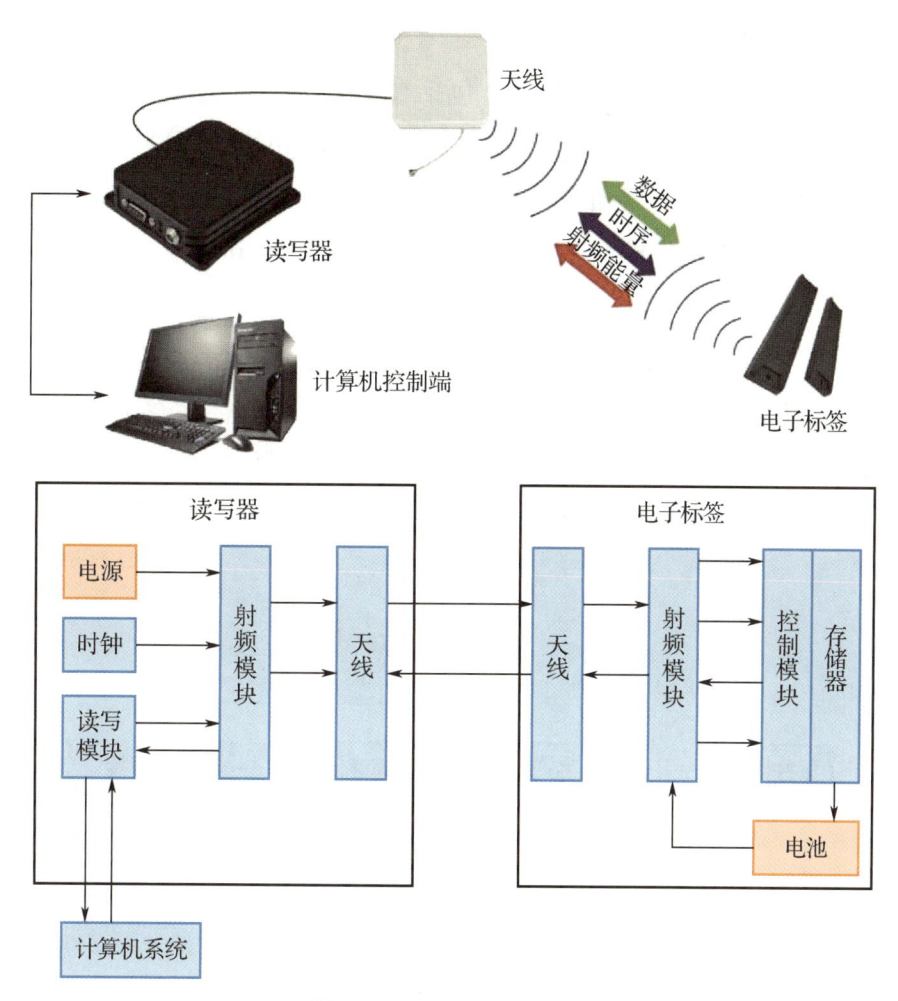

图 3-3-1　RFID 设备组成

RFID 技术依据其标签的供电方式可分为无源 RFID、有源 RFID 与半有源 RFID 三类。

1）无源 RFID

无源 RFID 产品本身不携带电池，因此无法自行激活，必须获取从外部读写器发出的射频信号才能将自身的电子标签激活，所以无源 RFID 产品一般适用于近距离的通信，它的通信范围在 10m 以内。无源 RFID 产品结构简单、故障率低、使用寿命长，适用于公交卡、门禁卡、二代身份证等。

2）有源 RFID

有源 RFID 产品本身配有电池，无须使用外部读写器获取射频信号便可自己激活。相对无源 RFID 产品来说，有源 RFID 产品具有较远距离识别功能，最大识别范围可超过百米。有源 RFID 产品常用于物联网系统中，如智慧停车场、智慧交通、智慧农场等。

3）半有源 RFID

半有源 RFID 产品采用低频率激活技术，有效结合了有源 RFID 产品和无源 RFID 产品的工作特点。半有源 RFID 产品只有在它进入低频信号激活范围时才被激活使用，其他时间处于休眠状态或数据上传状态，不会主动向外界发出射频信号。常见的应用半有源 RFID 的产品有违章摄像头、交通监视器等。

3. 应用

RFID 技术经常被应用在智能制造领域，包括仓储管理、过程管理、配送供应链等。通过超高频 RFID 简便的自动识别技术，实现物物信息的精准和快速识别，帮助后端的生产管理系统进行科学的决策，从而提高企业生产效率，改善组织，缩短生产周期，提高企业的综合竞争力。在汽车领域，RFID 技术是构成数字化车间的重要组成部分。

1）冲压、焊接原料管控

在转运冲压件的料架上安装 RFID 电子标签，在各车间关键节点安装 RFID 读写器，从而实现产品和设备的智能通信，重点管控冲压原料件的生产数量、库存数量和出库数量，实现这些环节的数据流精确统计，从而为整个生产管理系统的智能调度和科学决策提供数据支撑。应用 RFID 技术管控冲压焊接原材料及在制品的生产数量、库存量、出库数量如图 3-3-2 所示。

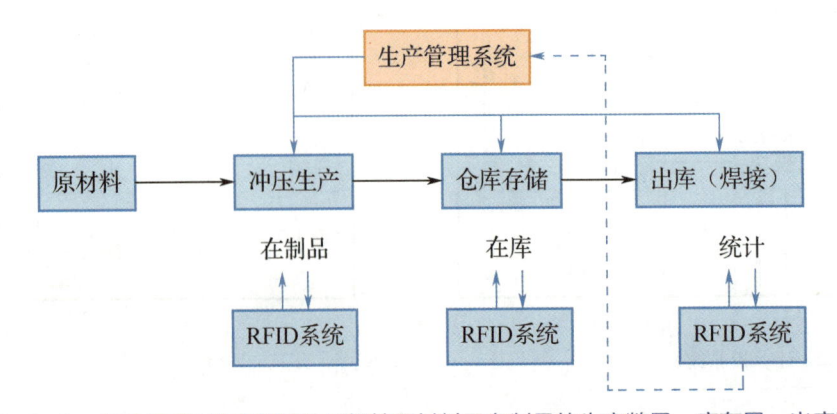

图 3-3-2 应用 RFID 技术管控冲压焊接原材料及在制品的生产数量、库存量、出库数量

2）涂装管控

在车体滑棒上安装 RFID 电子标签，在关键位置的滚床上安装 RFID 续写设备，从而对车体进行识别和跟踪。一个 RFID 天线称为一个 AVI 站点，负责对 RFID 电子标签进行读写，并将读到的信息通过设备传送到 PLC，载码体中记录了滑橇上承载的车体的信息，包括车体需要喷涂的颜色、车型、车体批次号和车体序列号等。应用 RFID 技术进行汽车涂装管控如图 3-3-3 所示。

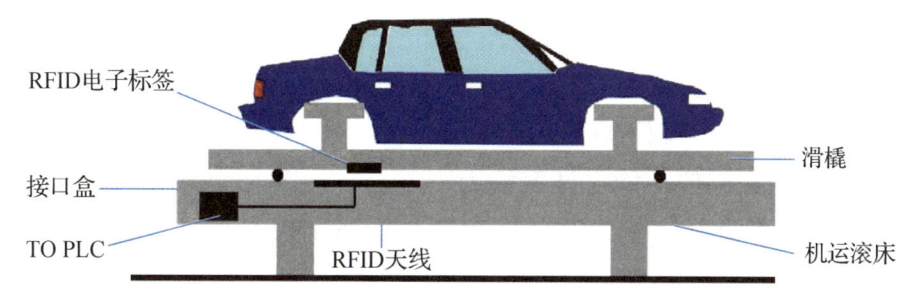

图 3-3-3　应用 RFID 技术进行汽车涂装管控

3）汽车总装

在车辆上线之前，工作人员将初始化的 RFID 电子标签安装在车体前部引擎盖的上表面。在车辆后续的车架组装、底盘悬挂安装、动力总成安装、内外饰整合等工序，安装 RFID 读写设备，在车身到达相应工位时，自动扫描车身 VIN 条码，完成生产线车辆监控和数据采集等工作。RFID 电子标签会跟随整个车体的总装全流程，并在不同的节点与 RFID 读写设备交换信息，以指导工艺的进行。在汽车总装中应用 RFID 技术进行管控如图 3-3-4 所示。

图 3-3-4　在汽车总装中应用 RFID 技术进行管控

4. RFID 技术特点

RFID 技术具有七大特性：RFID 通信具有超强的抗干扰性；RFID 电子标签具有相对较大的存储空间，最大可扩充至 1MB 以上；可通过编程技术对 RFID 电子标签的数据信息进行动态修改；具有较长的使用寿命；对障碍物的穿透能力较强；可对 RFID 产品设置密码，因此 RFID 技术具有较高的安全性；可同时对多个 RFID 产品进行快速扫描及读取数据信息。

二、NFC 技术

1. 概念

NFC（Near Field Communication）技术也称为近场通信技术，是一种短距离高频无线通信技术，允许电子设备之间进行非接触式点对点数据传输（在 10cm 内），交换数据、图片和视频信息。

NFC 由非接触式射频识别及互联互通技术整合演变而来，并向下兼容 RFID，工作在 13.56MHz 频率，点对点的通信建立时间少于 0.1s，传输速度分别有 106kbit/s、212kbit/s 和 424kbit/s 三种类型。

2．组成及工作原理

1）组成

NFC 系统主要由 NFC 芯片及 NFC 天线组成。

NFC 芯片：具有相互通信功能、计算能力，并具有加密/解密模块（SAM）。

NFC 天线：一种近场耦合天线，耦合方式是线圈磁场耦合。

2）工作原理

NFC 技术采用被动和主动两种读取模式。如图 3-3-5 所示，在被动模式下，NFC 通信的发起设备提供射频场，以一种固定的传输速度将数据发送到目标设备。NFC 通信的目标设备不必产生射频场，而使用负载调制技术，以相同的速度将数据传回发起设备。因此，发起设备可以在该模式下以相同的连接和初始化过程检测目标设备，并与之建立联系。

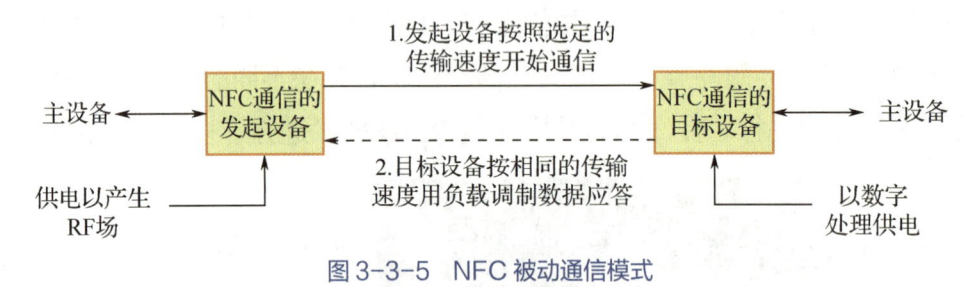

图 3-3-5　NFC 被动通信模式

如图 3-3-6 所示，在主动模式下，任意一台设备向另一台设备发送数据时，都必须产生自己的射频场，以便进行通信，从而获得快速的连接设置。

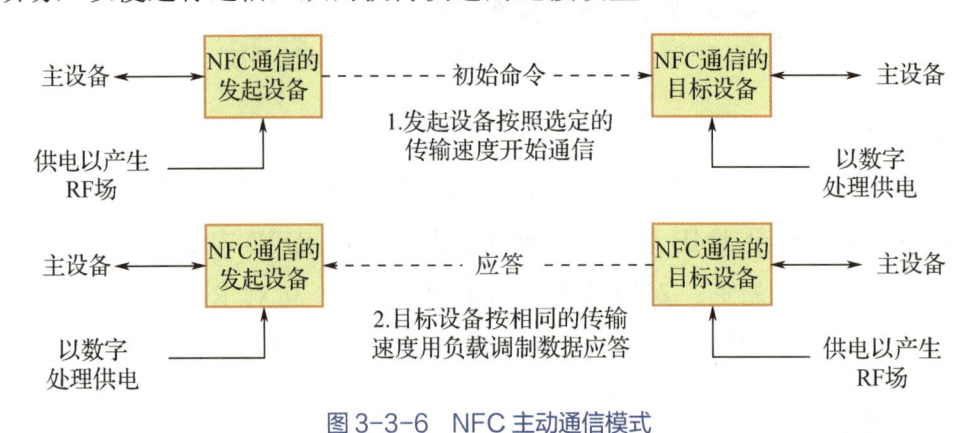

图 3-3-6　NFC 主动通信模式

3．NFC 业务应用模式

基于 NFC 技术的业务支持以下三种工作模式。

（1）卡模式：将具有 NFC 功能的设备模拟成一张标签或非接触卡，如支持 NFC 的手机可以作为门禁卡、银行卡等而被读取。

（2）读卡器模式：将具有 NFC 功能的设备作为非接触读卡器使用，如从海报或展览信息电子标签上读取相关信息。

（3）点对点模式：将两个具备 NFC 功能的设备链接，实现点对点数据传输，如多个具有 NFC 功能的数字相机、手机之间可以利用 NFC 技术进行无线互联，实现虚拟名片或数字相片等数据的交换。

4．NFC 技术与 RFID 技术对比

虽然 NFC 技术与 RFID 技术一样，通过频谱中无线频率部分的电磁感应耦合方式传递，但是两者之间存在很大的区别，主要表现在以下 4 个方面。

（1）NFC 技术是一种提供轻松、安全、迅速的无线通信的连接技术，其传输范围比 RFID 技术的米级以上的传输范围要小，具有距离近、带宽高和能耗低等特点。

（2）NFC 技术与现有非接触智能卡技术兼容，已经成为越来越多主要厂商支持的正式标准。

（3）NFC 技术是一种近距离连接协议，以便各种设备间轻松、安全、迅速而自动地进行通信。

（4）RFID 技术更多地被应用在生产、物流、跟踪和资产管理上，而 NFC 在门禁、公交、手机支付等领域内发挥着巨大的作用。

RFID 技术的缺点是通信成本偏高、涉及隐私泄露问题、面对金属物体和有水环境时易受到干扰。

5．应用

NFC 技术可以提高汽车使用的易用性和功能性，可以将智能手机作为汽车的智能钥匙，用于解锁/打开车门和关闭车门。

2019 年 12 月，华为钱包与比亚迪 Dilink 联合发布基于 NFC 的"手机车钥匙"软件，实现给汽车解锁和上锁等一系列动作，为用户提供更便捷智能的数字车生活；2020 年 3 月，小米手机也与比亚迪 Dilink 联合发布了"手机 NFC 车钥匙"软件（见图 3-3-7）。"手机 NFC 车钥匙"软件还可以读取车辆的状态数据，已在比亚迪宋 Pro 和秦 Pro 的部分车型上搭载。用户需要通过比亚迪云服务 App 申请开通并绑定使用。NFC 技术实现时，设备必须靠得很近，这提供了天然的使用安全性，也可以通过加密和解密系统提高设备之间的通信安全性。

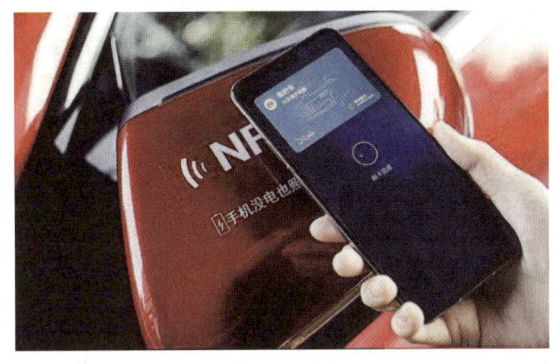

图 3-3-7　比亚迪刷手机解锁车辆（NFC 功能应用）

用户可通过比亚迪云服务 App 授权分发手机 NFC 车钥匙（秦 Pro 超越版就支持多个手机 NFC 车钥匙），输入主手机收到的验证码，在需要注册的手机上登录比亚迪云服务 App 账号，按开通步骤来注册手机 NFC 车钥匙即可。借助此功能，可以将车钥匙分享给家人使用。

（1）闭锁车门：整车电源挡位处于"OFF"挡/远程启动状态/蓝牙启动状态/遥控启动状态，车门关闭且未锁止，将手机背面顶部靠近左前外后视镜上指令区域，所有车门同时闭锁。

（2）解锁车门：在防盗状态/远程启动状态/蓝牙启动状态/遥控启动状态下，将手机的 NFC 感应区域靠近左前外后视镜上的指令区域，所有车门同时解锁。解锁车门后，10 分钟内允许启动车辆，若超时未启动车辆，需再次刷卡。

由于手机 NCF 功能可以在手机熄屏、电量少/没电的状态下使用，并且不依赖网络信号，所以相比其他方式解锁受限更少。

三、Wi-Fi 技术

1. 概念

Wi-Fi 是 Wireless Fidelity 的英文缩写，Wi-Fi 技术是一种基于 IEEE 802.11 标准的无线局域网技术，已经应用于便携式计算机、手机和汽车等领域中。

IEEE 802.11 标准是全球目前无线局域网的通用标准。最早的 IEEE 802.11 标准发表于 1997 年，标准中定义了 WLAN 的 MAC 层和物理地址标准。MAC 为媒介访问控制，MAC 地址又称局域网地址。MAC 地址是出厂时设定好的，不可以自行进行修改，另外它具有唯一性的特点。目前常用的版本为 IEEE 802.11n、IEEE 802.11p、IEEE 802.11ac，而 IEEE 802.11p 是车用电子的无线通信标准。

Wi-Fi 通信的必要条件是无线路由器和具有无线网卡的硬件设备。Wi-Fi 技术的优势在于：无线电波覆盖范围较广，在室内无遮挡时的最远覆盖距离可达 100m，在室外的覆盖距离可达数百米；传输速率较高；支持无线数据传播模式。Wi-Fi 通信技术的缺点在于：安全性较低、易受干扰、功耗较高、组网能力低。

2. 组成及工作原理

Wi-Fi 技术的组成元件包括站点、接入点、基本服务集、服务集识别码、分布式系统、扩展服务集、门桥，Wi-Fi 网络组成元件之间的关系如图 3-3-8 所示。

（1）站点（Station，STA）是指具有 Wi-Fi 通信功能的，而且连接到无线网络的终端设备，如手机、平板电脑和便携式计算机等。

（2）接入点（Access Point，AP）也称为基准站，是常说的 Wi-Fi 热点，相当于一个转发器，可以将互联网上的数据转发给接入设备。

（3）基本服务集（Basic Service Set，BSS）是网络最基本的服务单元，可以由一个接入点和若干个网站组成，也可以由若干个网站组成。

（4）服务集识别码（Service Set IDentifier，SSID）是指 Wi-Fi 账号，通过接入点广播。

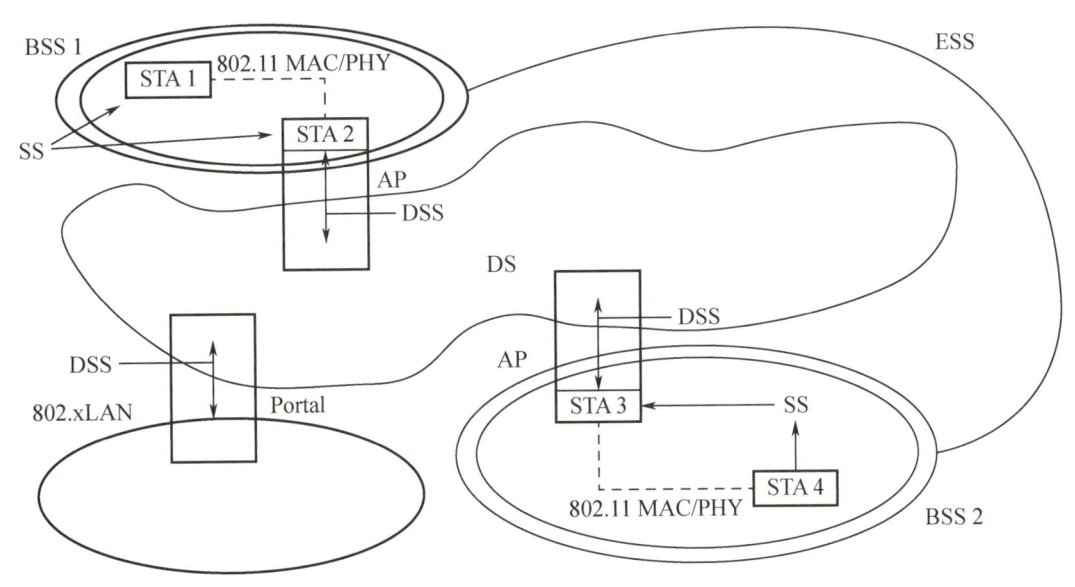

图 3-3-8 Wi-Fi 网络组成元件之间的关系

（5）分布式系统（Distribution System，DS）也称为传输系统，通过基准站将多个基本服务集连接起来。当帧传送至分布式系统时，随即被送至正确的基准站，而后由基准站转送至目的站点 STA。

（6）扩展服务集（Extended Service Set，ESS）由一个或多个基本服务集通过分布式系统互联组成，可扩展无线网络的覆盖范围。

（7）门桥（Portal）的作用就相当于网桥，用于将无线局域网和有线局域网或其他网络联系起来。

Wi-Fi 的工作模式主要有 STA 模式、AP 模式、Monitor 模式、Ad-hoc（IBSS）模式、WDS 模式、Mesh 模式。以 STA 模式为例，这种模式可以供任何一种无线网卡使用，也可以称为默认模式。在此模式下，无线网卡发送连接与认证消息给热点，热点接收到消息并完成认证后，发回成功认证消息，从而将此网卡接入无线网络。

3. Wi-Fi 技术的应用

Wi-Fi 技术应用于智能网联汽车，可快速搭建移动热点，在不依赖移动蜂窝网络的状态下实现网络连接，体验无线上网，如图 3-3-9 所示。

图 3-3-9 车载 Wi-Fi 系统

上汽荣威 RX3 搭载了斑马智行系统 2.0，车内自带 4G 网络。斑马智行系统 2.0（见图 3-3-10）

可与手机良好地互动，下载 App 后可以实现车辆定位、旅途、远程控制、充电管理、车辆保养、驾驶习惯、救援服务、车钱包等功能。导航、系统更新等都是免费的，但娱乐功能（如喜马拉雅 FM）是需要流量付费的。

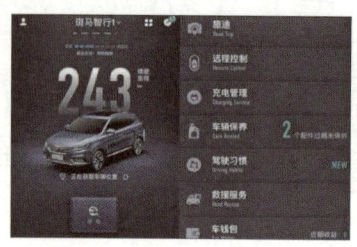

图 3-3-10　斑马智行系统 2.0

四、蓝牙技术

1. 概念

蓝牙（Bluetooth）技术是一种使移动电话、掌上电脑、无线耳机、智能汽车及相关外设等设备不必借助电缆就能联网，组成一个巨大的无线通信网络进行短距离通信的技术。利用蓝牙技术能够有效地简化移动通信终端设备之间的通信，也能够简化设备与互联网之间的通信，从而使数据传输变得更加迅速高效，为无线通信拓宽道路。

蓝牙技术由爱立信、诺基亚、东芝、IBM 和英特尔公司 5 家公司于 1998 年 5 月联合研究发布。目前广泛采用的蓝牙 5.0 标准，是由蓝牙技术联盟在 2016 年提出的。蓝牙 5.0 在低功耗模式下具备更快的传输速度、更远的传输能力，传输速率是蓝牙 4.2（2014 年）的 2 倍（速度上限为 2Mbit/s），有效传输距离是蓝牙 4.2 的 4 倍（理论上可达 300m），数据包容量是蓝牙 4.2 的 8 倍，而且支持室内定位导航功能，结合 Wi-Fi 技术可以实现精度小于 1m 的室内定位。

蓝牙的优点在于：功耗低、延时低、具有较高的安全性、有效范围内可无视障碍物进行连接。蓝牙的缺点在于：传输距离较短（10cm～10m）、传输速率不高。

2. 组成及工作原理

蓝牙由底层硬件模块、中间协议层和高层应用三大部分组成。

1）底层硬件模块

底层硬件模块由基带、跳频和链路控制单元组成，基带用于完成蓝牙数据和跳频的传输；无线调频层通过无须授权的 2.4GHz ISM 频段微波，实现了高效的数据流传输与精确过滤；链路控制单元用于实现链路建立、连接和拆除的安全控制。

2）中间协议层

中间协议层主要包括服务发现协议层、逻辑链路控制和适应协议、电话通信协议和串口仿真协议四个部分。

服务发现协议层提供给上层应用程序一种机制，以便使用网络中的服务。

逻辑链路控制和适应协议负责数据拆装、复用协议和控制服务质量，是其他协议层作用实现的基础。

电话通信协议是网络通信中不可或缺的一部分，它规定了电话通信的基本流程和规范。通过遵循电话通信协议，网络设备可以实现语音通话、传真、数据传输等多种通信方式。

串口仿真协议则是一种特殊的通信协议，主要用于在计算机与外部设备之间进行串口通信。通过串口仿真协议，计算机可以模拟串口的行为，与外部设备进行数据传输和控制。

3）高层应用

高层应用位于协议层最上部的框架部分，主要有文件传输、网络连接管理、局域网访问等，它通过相应的应用程序在一定的应用模式下实现无线通信。

当蓝牙设备之间想要相互交流时，首先进行配对创建网络环境，由一台设备作为主设备，所有其他设备作为从设备。配对搜索称为短程临时网络模式，也被称为微微网。微微网在蓝牙设备加入和离开无线电短程传感时动态、自动建立。

3. 应用

蓝牙技术的应用主要有车载蓝牙电话、车载蓝牙音箱、车载蓝牙后视镜、车载蓝牙导航、汽车虚拟钥匙、获取车辆信息（胎压、续航、位置等）、穿戴设备监测人体状态（血压、脉搏、酒精监测等）并与车辆信息交互等。

1）车载蓝牙电话

车载蓝牙电话专为行车安全和舒适性而设计，主要功能包括：自动辨识移动电话，不需要电缆或电话托架便可与手机联机；使用者不需要触碰手机便可控制手机，用语音指令控制接听或拨打电话；使用者可以通过车上的音响或蓝牙无线耳麦进行通话。

车载蓝牙电话如图 3-3-11 所示，其可以保证良好的通话效果，并支持所有厂家生产的内置蓝牙模块的手机。若选择通过车上的音箱进行通话，当有来电或拨打电话时，则车上的音箱会自动静音，通过音箱的扬声器/麦克风进行语音传输。若选择蓝牙无线耳麦进行通话，则只要耳麦处于开机状态，当有来电时按下接听按钮就可以实现通话。

2）车载蓝牙音箱

车载蓝牙音箱是一种基于稳定的、高度通用的蓝牙技术的无线有源音箱，内设锂电池，可以随时充电，使用方便快捷，如图 3-3-12 所示。其具有体积小巧，可牢牢固定在车内某一合理位置的优点。

图 3-3-11 车载蓝牙电话　　　　图 3-3-12 车载蓝牙音箱

3）车载蓝牙后视镜

车载蓝牙后视镜可通过蓝牙技术与手机相连，当手机来电话时，后视镜上会显示来电信息，还可集成免提通话功能，如图3-3-13所示。

图3-3-13　车载蓝牙后视镜

4）车载蓝牙导航

车载蓝牙导航在为驾驶员提供定位导航的同时，还能作为蓝牙耳机，实现免提接听功能，极大地方便驾驶员，也大大加强了驾驶员行车途中接打电话的安全性。其还可以传送图片和文件，充分满足用户的各种需求，如图3-3-14所示。

图3-3-14　车载蓝牙导航

5）汽车虚拟钥匙

汽车虚拟钥匙能够通过蓝牙连接，让汽车与智能手机或智能手表互连，实现汽车解锁及获取汽车信息，如图3-3-15所示。

图3-3-15　汽车虚拟钥匙

当驾驶员靠近汽车时（几米范围内），手机App通过蓝牙与汽车连接，能够实现汽车解锁及获取汽车信息。

当驾驶员远离汽车时，可以使用手机 App 通过移动网络获取车辆信息，如胎压、预估续航里程、车辆位置、离车辆保养剩余里程等，如图 3-3-16 所示。若使用了虚拟钥匙，则软件会在虚拟钥匙超出范围时发出提示，此时手机 App 无法对汽车解锁。

图 3-3-16　利用 App 获取车辆信息（基于蓝牙通信技术）

手机 App 虚拟钥匙共享功能可自动识别手机通讯录中安装了相同 App 的人。车主可以通过简单操作把汽车虚拟钥匙转交给相应的联系人，甚至可以设定虚拟钥匙的作用时间，让虚拟钥匙在指定时间内才是有效的，过期的虚拟钥匙将无法对汽车进行任何操作。手机 App 虚拟钥匙共享程序如图 3-3-17 所示。

图 3-3-17　手机 App 虚拟钥匙共享程序

汽车虚拟钥匙技术的共享功能使借车过程得到了极大的简化，只要双方手机中都安装了相同的手机 App，就能够实现虚拟钥匙的移交，给用户带来了极大的便利。蓝牙这种短距离通信技术从一定程度上又拉近了人与车的距离，只有携带虚拟钥匙的人靠近车辆时才能对汽车进行解锁操作，一定程度上增强了该技术的安全性。

智能蓝牙连接技术将在车辆与可穿戴设备连接的实现过程中发挥至关重要的作用，包括实现监测驾驶员疲劳驾驶、血液中的酒精含量及血糖水平、血压、心率等生物计量指标的连接，从而在某一个指标异常时触发警告，提高驾驶安全性。智能手表、血压计、脉搏监测仪、酒精监测仪或血糖监测仪等将成为与车辆连接的可穿戴设备。

汽车钥匙经历了从传统机械钥匙、电子钥匙（PEPS 无钥匙进入及启动系统）到手机虚拟钥匙的发展过程。2017 年新能源电动汽车品牌特斯拉推出 Model 3 车型，该车型就配备了基于手机 App 的虚拟汽车钥匙。车主不需要携带实物钥匙，只需要使用完成配置的手机就可以实现汽车的解锁、启动、上锁等功能。

任务四　中短距离通信技术

一、专用短程通信技术

1. 概念

DSRC 是 Dedicated Short Range Communication 的简称，即专用短程通信技术。这是一种高效的短程无线通信技术，它可以实现在特定小区域内对高速运动下的移动目标的识别和双向通信，如车辆与车辆（V2V）、车辆与基础设施（V2I）等双向通信，实时传输图像、语音和数据信息，将车辆和道路有机连接。

与 Wi-Fi、蓝牙等其他通信技术采用的共享开放 2.4GHz 频带不同，DSRC 专属的交通安全频谱基于 1999 年美国联邦通信委员会（FCC）分配给汽车通信使用的 5.9GHz 频带的一段 75MHz 的带宽，其被分为 7 个频道，目标的通信范围可达 1km。如图 3-4-1 所示，每辆车都会在信道 172 中以 10~20 次/s 的频率，交互 DSRC 基础安全信息。紧急信息则会在信道 184 中，以更高的优先级进行传播。每一条基础安全信息都包含两部分信息，第一部分信息是强制性信息，包括位置、速度、方向、角度、加速度、制动系统状态和车辆尺寸；第二部分信息是可选信息，如防抱死制动系统状态、历史路径、传感器数据和转向盘状态等。

←5.850GHz							5.925GHz→
Reserved 5MHz	CH172 Service (safety only)	CH174 Service	CH176 Service	CH178 Control	CH180 Service	CH182 Service	CH184 Service (safety only)

图 3-4-1　DSRC 频道的划分

DSRC 通信系统的参考架构如图 3-4-2 所示。车辆与车辆之间，以及车辆与路侧基础设施之间，通过 DSRC 进行信息交互。

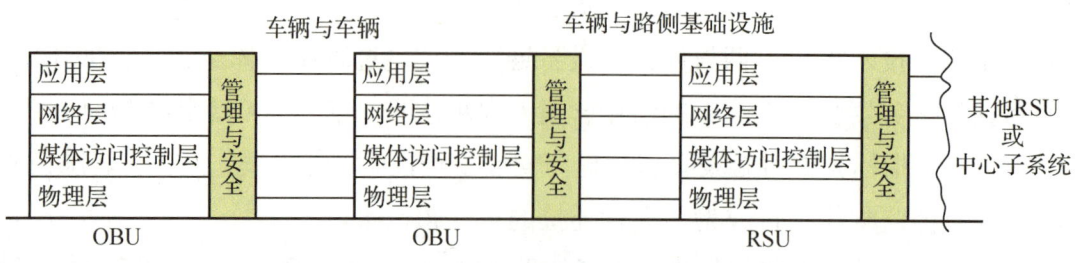

图 3-4-2　DSRC 通信系统的参考架构

DSRC 通信系统包含物理层、媒体访问控制层（MAC）、网络层和应用层。

（1）物理层。物理层是建立、保持和释放专用短程通信网络数据传输通路的物理连接的层，位于协议栈的底层。

（2）媒体访问控制层。媒体访问控制层是提供短程通信网络节点寻址及接入共享通信媒体的控制方式的层，位于物理层之上。

（3）网络层。网络层是实现网络拓扑控制、数据路由，以及设备的数据传送和应用的通信服务手段的层，位于媒体访问控制层之上。

（4）应用层。应用层是向用户提供各类应用及服务手段的层，位于网络层之上。

车载单元的媒体访问控制层和物理层负责处理车辆与车辆之间，车辆与路侧基础设施之间的专用短程无线通信连接的建立、维护和信息传输；应用层和网络层负责把各种服务和应用信息传递到路侧基础设施及车载单元上，并通过车载子系统与用户进行交互；管理和安全功能覆盖专用短程通信的整个框架。

2．DSRC 通信系统的组成

DSRC 通信系统主要由车载单元（OBU）、路侧单元及 DSRC 协议与后台计算机网络组成，如图 3-4-3 所示。路侧单元通过 Fiber 有线光纤的方式连入互联网。车与车之间的信息交换通过 RSU 单元和 OBU 通信实现，车载信息技术业务通过 802.11p+RU 回程的方式实现。由图 3-4-3 可知，DSRC 通信系统需要部署大量的 RSU 单元才能较好地满足业务需要，因此建设成本较高。

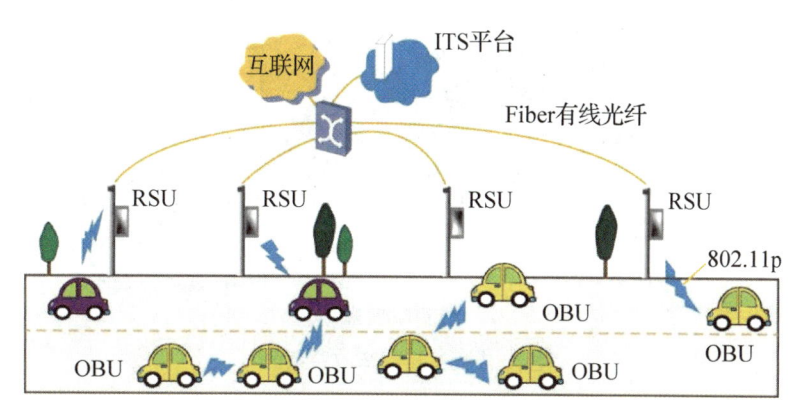

图 3-4-3　DSRC 通信系统的组成

3．DSRC 的应用

1）实现 V2X 通信

DSRC 在智能网联汽车上可实现 V2X 通信。DSRC 的有效通信距离为数百米，车辆通过 DSRC 以每秒十次的频率，向路上其他车辆发送位置、车速、方向等信息，当车辆接收到其他车辆所发出的信号后，在必要时（如马路转角有其他车辆驶出，或前方车辆紧急制动、变换车道）车内装置会以闪烁信号、语音提醒或座椅和转向盘震动等方式提醒驾驶员注意。DSRC 用于 V2X 通信如图 3-4-4 所示。

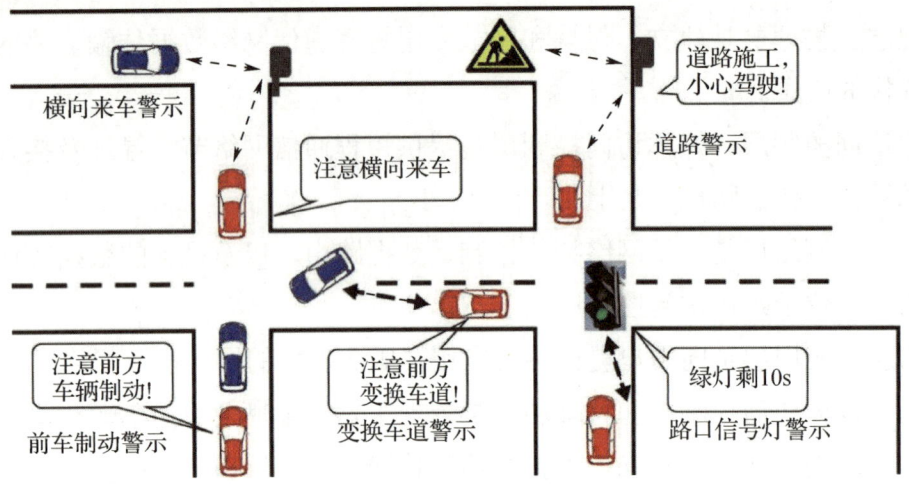

图 3-4-4　DSRC 用于 V2X 通信

2）不停车收费系统（ETC）

DSRC 是智能运输系统（ITS）领域中专门用于机动车辆在高速公路等收费点实现不停车收费的技术，如图 3-4-5 所示。

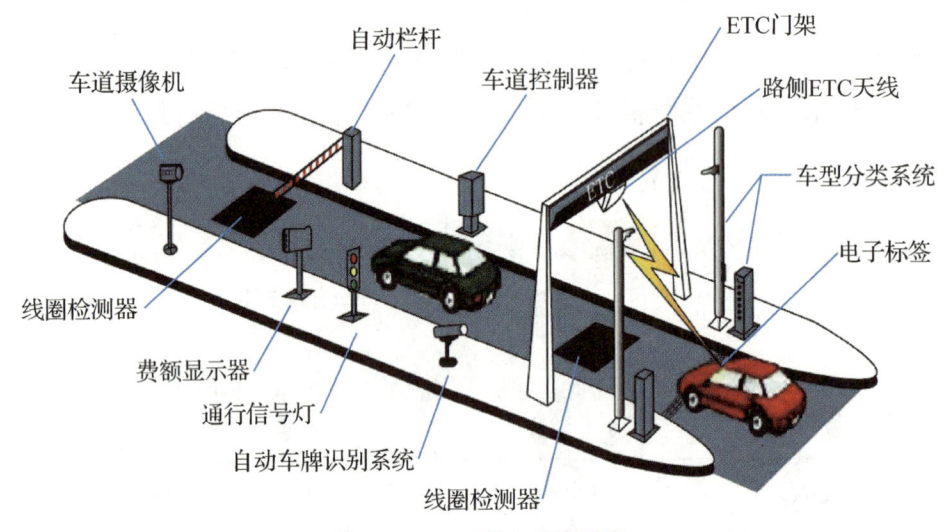

图 3-4-5　不停车收费系统

3）电子地图的下载和交通调度

除了已经比较成熟的 ETC 系统，基于车-路通信的 DSRC 应用还可以用在电子地图的下载和交通调度等方面。路边的 RSU 接入后备网络与当地的交通信息网或互联网相连，通过 OBU 与 RSU 的通信来获得电子地图和路况信息等，从而帮助驾驶员选择最优路线，缓解交通拥堵等。

二、LTE-V（大唐电信）

1. LTE-V 通信技术的概念

LTE-V（Long Term Evolution-Vehicle）是我国具有自主知识产权的中短距离通信技术，

在车辆与车辆（V2V）、车辆与基础设施（V2I）、车辆与行人（V2P）之间组网，构建数据共享交互桥梁，助力实现智能化的动态信息服务、车辆安全驾驶、交通管控等。我国在国际化标准LTE-V技术中具有一定话语权。国内厂商大唐电信、华为等企业为3GPP LTE-V标准化研究工作的主导方。我国正在积极推进LTE-V技术，该技术未来有望成为我国车联网标准之一。

LTE-V标准协议架构由三部分组成，即物理层、数据链路层、应用层，如图3-4-6所示。物理层是LTE-V系统的底层协议，主要提供帧传输控制服务和信道的激活、失效服务，以及收发定时及同步功能。数据链路层负责信息的可靠传输，提供差错和流量控制，对上层提供无差错的链路链接。应用层基于数据链路层提供的服务，完成通信初始化和释放程序、广播服务、远程应用等相关操作。

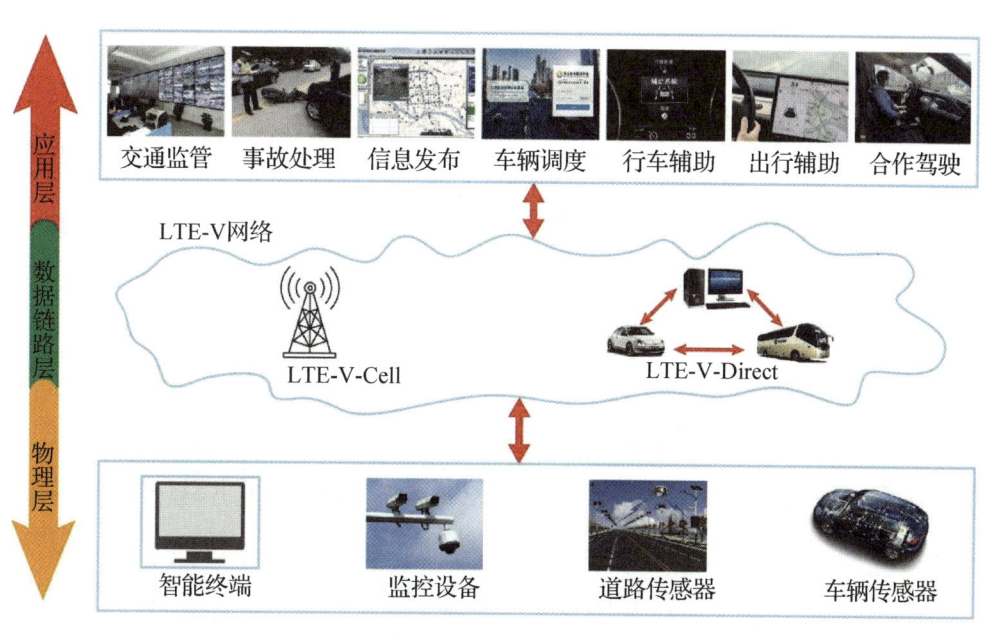

图3-4-6　LTE-V 标准协议架构

LTE-V可以重复使用现有的蜂巢式基础设施与频谱，运营商不需要重新进行基础设施建设和提供专用频谱，组网成本大幅降低，主要解决交通实体之间的"共享传感"（Sensor Sharing）问题，可将车载探测系统（如雷达、摄像头）从数十米视距范围扩展到数百米甚至非视距范围，实现在相对简单的交通场景下的辅助驾驶。

2. LTE-V技术分类及工作模式

LTE-V技术包括集中式（LTE-V-Cell）和分布式（LTE-V-Direct）两种，如图3-4-7所示。其中，LTE-V-Cell需要基准站作为控制中心，实现大带宽、大覆盖通信，定义车辆与路侧通信单元及基准站设备的通信方式；LTE-V-Direct则无须基准站作为支撑，可直接实现车辆与周边环境节点低时延、高可靠的通信。LTE-V-Cell的传输带宽最高可扩展至100MHz，峰值速率上行为500Mbit/s，下行为1Gbit/s，用户面时延不大于10ms，控制面时延不大于50ms，支持车速为500km/h，在5G时代演进成C-V2X技术，主要由电信企业推动。

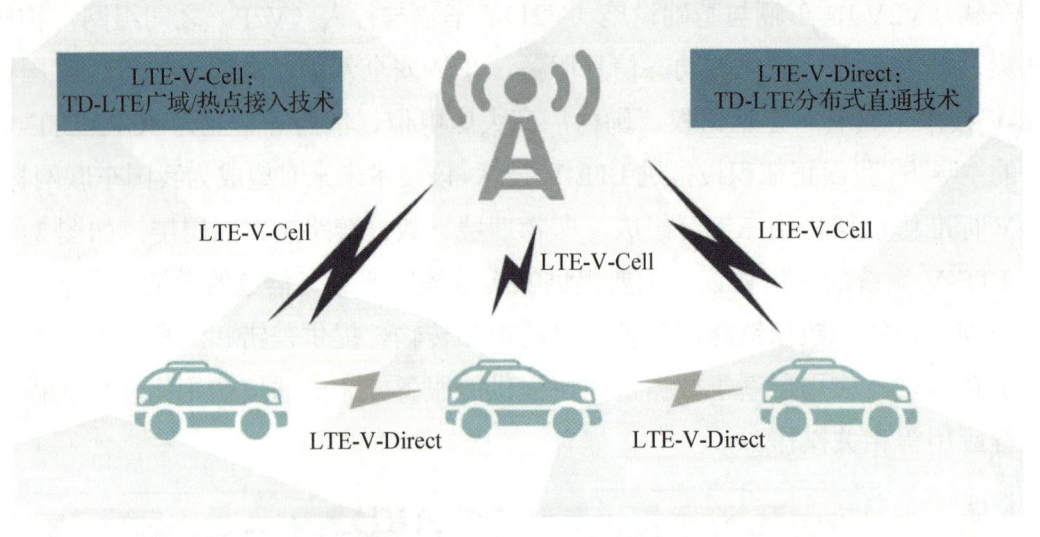

图 3-4-7 LTE-V 技术分类

LTE-V 技术分为 Uu 和 PC5 两种接口。其中，Uu 为"接入网终端"通信模式，通过基准站进行终端之间的通信；PC5 为"用户终端—用户终端"空口短距离直传通信模式，不需要通过基准站即可完成终端之间的通信。PC5 采用车联网专用频段（如 5.9GHz），实现车车、车路、车人之间的直接通信，时延较低，支持的移动速度较高，但需要有良好的资源配置及拥塞控制算法。

值得一提的是，在短程直通链路式通信模式下，车辆之间的信息交互基于广播方式，可采用终端直通模式，也可经由 RSU 单元来进行交互，大大减少了 RSU 单元需要的数量。

3．应用

LTE-V 技术可应用于交叉口会车避让、紧急车辆优先通行、前方车辆紧急制动告警及多车编队自动驾驶，如图 3-4-8 所示。

图 3-4-8 LTE-V 技术应用

在 2018 年 9 月 15 日至 18 日于无锡举办的全球物联网博览会上，奥迪、大众、一汽、东风、长安、上汽等知名汽车制造商展示了搭载华为 LTE-V（一种基于移动通信技术演进的车联网无线通信技术）车联网终端的汽车，并进行了 V2X 智慧交通场景的示范。华为 LTE-V 车联网终端成为国内首个在开放道路环境下成功应用的 LTE-V 车联网终端，它通过整合千寻位置提供的亚米级定位服务及融合惯性导航算法，为汽车提供了精确至车道级别的定位功能。

华为 LTE-V 通信终端包括 OBU 和 RSU 两大硬件，如图 3-4-9 所示。

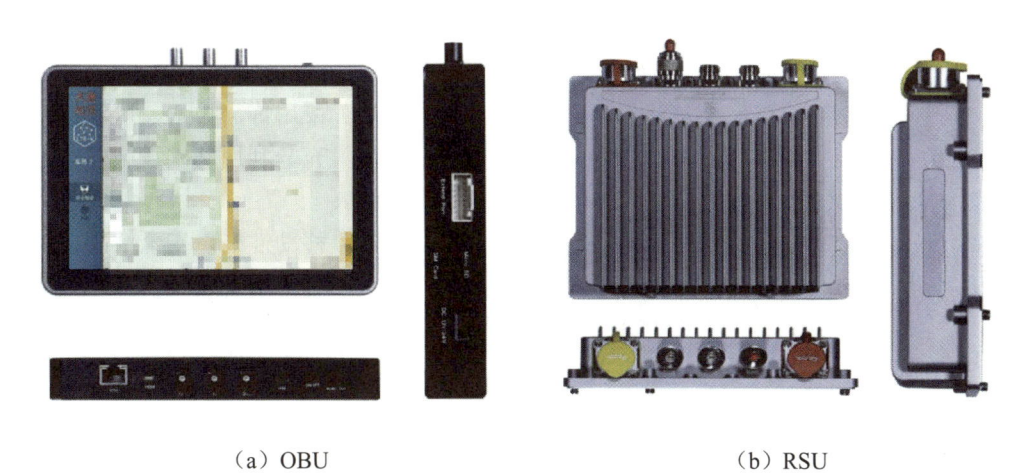

（a）OBU　　　　　　　　　　（b）RSU

图 3-4-9　华为 LTE-V 通信终端

4. LET-V 通信与 DSRC 通信的比较

LTE-V 通信是基于 LTE 的智能网联汽车协议，由 3GPP 主导制定规范，主要参与厂商包括华为、大唐、LG 等；DSRC 通信主要基于 IEEE 802.11p 与 IEEE 1609 系列标准，是一种专门用于 V2V 与 V2I 进行通信时使用的标准，主要由美国、日本主导。

LTE-V 通信和 DSRC 通信均需要路侧单元，但两种技术中 RSU 的承载能力不尽相同。在两种技术中，RSU 均会为车辆提供道路相关的信息，如红绿灯、限速等，在 V2I 模式下将这些信息发给车辆。两者之间的主要差异体现在 V2V（车对车）通信模式下的信息交互机制。在 DSRC 通信体系中，V2V 的信息交流必须经由 RSU 进行中继，这种通信模式对 RSU 的数量需求较大，以确保车辆间的信息能够有效传递。而在 LTE-V 的短程直通链路式通信模式下，车辆间的信息交互则基于广播方式，可以采用终端直通模式直接进行信息交换，也可选择通过 RSU 进行辅助交互。因此，LTE-V 技术在 RSU 单元的需求数量上相对较少。

与 DSRC 通信相比，LTE-V 通信可以通过扩大汽车通信距离，给驾驶员更长的反应时间，这对于超车这一类的应用非常关键。LTE-V 通信与 DSRC 通信的比较如表 3-4-1 所示。

表 3-4-1　LTE-V 通信与 DSRC 通信的比较

通信方式	DSRC 通信	LTE-V 通信
支持车速	200km/h	500km/h
带宽	75MHz	可扩展至 100MHz
传输速率	3～27Mbit/s，平均 12Mbit/s	峰值速率上行 500Mbit/s，下行 1Gbit/s

续表

通信距离	240m，容易被建筑遮挡，受 RSU 密度影响	约为 440m
IP 接入方式	部署 RSU 作为网关	通过蜂窝基准站接入，基准站集中调度；业务连续性好，调度效率高
低时延安全业务（前车防撞预警、盲区预警等）	采用 IEEE 802.11p 协议	LTE 直通技术解决
优势	① 成熟度高； ② V2V 通信的应用场景较为成熟	① 采用蜂窝技术，可管控； ② 充分利用基础设施，V2I 通信实施有优势； ③ 移动性好，安全性高； ④ 可平滑演进至 5G； ⑤ 电信产业（系统、芯片和运营商）支持
劣势	① CSMA/CA 机制存在隐藏节点、数据竞争碰撞问题； ② 5.9GHz 频段穿透性、传输距离受限，且由于干扰，在我国商用可能受阻； ③ 后续演进路线不明； ④ V2I 通信场景技术实施难度大	① 尚未成熟； ② 跨部门协调难度大

任务五　远距离通信技术

一、卫星通信技术

1. 卫星通信技术概念

卫星通信技术（Satellite Communication Technology）是一种利用人造地球卫星作为中继站来转发无线电波而进行通信的两个或多个地面站之间的通信技术。地面站是指在地球表面（包括地面、海洋和大气中）的无线电通信站。

卫星通信是在地面微波中继通信和空间技术的基础上发展起来的，通信卫星的作用相当于离地面很高的微波中继站。

2. 组成

卫星通信系统是由通信卫星和经该卫星连通的地球站两部分组成的。静止通信卫星是目前全球卫星通信系统中最常用的星体，是将通信卫星发射到赤道上空离地面 35 860km 的高度上，使卫星运转方向和速度与地球自转方向和速度一致，并使卫星的运转周期正好等于地球的自转周期（24 小时），从而使卫星始终保持同步运行状态，故静止卫星也称为同步卫星。

静止卫星天线波束最大覆盖面可以大于地球表面总面积的三分之一。因此，在静止轨道上，只要等间隔地放置三颗通信卫星，其天线波束就能基本上覆盖整个地球（除两极地区外），实现全球范围的通信。当前使用的国际通信卫星系统，就是按照上述原理建立起来的，三颗卫星分别位于大西洋、太平洋和印度洋上空。

3. 优势和不足

卫星通信是现代通信技术的重要成果。与电缆通信、微波中继通信、光纤通信、移动通信等通信方式相比，卫星通信具有下列优势。

（1）卫星通信覆盖区域大，通信距离远。由于卫星距离地面很远，一颗地球同步卫星便可覆盖地球表面的三分之一，因此利用三颗适当分布的地球同步卫星即可实现除两极以外的全球通信。卫星通信是远距离越洋电话和电视广播的主要通信手段。

（2）卫星通信具有多址连接功能。卫星覆盖区域内的所有地球站都能利用同一颗卫星进行相互间通信，即多址连接。

（3）卫星通信传输频段宽，容量大。卫星通信采用微波频段，每颗卫星上可设置多个转发器，故通信容量很大。

（4）卫星通信机动灵活。地球站的建立不受地理条件的限制，可建在边远地区、岛屿、汽车、飞机和舰艇上。

（5）卫星通信质量好，可靠性高。卫星通信的电波主要在自由空间传播，噪声小，传输损耗小，电波传播稳定，通信质量好。就可靠性而言，卫星通信的正常运转率达 99.8%。不受通信两点间的各种自然环境和人为因素的影响，即便是在发生磁爆或核爆的情况下，也能维持正常通信。

（6）卫星通信的成本与距离无关。地面微波中继系统或电缆载波系统的建设投资和维护费用都随距离的增加而增加，而卫星通信的地球站至卫星转发器之间并不需要线路投资，因此其成本与距离无关。

但卫星通信也有不足之处，主要表现在以下几点。

（1）传输时延大。传输时延大是卫星通信的主要缺点。在地球同步卫星通信系统中，星站之间的单程（地球站→卫星→地球站）传播时延约为 0.27s，进行双向通信时，往返的传输时延为 0.54s。

（2）回声效应。在卫星通信中，由于电波来回传播需要 0.54s，因此产生了讲话之后的"回声效应"。为了消除这一干扰，卫星电话通信系统中增加了一些设备，专门用于消除或抑制回声干扰。

（3）存在通信盲区。把地球同步卫星作为通信卫星时，由于地球两极附近区域"看不见"卫星，因此不能利用地球同步卫星实现对地球两极的通信。

（4）存在日凌中断、星蚀和雨衰现象。

4. 应用

在智能交通系统中，卫星通信技术主要应用于全球卫星定位系统导航、车辆定位、车辆跟踪及交通管理，向驾驶员提供出行线路的规划和导航、信息查询及紧急援助等，如图 3-5-1 和图 3-5-2 所示。

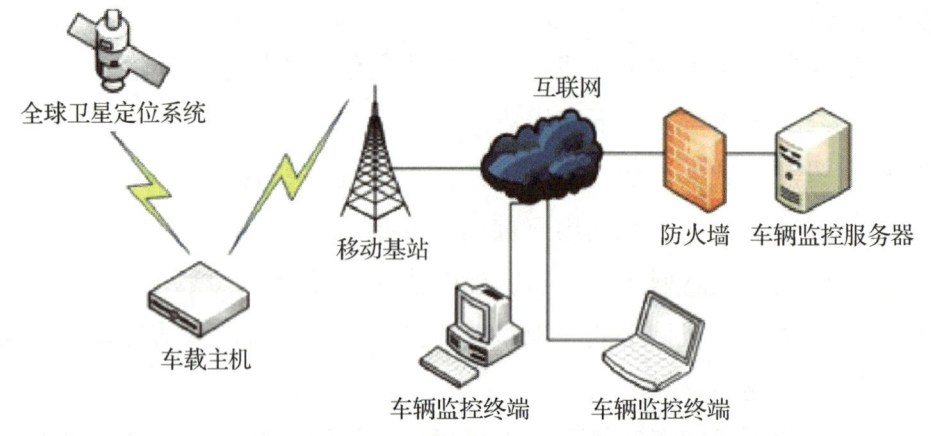

图 3-5-1 智能交通系统中的卫星通信技术

图 3-5-2 车载 GPS 导航和定位

二、5G 移动通信技术

1. 概述

5G 移动通信技术即第五代移动通信技术（5th-Generation Mobile Communication Technology，5G），是具有高速率、低时延和大连接特点的新一代蜂窝移动通信技术，是实现人机物互联的网络基础设施。5G 网络能够实现延迟低于 1ms，峰值传输速率高达 10Gbit/s。

移动通信历经 1G、2G、3G、4G、5G 的发展，每一次技术进步都极大促进了产业升级。其中，2G、3G、4G、5G 技术对比如表 3-5-1 所示。

目前，国家层面正大力进行基础设施建设。2020 年 3 月，工业和信息化部发布《关于推动 5G 加快发展的通知》，提出要促进"5G+车联网"协同发展，明确将车联网纳入国家新型信息基础设施建设工程，促进 LTE-V2X 规模部署。

表 3-5-1 2G、3G、4G、5G 技术对比

通信技术	传输速率	关键技术	技术标准	应用场景	车辆应用
2G	64kbit/s	CDMA、TDMA	GSM、TDMA、CDMA	通话、短信	远程救援、紧急通知
3G	2Mbit/s	多址技术、Raka 接收技术、Turbo 编码及 RS 卷积联码等	WCDMA、CDMA2000、TD-SCDMA、WiMAX	通话、短信、互联网接入	3D 导航、实时路况提醒、车辆位置监控
4G	100Mbit/s～1Gbit/s	OFDM、SC-FDMA、MIMO	LTE、TD-LTE、FDD-LTE	通话、短信、互联网接入、视频	更精准地导航、车内视频通话、车内娱乐系统
5G	1Gbit/s～10Gbit/s	毫米波、大规模 MIMONOMA、OFDMA、SC-FDMA、FBMC、全双工技术等	未形成共识	通话、短信、互联网接入、超高清视频、物联网	车联网、自动驾驶

由于需求多样化，因此需要网络多样化。因为网络多样化，所以需要切片。所谓切片，简单来说就是把一张物理上的网络，按应用场景划分为 N 张逻辑网络，不同的网络服务于不同的场景，如图 3-5-3 所示，5G 的供应商将覆盖的服务区域划分为许多蜂窝小地理区域，以数字信号的方式传输声音和图像等其他数据。5G 设备通过无线电波与蜂窝中的本地天线和低功率自动收发器进行通信。当用户从一个蜂窝穿越到另一个蜂窝时，移动设备将自动"切换"到新的蜂窝中。

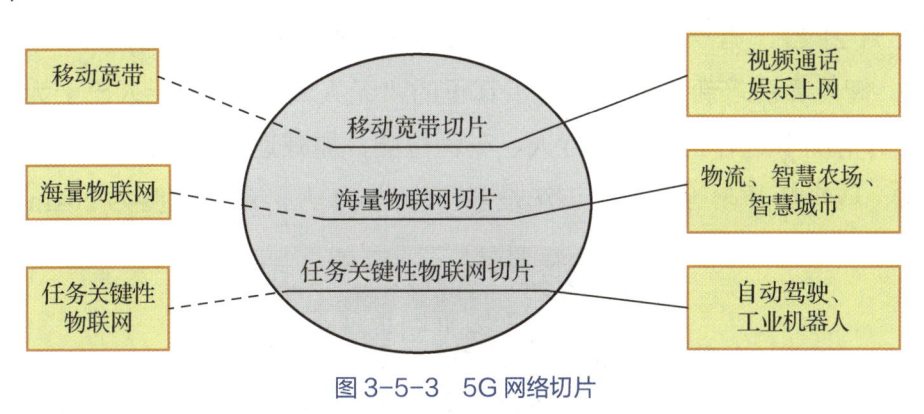

图 3-5-3 5G 网络切片

2. 组成及特点

在 5G 网络中，接入网由集中单元（Centralized Unit，CU）、分布单元（Distribute Unit，DU）和有源天线单元（Active Antenna Unit，AAU）三个部分组成。5G 网络与 4G 网络的组成对比图，如图 3-5-4 所示。

（1）CU 是由 4G 网络基准站中负责信号调制的 BBU 的非实时部分分割构成的，负责处理非实时协议和服务。

（2）DU 是由 4G 网络基准站中负责信号调制的 BBU 的剩余功能重新定义构成的，负责

处理物理层协议和实时服务。

（3）AAU 是由 4G 网络基准站中负责信号调制的 BBU 的部分物理层处理功能与负责射频处理的 RRU 及无源天线合并构成的。

5G 正朝着网络多元化、宽带化、综合化和智能化的方向发展，具有高数据速率、超低延迟、节省能源、降低成本、系统容量高和允许大规模设备连接的特点。

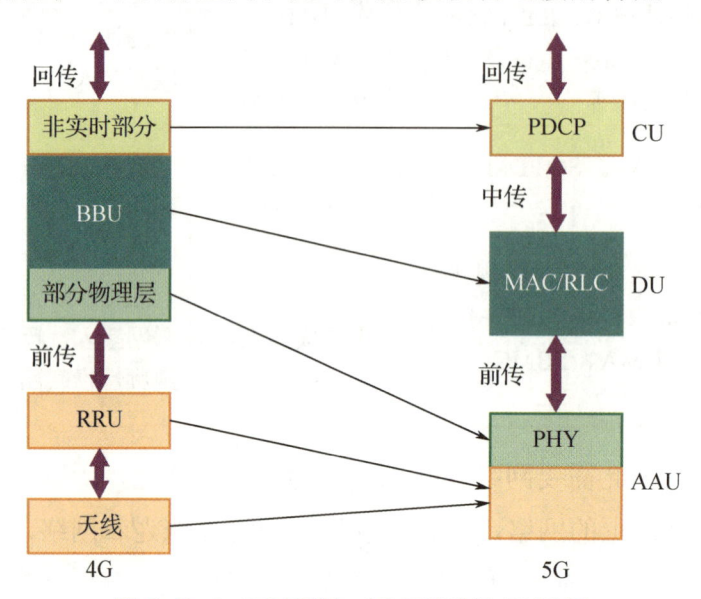

图 3-5-4 5G 网络与 4G 网络的组成对比图

3．5G 支持的智能网联汽车应用案例

1）5G 无人驾驶巴士

2019 年 1 月 21 日，第一台 5G 无人驾驶巴士在重庆投入测试，如图 3-5-5 所示。该巴士凭借 5G 网络、智能算法等新技术，实现了真正的"无人驾驶"。该无人巴士为纯电动行驶，能在无人操作的情况下进行自主避让行人、车辆检测、加减速、紧急停车、障碍绕行、变道、自动按站停靠、转弯灯开闭等操作。该车最多可容纳 12 人，最大速度为 20km/h。

图 3-5-5 5G 无人驾驶小巴士

无人驾驶电动巴士由汽车大脑、避障单元、交通监测单元、定位单元、路径规划单元、操作面板、远程通信单元、驱动反馈单元等组成，如图 3-5-6 所示。

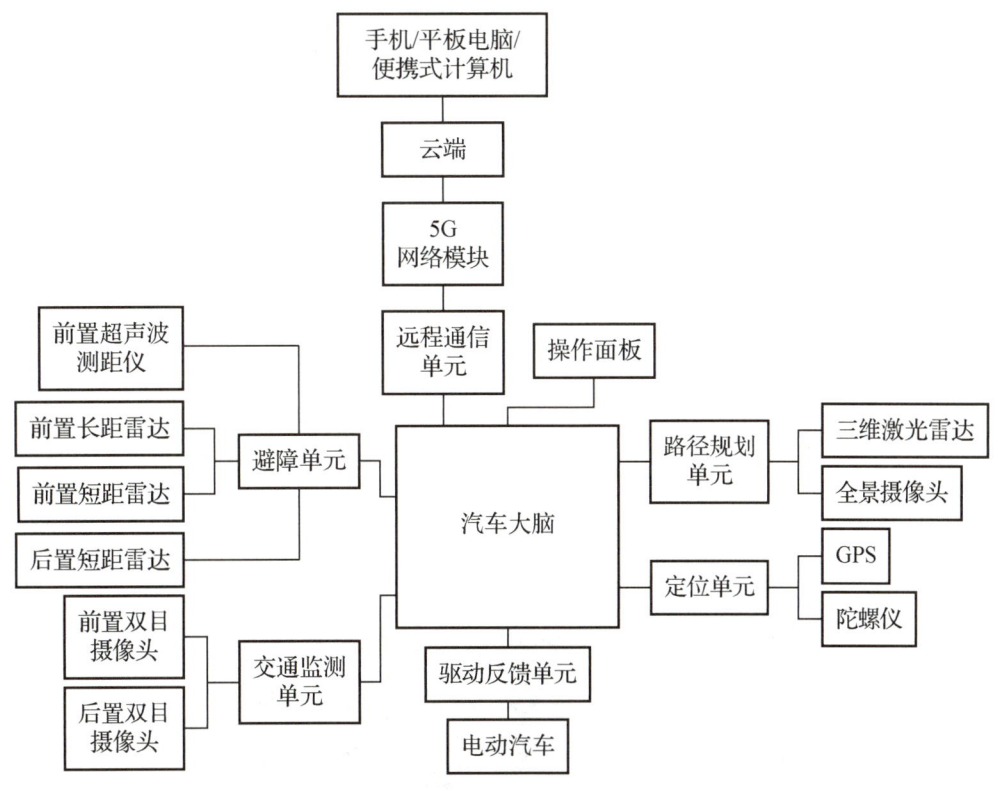

图 3-5-6 无人驾驶电动巴士的组成

（1）汽车大脑。汽车大脑作为汽车无人驾驶系统的核心部件，与避障单元、交通监测单元、驱动反馈单元、定位单元、路径规划单元、操作面板、远程通信单元通过总线相连，进行数据通信。

汽车大脑预先存储新能源汽车外形三维模型、新能源汽车配置参数，将交通线、交通标志、交警指挥手势等数据信息整合并建立模型库。

（2）避障单元。避障单元通过前置超声波测距仪（超声波雷达）、前置长距雷达（毫米波雷达）、前置短距雷达、后置短距雷达所得到的数据，感知新能源汽车周围物体的数据，通过汽车大脑计算出物体的位置、速度。

（3）交通监测单元。交通监测单元通过前置双目摄像头和后置双目摄像头识别新能源汽车前方和后方的交通线、交通标志、交警指挥手势及非结构化路面状况，并实时传输至汽车大脑。

（4）定位单元。定位单元将 GPS 和陀螺仪的数据进行融合，确定新能源汽车在运行过程中的准确位置，实时将汽车坐标传递至汽车大脑，由汽车大脑计算出新能源汽车的运行方向、速度、加速度，以评价新能源汽车的运行状况。

（5）路径规划单元。路径规划单元采集全景摄像头和三维激光雷达数据，进行同时定位与地图构建，进一步修正定位单元的汽车坐标；同时根据避障单元和交通监测单元数据做出局部路径规划，将指令传至汽车大脑。

（6）操作面板。操作面板用于无人驾驶电动巴士的各种操作设定和重要信息的显示。

（7）远程通信单元。远程通信单元通过 5G 网络模块与云端进行数据通信，将新能源汽车坐标及交通监测单元采集的前置双目摄像头和后置双目摄像头的视频信息，定期传输至云端，用户利用手机/计算机可访问云端，以掌握新能源汽车的安全状况。

（8）驱动反馈单元。驱动反馈单元根据汽车大脑的路径规划指令，控制新能源汽车进行前进、后退、加速、减速、左转、右转和制动，同时将前进、后退、加速、减速、左转、右转和制动的参数传输至汽车大脑。

2）无人驾驶清扫车"蜗小白"

无人驾驶清扫车"蜗小白"如图 3-5-7 所示，其目前已经在雄安新区、乌镇、北京植物园、北京海淀公园、上海科技馆、北京欢乐谷、清华大学等多个地区正式开始投放运营，这标志着智能环卫及无人驾驶产品开始真正深入人们的日常生活，同时也代表着 5G 技术与无人驾驶相结合的新一代智能车联网产物正逐步成熟。

图 3-5-7 无人驾驶清扫车"蜗小白"

3）上汽荣威 MARVEL-R

2021 年 2 月 7 日，全球首款量产 5G 汽车——上汽荣威 MARVEL-R（见图 3-5-8）上市。众所周知，华为的 5G 技术十分成熟，而 MARVEL-R 就搭载了华为 5G 技术，它配备了华为的 5G T-Box 芯片，可以实现 5G-V2X 智慧出行（基于 5G 通信的车联网），并配备 5G 智能座舱，因为 5G 移动通信系统有着速率高、时延低、连接大的特点，所以这一应用将会给车联网和自动驾驶带来颠覆性的改变。

图 3-5-8 上汽荣威 MARVEL-R（搭载华为 5G 技术）

4）编队行驶、远程/遥控驾驶

华为和德国航空航天中心曾在德国慕尼黑进行基于 5G 网络的自动驾驶测试。测试结果表明，基于 5G 的 V2X 技术在车-车通信的应用场景中能满足低时延和高可靠性的性能要求，避免车辆碰撞。

通过 5G 技术支持能更好地完成汽车编队行驶、远程/遥控驾驶，具体应用案例如表 3-5-2 所示。

表 3-5-2　5G 支持的应用案例

应用案例	描述	网络需求
编队行驶	卡车自动编队行驶比人类驾驶员更加安全。车辆之间靠得更近，更能节省燃油，提高货物运输的效率。编队具有灵活性，即车辆在高速公路时自动编队，离开高速公路时自动解散	2~3 辆车即可组成编队，相邻车辆之间进行直接或车路通信。对于较长的编队，消息的传播需要更长的时间。制动和同步要求低时延的网络通信，对于 3 辆车以上的编队，需要 5G 网络
远程/遥控驾驶	车辆由远程控制中心控制，而不是由车辆中的人驾驶。远控驾驶可以用来提供高级礼宾服务，使乘客可以在途中工作或参加会议；可提供出租车服务，也适用于无驾照人员，或者驾驶员处于生病、醉酒等不适合开车的状态但仍需用车的情况	往返时延需要小于 10ms，以使系统接收和执行指令的速度达到人感知的速度，因而需要 5G 网络

项目四

智能网联汽车网络系统认知

任务一 车载总线认知

一、智能网联汽车网络类型

智能网联汽车主要包括三种网络，即以车内总线通信为基础的车内网络，也称为车载网络；以短距离无线通信为基础的车载自组织网络；以远距离通信为基础的车载移动互联网。因此，智能网联汽车的网络系统一般是由车载网络、车载自组织网络和车载移动互联网融合而成的，如图 4-1-1 所示。

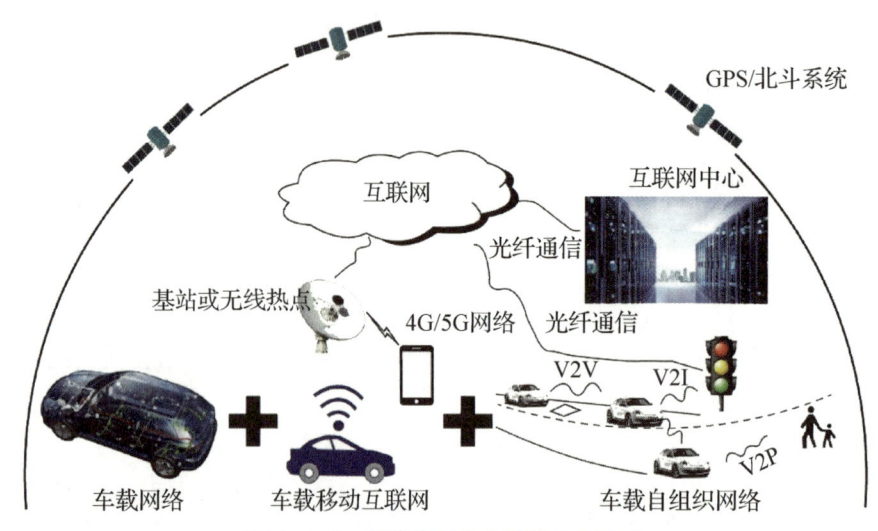

图 4-1-1 智能网联汽车网络体系构成

1. 车载网络

车载网络是基于 CAN、LIN、FlexRay、MOST、以太网等总线技术建立的标准化整车网络，可以实现车内各电器、电子单元间的状态信息和控制信号在车内网上的传输，使车辆具有状态感知、故障诊断和智能控制等功能。

国际自动机工程师学会（SAE）将车载网络划分为 5 种类型，分别为 A 类低速网络、B 类中速网络、C 类高速网络、D 类多媒体网络和 E 类安全网络。不同类型的车载网络需要通过网关进行信号的解析交换，使不同的网络类型能够相互协调，以保证车辆各系统正常运转。

（1）A 类低速网络。A 类低速网络的传输速率一般小于 10kbit/s，有多种通信协议，该类网络的主流协议是 LN。LN 是用于连接智能传感器、执行器的低成本串行通信网络。LN 采用通用硬件接口，配以相应的驱动程序，成本低廉，配置灵活，适应面较广，主要用于电动门窗、电动座椅、车内照明系统和车外照明系统等。

（2）B 类中速网络。B 类中速网络的传输速率为 10～125kbit/s，对实时性要求不太高，主要面向独立模块之间进行数据共享的场景。目前，该类网络的主流协议是低速 CAN，主要用于故障诊断、空调控制、仪表显示等。

（3）C 类高速网络。C 类高速网络的传输速率为 125～1000kbit/s，对实时性要求高，主要面向高速、实时闭环控制的多路传输网络。该类网络的主流协议是高速 CAN、FlexRay 等协议，主要用于牵引力控制、发动机控制、ABS 控制、ASR 控制、悬架控制等。

（4）D 类多媒体网络。D 类多媒体网络的传输速率为 250kbit/s～100Mbit/s，该类网络协议主要有 MOST、以太网、蓝牙、ZigBee 技术等，主要用于要求传输效率较高的多媒体系统、导航系统等。

（5）E 类安全网络。E 类安全网络的传输速率为 10Mbit/s，是主要面向汽车安全系统的网络。

汽车车载网络结构示意图如图 4-1-2 所示。

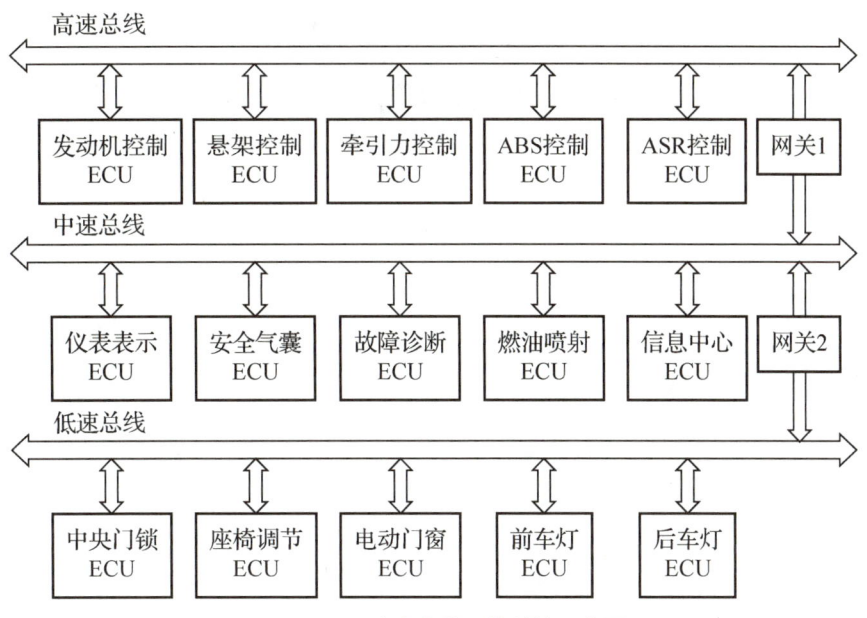

图 4-1-2 汽车车载网络结构示意图

2. 车载自组织网络

车载自组织网络是基于短距离无线通信技术自主构建的 V2V、V2I、V2P 之间的无线通信网络，可以实现 V2V、V2I、V2P 之间的信息传输，使车辆具有行驶环境感知、危险辨识、智能控制等功能，并能够实现 V2V、V2I 之间的协同控制，如图 4-1-3 所示。

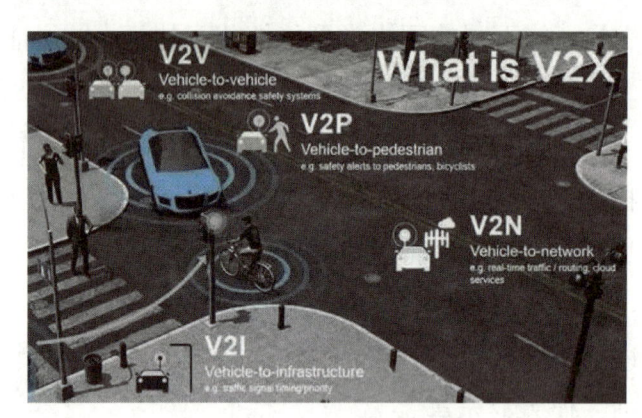

图 4-1-3 车载自组织网络

3. 车载移动互联网

车载移动互联网是基于远距离通信技术构建的车辆与互联网之间连接的网络，可以实现车辆信息与各种服务信息在车载移动互联网上的传输，使智能网联汽车用户能够开展商务办公、信息娱乐服务等，如图 4-1-4 所示。

图 4-1-4 车载移动互联网

二、CAN 总线

1. CAN 通信技术的概述

CAN（Controller Area Network）是控制器局域网络的简称。CAN 是 ISO 国际标准化组织制定的串行通信协议，是车用控制单元传输信息的一种传送形式。由于汽车上各种各样的电子控制系统之间通信所用的数据类型及对可靠性的要求不尽相同，为适应"减少线束的数量""通过多个 LAN 进行大量数据的高速通信"的需要，1986 年德国 BOSH（博世）公司开发出面向汽车的 CAN 通信协议，并通过 ISO 11898 及 ISO 11519 进行了标准化。

车用 CAN 通信技术，用于车载网络中底层的车用设备或车用仪表互联。采用汽车总线技术后汽车电控系统之间的通信线束大大减少，从而节省了空间，降低了成本，实现了资源共享，提高了系统的可靠性和可维修性。CAN 总线是目前应用十分广泛的总线之一。

2．CAN 总线系统的组成及工作原理

CAN 总线系统的总体构成如图 4-1-5 所示，主要由若干个节点（微控制器、收发器）、两条数据传输线［CAN-H（CAN 高位）和 CAN-L（CAN 低位）］及终端电阻组成。

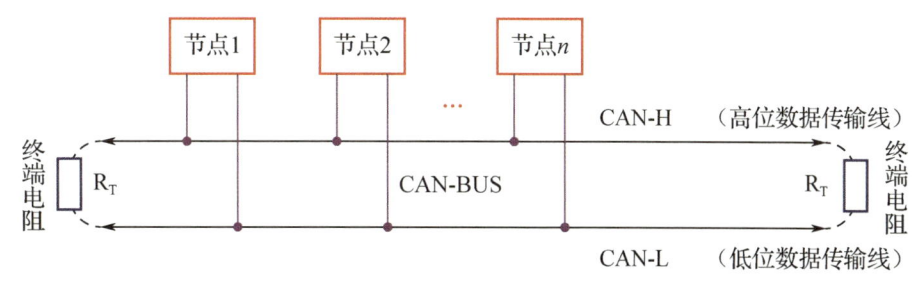

图 4-1-5　CAN 总线系统的总体构成

1）数据传输线及终端电阻

CAN 总线上的每个节点都能独立完成网络数据交换和测控任务，理论上，CAN 总线可以连接无数个节点，但实际上受总线驱动能力的限制，目前每个 CAN 总线系统可以连接 110 个左右的节点。

CAN 数据传输线是双向串行总线，可以双向传递数据。其大都采用具有较强抗干扰能力的双绞线，分为 CAN-H 线和 CAN-L 线，两线缠绕绞合在一起，其绞距为 20mm，横截面积为 0.35mm² 或 0.5mm²，如图 4-1-6 所示。终端电阻的作用是防止信号在传输线终端产生反射波，从而导致正常传输的数据受到干扰。

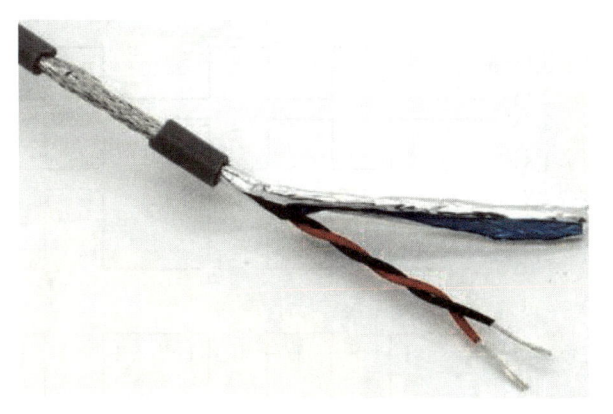

图 4-1-6　CAN 数据传输线

2）CAN 总线的硬件结构和网络通信原理

CAN 总线的硬件结构如图 4-1-7 所示，CAN 总线主要由微控制器、CAN 控制器、CAN 收发器组成，目前汽车上多采用内部集成 CAN 控制器的微控制器。

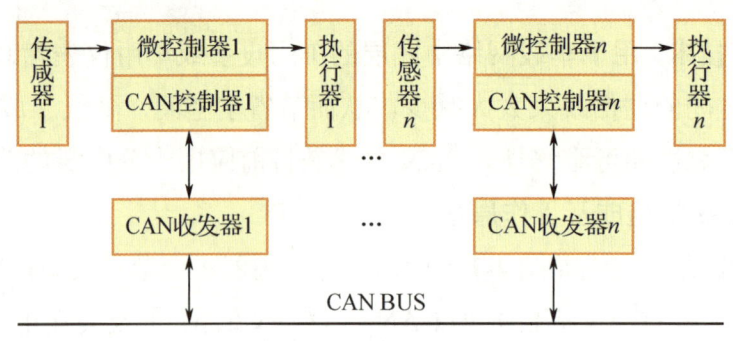

图 4-1-7　CAN 总线的硬件结构

节点 1 向节点 n 传输数据的流程为，节点 1 的微控制器 1 先对传感器 1 进行数据采集，然后给传感器 1 对应的数字信号附加一个数据标识号（ID），并将其发送给 CAN 控制器 1，CAN 控制器 1 先对数据进行打包，然后将数据包发送给 CAN 收发器 1，CAN 收发器 1 将其数字信号转换为对应的 CAN 总线电压信号，从而完成数据发送。当节点 n 从 CAN 总线上接收到总线电压信号后，首先由 CAN 收发器 n 将总线电压信号转换为对应的数字信号，然后将其数字信号发送给 CAN 控制器 n，CAN 控制器 n 对收到的数据进行"验收滤波"，判断收到的信号是否是自身节点需要的数据，若是，则接收此数据并对其进行解包，为节点 n 的微控制器 n 提供有效数据（节点 n 的传感器信号），微控制器 n 可根据节点 n 的传感器信号控制执行器 n 动作；否则，节点 n 放弃此次收到的 CAN 数据。

CAN 节点中的 CAN 控制器具有"数据打包/解包"和"验收滤波"的作用，而 CAN 收发器具有"边说边听（同时发送和接收）"和"信号转换（数字信号与总线电压信号的转换）"的作用。CAN 总线从电压信号到逻辑信号的转换如图 4-1-8 所示，CAN 收发器先对 CAN-H 和 CAN-L 两根导线的电压进行差分运算，生成差分电压信号，然后采用"负逻辑"将差分电压信号转换为数字信号。

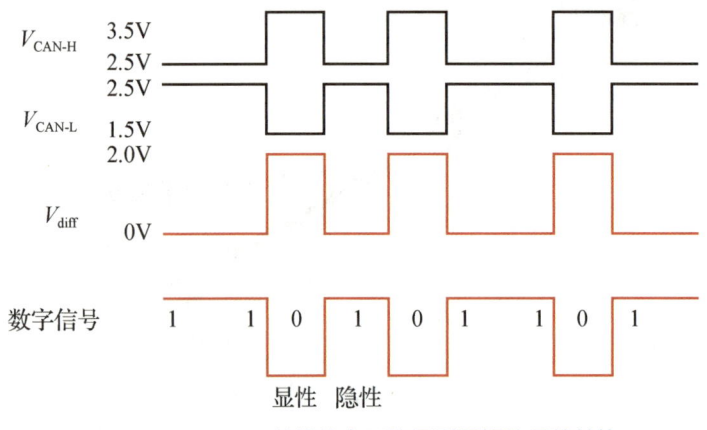

图 4-1-8　CAN 总线从电压信号到逻辑信号的转换

3. CAN 通信技术的应用

大众汽车系使用了多种 CAN 总线，目前大众车系比较完善的 CAN 总线系统包括动力（驱动）CAN 总线、舒适 CAN 总线、信息 CAN 总线、仪表 CAN 总线和诊断 CAN 总线五个局域网，它们通过网关构成一个完整的汽车网络体系。大众车系 CAN 总线系统如图 4-1-9 所示。

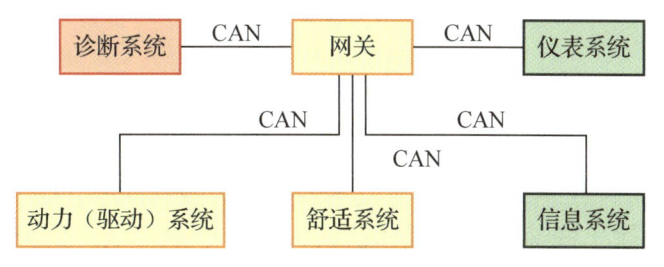

图 4-1-9 大众车系 CAN 总线系统

（1）动力（驱动）CAN 总线的数据传输速率为 500kbit/s，也称为高速 CAN 总线，应用于发动机、变速器、ABS、悬架等电控单元。

（2）舒适 CAN 总线的数据传输速率为 100kbit/s，也称为低速 CAN 总线，应用于车门、车窗、空调、电源管理等电控单元。

（3）信息 CAN 总线的数据传输速率为 100kbit/s，应用于自适应巡航、多媒体等电控单元。

（4）仪表 CAN 总线的数据传输速率为 100kbit/s，应用于仪表等电控单元。

（5）诊断 CAN 总线的数据传输速率为 100kbit/s，连接到汽车的诊断接口，用于故障诊断。

4．CAN 总线在智能网联汽车中面临的挑战

在 L0 到 L3 级汽车的智能辅助系统中，CAN 总线是车联网的重要组成部分，车联网需要解决车辆各系统之间的信息交换和共享问题。通过对传感器数据和终端数据的处理，实现车辆诊断、提醒、报警等功能。车内装置通过 CAN 总线与车身控制单元通信，从而获得车速、胎压、油量等车辆状态信息。在汽车智能网联时代，随着汽车传感器和处理器的大量增加，通信带宽需求也显著增加。在引入信息娱乐系统和基于视频的高级驾驶辅助系统（ADAS）时，这些应用的数据传输带宽要求明显高于传统的控制系统。现有的 CAN 总线技术已无法满足需要，急需下一代的车辆网络技术和体系结构。

此外，CAN 总线通信缺乏加密和访问控制机制，缺少认证和消息验证机制，无法识别和警告异常消息。在智能网联汽车的 CAN 总线安全中，CAN 总线用于将汽车的 T-box 与各种 ECU 控制模块连接起来，而 T-box 则作为智能汽车的联网设备，具有更多的外部接入点，数据传输和信息验证的过程极易受到黑客的攻击。鉴于 CAN 总线的特点，攻击者可以通过物理入侵或远程入侵的方式进行攻击和入侵。例如，通过消息伪造和重放，先利用系统漏洞远程控制车辆的多媒体系统，然后攻击车辆控制单元，获得远程向 CAN 总线发送命令的权限，达到远程控制动力系统和制动系统的目的，在用户不知情的情况下减速、关掉汽车发动机、突然制动或让制动失灵。当车辆处于物理接触状态时，攻击者可以通过接口输入命令来控制车辆的动力系统，并可以控制转向盘和制动系统，严重威胁到交通参与者的人身安全。基于 CAN 总线数据通信的汽车数据安全保障也是一个亟待解决的问题。

三、LIN 总线

1. LIN 总线的定义

LIN（Local Interconnect Network）是局部互联网络的简称，也被称为局域网子系统，是专门为汽车开发的一种低成本串行通信网络，用于实现汽车中的分布式电子系统控制。LIN 总线的数据传输速率为 20kbit/s，属于低速网络，媒体访问方式为单主多从，是一种辅助总线，辅助 CAN 总线工作。在不需要 CAN 总线的带宽和多功能的场合，使用 LIN 总线可大大降低成本。

2. LIN 总线的特点

LIN 总线具有以下特点。

（1）LIN 总线的通信基于 SCI 数据格式，媒体访问采用单主节点、多从节点的方式，数据优先级由主节点决定，灵活性好。

（2）一条 LIN 总线最多可以连接 16 个节点，共有 64 个标识符。

（3）LIN 总线采用低成本的单线连接，传输速率最高可达 20kbit/s。

（4）不需要进行仲裁，同时从节点不需要石英或陶瓷振荡器，只采用片内振荡器就可以实现自同步，从而降低了硬件成本。

（5）几乎所有的 MCU 均具备 LIN 总线所需的硬件，且实现费用较低。

（6）网络通信具有可预期性，信号传播时间可预先计算。

（7）通过主机节点可将 LIN 总线与上层网络（CAN）相连接，实现 LIN 总线的子总线辅助通信功能，从而优化网络结构，提高网络传输的效率和可靠性。

（8）总线通信距离最大不超过 40m。

3. LIN 总线在汽车上的应用

由于一个 LIN 总线通常由一个主节点、一个或多个从节点组成，因此 LIN 总线为主从式控制结构。各个 LIN 主节点是车身 CAN 总线上的节点，通过 CAN 总线连接成为低速车身 CAN，并起到 CAN/LIN 网关的作用。引入带 CAN/LIN 网关的混合网络有效地降低了主干网的总线负载率。LIN 总线主要应用于车窗、门锁、开关面板、后视镜等。LIN 总线将模拟信号用数字信号代替，实现对汽车低速网络的需求，结构简单，维修方便。图 4-1-10 所示为 LIN 总线在车门控制模块中的应用。

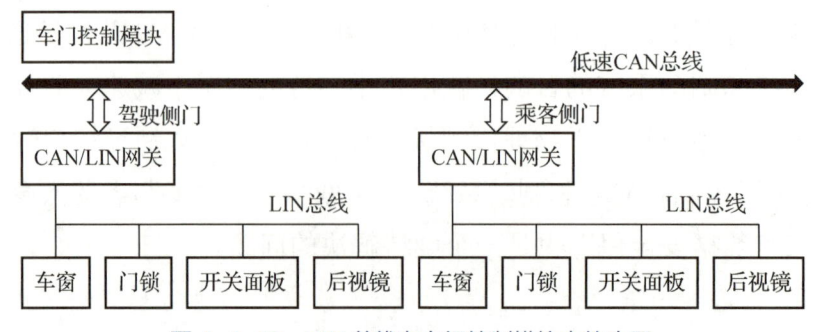

图 4-1-10 LIN 总线在车门控制模块中的应用

四、FlexRay 总线

1. FlexRay 总线的定义

FlexRay 总线作为一种总线系统，专为汽车领域设计，其特性体现在高速可确定性及故障容错能力上，以确保汽车通信的稳定性与可靠性。汽车中的控制器件、传感器和执行器之间的数据交换主要是通过 CAN 进行的。然而，新的线控技术（X-By-Wie）系统设计思想的出现，导致车辆系统对信息传输速率，尤其是故障容错与时间确定性的需求不断增加。FlexRay 总线通过在确定的时间槽中传送信息，以及在两个通道上的故障容错和冗余信息的传送，可以满足这些新增加的要求。

2. FlexRay 总线的特点

FlexRay 总线具有以下特点。

（1）数据传输速率高。FlexRay 总线的最大传输速率可达 10Mbit/s，双通道总数据传输速率可达 20Mbit/s，因此应用在车载网络上时，FlexRay 总线的网络带宽可以是 CAN 总线的 20 倍。

（2）可靠性好。FlexRay 总线具有很多 CAN 总线所不具有的可靠性特点，尤其是 FlexRay 总线具有的冗余通信能力。具有冗余数据传输能力的总线系统使用两个相互独立的信道，每个信道都由一组双线导线组成。一个信道失灵时，该信道应传输的信息可在另一条没有发生故障的信道上传输。此外，总线监护器的存在进一步提高了通信的可靠性。

（3）确定性。FlexRay 总线是一种结合时间触发方式和事件触发方式的总线系统，它也可以通过事件触发方式进行部分数据传输。在时间控制区域内，时隙分配给确定的信息。一个时隙是指一个规定的时间段，该时间段对特定信息开放。对时间要求不高的其他信息则在事件控制区域内传输。确定性数据传输用于确保时间触发区域内的每条信息都能实现实时传输，即每条信息都能在规定时间内进行传输。

（4）灵活性。灵活性是 FlexRay 总线的突出特点，反映在以下方面：支持多种方式的网络拓扑结构，包括点对点连接、串级连接、主动星型连接、混合型连接等；信息长度可配置，可根据实际控制应用需求，为其设定相应的数据载荷长度；双通道拓扑既可用于增加带宽，也可用于传输冗余的信息；周期内静态、动态信息传输部分的时间都可随具体应用而改变。

为了满足不同的通信需求，FlexRay 总线在每个通信周期内都提供静态通信段和动态通信段。静态通信段可以提供有界延迟，而动态通信段则有助于满足在系统运行时间内出现的不同带宽需求。FlexRay 总线帧的固定长度静态通信段用固定时间触发的方法来传输信息，而动态通信段则使用灵活时间触发的方法来传输信息。

3. FlexRay 总线在汽车上的应用

FlexRay 总线具有速度快、效率高、容错性强等特点，可用于汽车动力和底盘系统的控制数据传输。

（1）替代 CAN 总线。在数据传输速率远超 CAN 总线标准的应用场景中，为确保高效的

数据传输，通常会部署两条或多条CAN总线作为解决方案。然而，从长远的技术发展趋势和实际应用效果来看，FlexRay技术将作为替代这种多总线架构的理想选择，以提供更为高效、稳定和可靠的数据传输能力。

（2）用作"数据主干网"。FlexRay总线具有很高的数据传输速率，且支持多种拓扑结构，非常适用于车辆主干网络连接多个独立网络的场景。

（3）用于分布式测控系统。分布式测控系统用户要求确切知道消息到达时间，且消息周期偏差非常小，这使得FlexRay总线成为应用在如动力系统、底盘系统的一体化控制中的首选。

（4）用于高安全性要求的系统。FlexRay总线本身不能确保系统安全，但它具备大量功能以支持面向安全的系统设计。

图4-1-11所示为奥迪A8中的FlexRay总线拓扑结构。奥迪A8使用FlexRay总线可以实现驾驶动态控制、车距控制、自适应巡航控制和图像处理等功能。

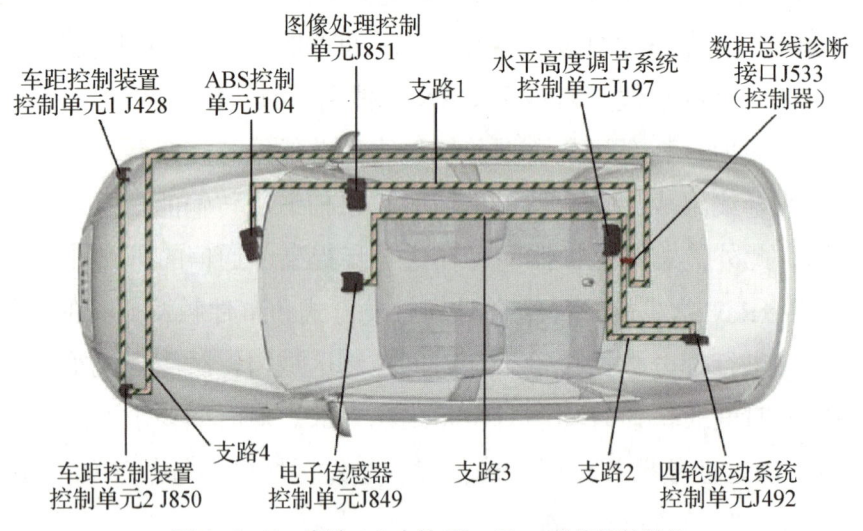

图 4-1-11 奥迪 A8 中的 FlexRay 总线拓扑结构

五、MOST总线

1. MOST总线的定义

MOST（面向多媒体的系统传输）是使用光纤或双绞线作为传输介质的环形网络，可以同时传输音/视频流数据、异步数据和控制数据，支持高达150Mbit/s的传输速率。

MOST总线标准已经发展到第3代。MOST25是第1代总线标准，最高可支持24.6Mbit/s的传输速率，以塑料光纤作为传输介质；第2代总线标准MOST50的传输速率是MOST25的两倍，除了采用塑料光纤作为传输介质，还可采用非屏蔽双绞线作为传输介质；第3代总线标准MOST150，不仅最高可支持147.5Mbit/s的传输速率，还解决了与以太网的连接等问题，已成为MOST总线技术发展的主要方向之一。

2. MOST总线的特点

MOST总线具有以下特点。

（1）在保证低成本的条件下，最高可以达到 147.5Mbit/s 的传输速率。

（2）无论是否有主控计算机都可以工作。

（3）支持声音和压缩图像的实时处理。

（4）支持数据的同步传输和异步传输。

（5）发送/接收器嵌有虚拟网络管理系统。

（6）支持多种网络连接方式，提供 MOST 设备标准，以及方便、简洁的应用系统界面。

（7）通过采用 MOST 总线网络，不仅可以避免连接各部件的线束的质量过大、降低噪声，而且可以减轻系统开发技术人员的负担，最终在用户处实现各种设备的集中控制。

（8）光纤网络不会受到电磁辐射干扰与搭铁环的影响。

3．MOST 总线在汽车上的应用

MOST 总线可以实时传输声音和视频，以满足高端汽车娱乐装置的需求，主要用于车载电视、车载电话、车载 CD、车载互联网、DVD 导航等系统的控制中，也可以用于视觉传感器等行车系统的部件中。MOST 总线在别克通用车型上的应用如图 4-1-12 所示。

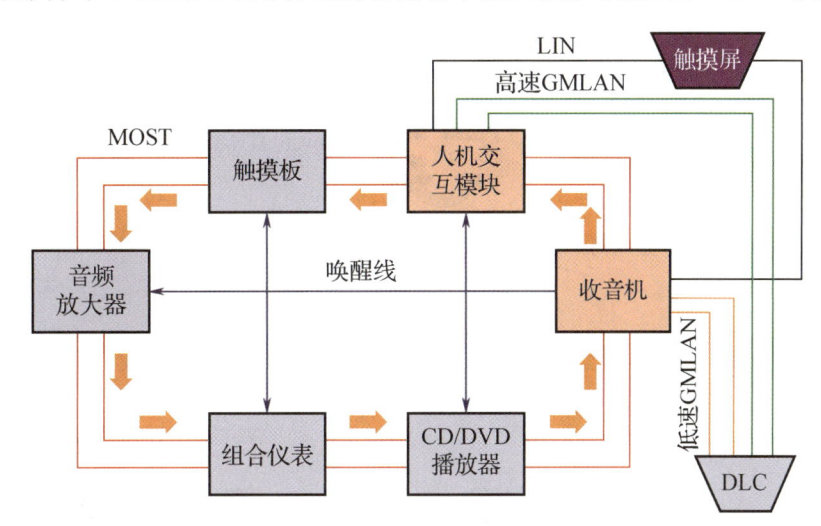

图 4-1-12　MOST 总线在别克通用车型上的应用

4 种常见总线网络传输速率与成本的比较如图 4-1-13 所示。

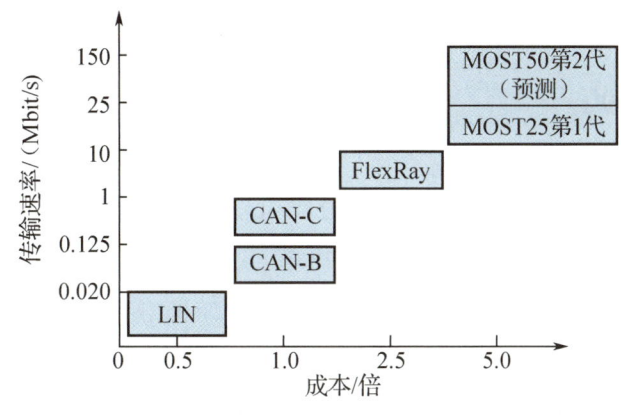

图 4-1-13　4 种常见总线网络传输速率与成本的比较

任务二　车载移动互联网、以太网的认知

一、车载移动互联网

1. 移动互联网的定义

移动互联网是以移动网络作为接入网络的互联网及服务，包括移动终端、移动网络和应用服务三个要素。移动互联网包含两方面的含义：一方面，移动互联网是移动通信网络与互联网的融合，用户可以利用移动终端通过接入无线移动通信网络、无线城域网、无线局域网等方式访问互联网；另一方面，移动互联网产生了大量新型的应用，这些应用与终端的可移动、可定位和随身携带等特性相结合，为用户提供个性化的、位置相关的服务。图 4-2-1 所示为移动互联网的网络结构。

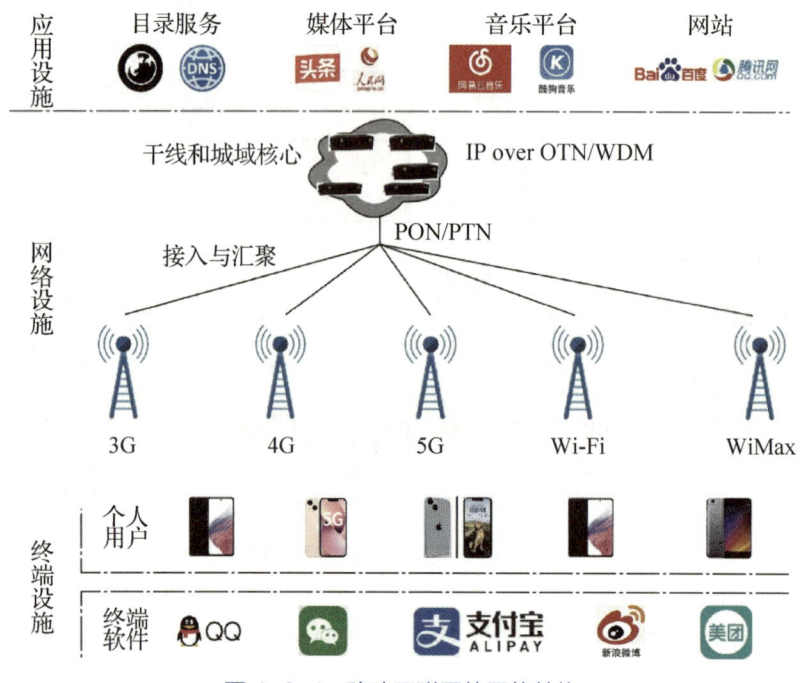

图 4-2-1　移动互联网的网络结构

2. 移动互联网的特点

移动互联网具有以下特点。

（1）终端移动性。移动互联网业务使得用户可以在移动状态下接入和使用互联网服务，移动的终端便于用户随身携带和随时使用。

（2）业务及时性。用户使用移动互联网能够随时随地获取自身或其他终端的信息，及时获取所需的服务和数据。

（3）服务便利性。由于移动终端的限制，移动互联网服务要求操作简便，响应时间短。

（4）业务/终端/网络的强关联性。实现移动互联网服务需要同时具备移动终端、接入网络和运营商提供的业务三项基本条件。

（5）终端和网络的局限性。移动互联网业务在便携的同时，也受到了网络能力和终端能力的限制。在网络能力方面，受到无线网络传输环境、技术能力等因素限制；在终端能力方面，受到终端大小、处理能力、电池容量等限制。

3．移动互联网的接入方式

移动互联网的接入方式主要有卫星通信网络、无线城域网（WMAN）、无线局域网（WLAN）、无线个域网（WPAN）和蜂窝网络（4G/5G 网络）等。

1）卫星通信网络

卫星通信网络如图 4-2-2 所示，它的优点是通信区域大、距离远、频段宽、容量大、可靠性高、质量好、噪声小、可移动性强、不容易受自然灾害影响；缺点是存在传输时延大、回声大、费用高等问题。

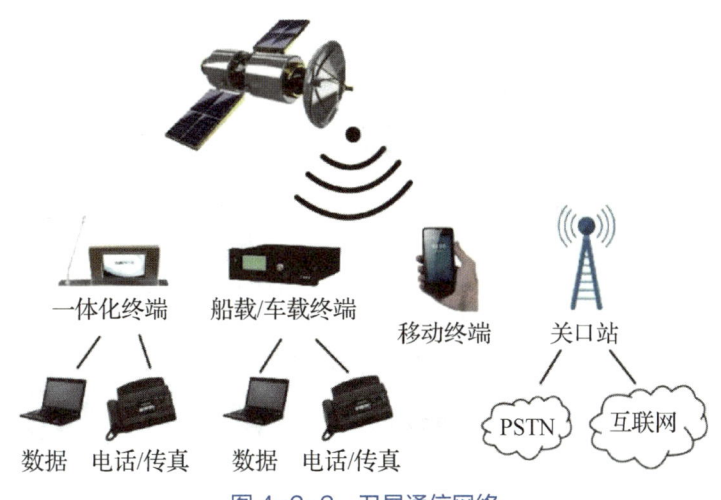

图 4-2-2 卫星通信网络

2）无线城域网

无线城域网如图 4-2-3 所示，它是以微波等无线传输技术为介质，提供同城数据高速传输、多媒体通信业务和互联网接入服务，具有传输距离远、覆盖面积大、接入速度快、高效、灵活、经济、具有较为完备的 QOS 机制等优点；缺点是暂不支持用户在移动过程中实现无缝切换，性能与 4G 的主流标准存在差距。

3）无线局域网

无线局域网如图 4-2-4 所示，它是指以无线或无线与有线相结合的方式构成的局域网，如 Wi-Fi。无线局域网具有布网便捷、可操作性强、网络易于扩展等优点；缺点是在性能、速率和安全性方面存在不足。

4）无线个域网

无线个域网如图 4-2-5 所示，它是采用红外、蓝牙等技术构成的覆盖范围更小的局域网。

图 4-2-3 无线城域网

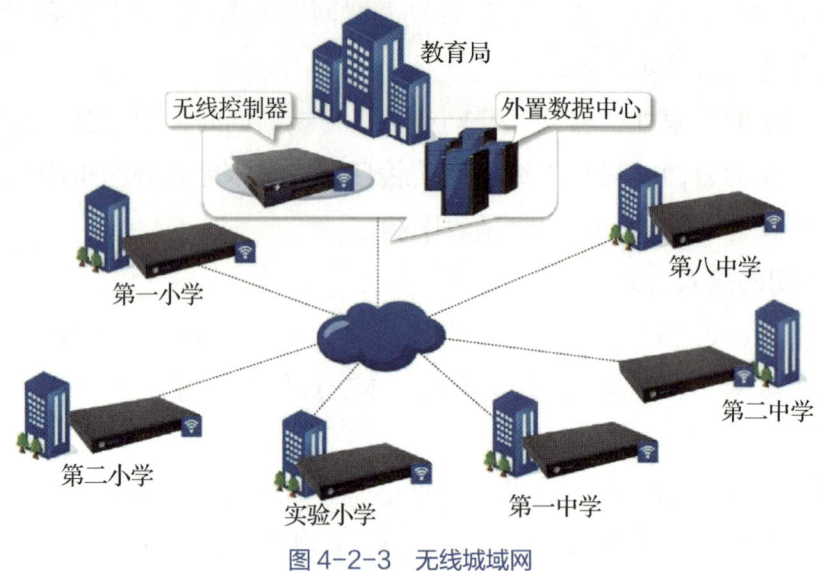

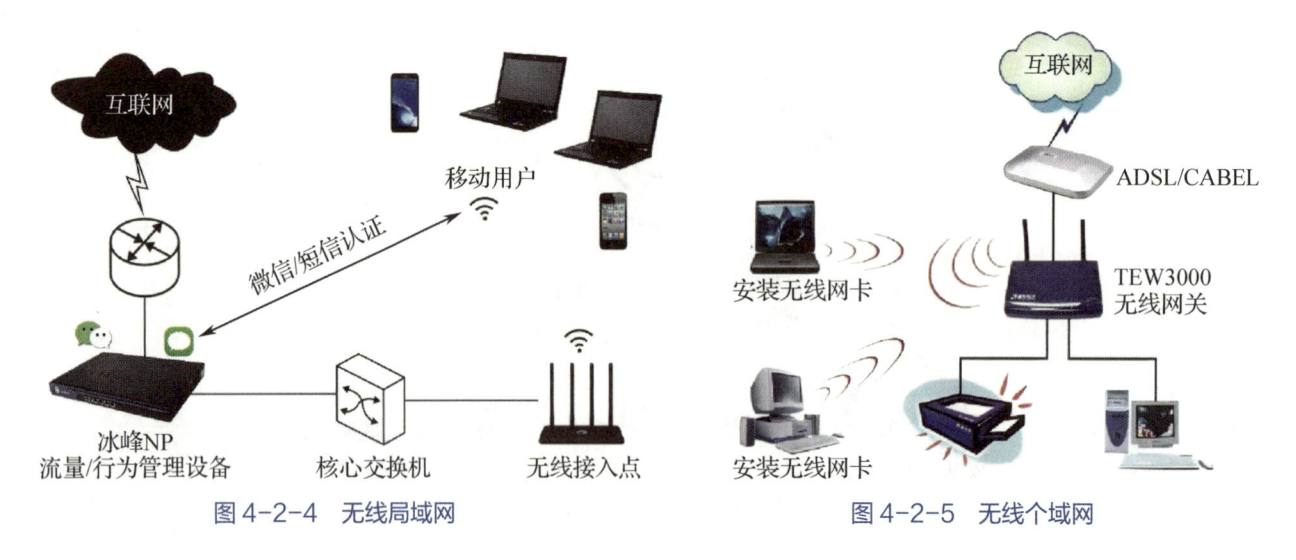

图 4-2-4 无线局域网

图 4-2-5 无线个域网

目前，无线个域网采用的技术有蓝牙、ZigBee、UWB、60GHz、RFID、NFC 等，具有低功耗、低成本、体积小等优点；缺点主要是覆盖范围小。

5）蜂窝网络

蜂窝网络也称移动网络，如图 4-2-6 所示，蜂窝移动通信系统由移动站、基准站子系统、网络子系统组成，采用蜂窝网络（4G/5G 网络）作为无线组网方式，通过无线信道将移动终端和网络设备进行连接。其中，宏蜂窝、微蜂窝是蜂窝移动通信系统中应用较多的蜂窝技术。蜂窝移动通信的主要缺点是成本高、带宽低。

网络技术的发展为用户提供了多种不同的无线接入方式，包括以太网、通用分组无线服务（GPRS）网络、4G/5G 网络、Wi-Fi 及无线个域网技术等。异构网络的多接口接入，需要消除多种网络接入方式带来的潜在冲突，屏蔽多接口带来的操作复杂性。

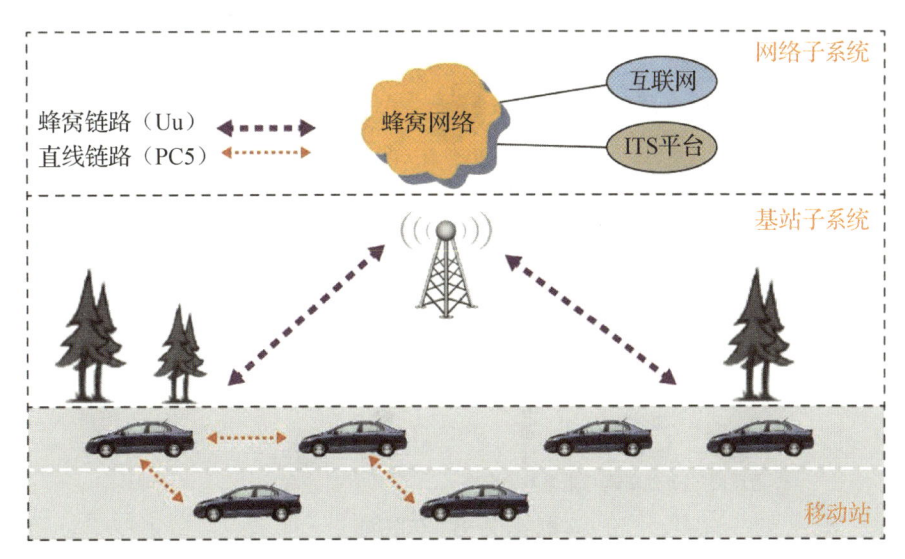

图 4-2-6　蜂窝网络

4．车载移动互联网

1）车载移动互联网的组成

车载移动互联网是以车为移动终端，通过远距离无线通信技术构建的车与互联网之间的网络，可以实现车辆与服务信息在车载移动互联网上的传输。

车载移动互联网的组成如图 4-2-7 所示，它先通过短距离通信技术在车内建立无线个域网或无线局域网，再通过 4G/5G 网络与互联网连接。

图 4-2-7　车载移动互联网的组成

2）车载移动互联网的应用

车载移动互联网的典型应用就是车联网。

车联网是指利用物联网、无线通信、卫星定位、云计算、语音识别等技术建立的一张全面覆盖市民、车辆、交通基础设施、交通管理者、交通服务商等的快速通信网络，可实现智能信号控制、实时交通诱导、交通秩序管理、交通信息服务等一系列交通管理与服务应用，最终达成交通安全、行车高效、驾驶舒适、节能环保等目标，如图 4-2-8 所示。

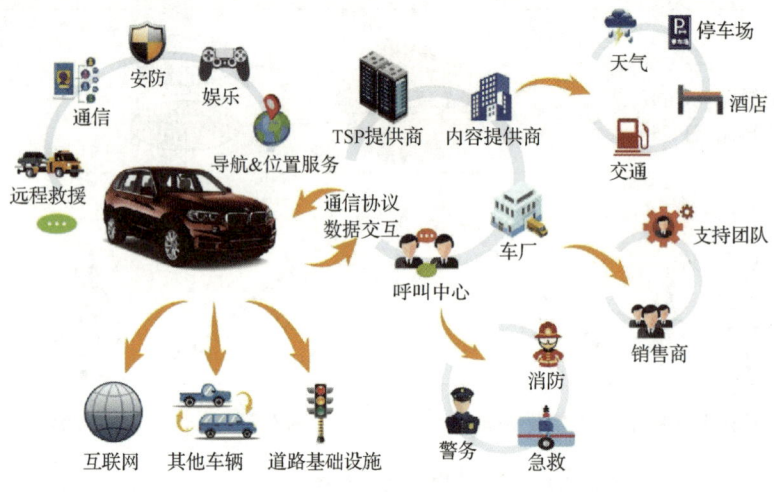

图 4-2-8 车联网

车联网主要面向道路交通，为交通管理者提供决策支持，为车辆与车辆、车辆与道路提供协同控制，为交通参与者提供信息服务，更多表现在汽车基于现实中的场景应用，主要涉及安全类、驾驶类、服务类和娱乐类的应用。车联网的应用如图 4-2-9 所示。

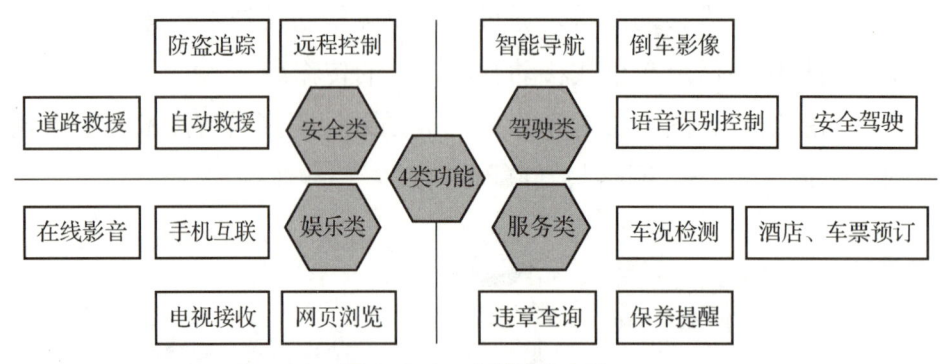

图 4-2-9 车联网的应用

智能网联汽车是智能汽车与车联网相结合的产品，是车联网的重要组成部分之一，其技术进步和产业发展有利于支撑车联网的发展。车联网是智能网联汽车的重要载体，只有充分利用互联技术，才能保障智能网联汽车真正拥有充分的智能和互联。智能网联汽车的聚焦点是在车上，发展方向是自动驾驶，发展重点是提高汽车行驶安全性；车联网的聚焦点是建立一个比较大的交通体系，发展重点是给交通参与者提供信息服务，其终极目标是建立智能交通系统。

智能网联汽车通过车载移动互联网可以实现导航及位置服务、实时交通信息服务、网络信息服务、汽车使用服务、汽车出行服务及商务办公等功能。汽车与互联网互联，赋予了汽车连接网络世界的能力。

二、以太网

1. 以太网的定义

以太网是由美国施乐（Xerox）公司创建，并由施乐、英特尔（Intel）和数字装备（DEC）

公司联合开发的基带局域网规范，是当今现有局域网采用的十分通用的通信协议标准。以太网包括标准以太网（10Mbit/s）、快速以太网（100Mbit/s）、千兆以太网（1000Mbit/s）和万兆以太网（10Gbit/s）。

2. 以太网的特点

以太网具有以下特点。

（1）数据传输速率高。现在以太网的最大传输速率能达到 10Gbit/s，并且还在提高，比任何一种现场总线都快。

（2）应用广泛。基于 TCPP 协议的以太网是一种标准的开放式网络，不同厂商的设备很容易互联。这种特性非常适合解决不同厂商设备的兼容和互操作的问题。以太网是目前应用十分广泛的局域网技术，遵循国际标准规范 EEE802.3，受到广泛的技术支持。几乎所有的编程语言都支持以太网的应用开发，如 Java、C++、Python 等。

（3）容易与信息网络集成，有利于资源共享。由于具有相同的通信协议，因此以太网能实现与互联网的无缝连接，方便车辆网络与地面网络的通信。车辆网络与互联网的接入极大地解除了为获取车辆信息而带来的地理位置上的束缚。这一性能是目前其他任何一种现场总线都无法比拟的。

（4）支持多种物理介质和拓扑结构。以太网支持多种传输介质，包括同轴电缆、双绞线、光缆、无线等，使用户可根据带宽、距离、价格等因素对以上介质随意进行组合选择。以太网支持总线型和星型等拓扑结构，可扩展性强，同时可采用多种冗余连接方式提高网络的性能。

（5）软硬件资源丰富。由于以太网已应用多年，因此人们对以太网的设计、应用等方面有很多的经验，对其技术也十分熟悉。大量的软件资源和设计经验可以显著降低系统的开发成本，从而显著降低系统的整体成本，并大大加快系统的开发和推广速度。

（6）可持续发展潜力大。由于以太网已被广泛应用，因此它的发展一直受到广泛的重视和拥有大量的技术投入。车载网络采用以太网，可以避免其发展游离于计算机网络技术的发展主流之外，从而使车载网络与信息网络技术互相促进，共同发展。

3. 以太网在智能网联汽车上的应用

以太网在智能网联汽车上的应用刚刚开始，但它优越的性能得到了汽车业界的重视，并有望成为智能网联汽车重要的车载网络。随着先进传感器、高分辨率显示器、车载摄像头、先进驾驶辅助系统及其数据传输和控件的加入，汽车电子产品正变得更加复杂。采用标准的以太网协议将这些设备连接起来，可以简化布线，节约成本，减少线束质量和增加行驶里程，图 4-2-10 所示为以太网在智能网联汽车上的应用。

汽车以太网需求的增长源自更多车载和车内电子设备的推动，包括摄像头、传感器、显示器、安全系统和舒适性与便利性解决方案。对自动驾驶系统来说，可靠的高速通信网络是一项基本要求。

智能网联汽车概论

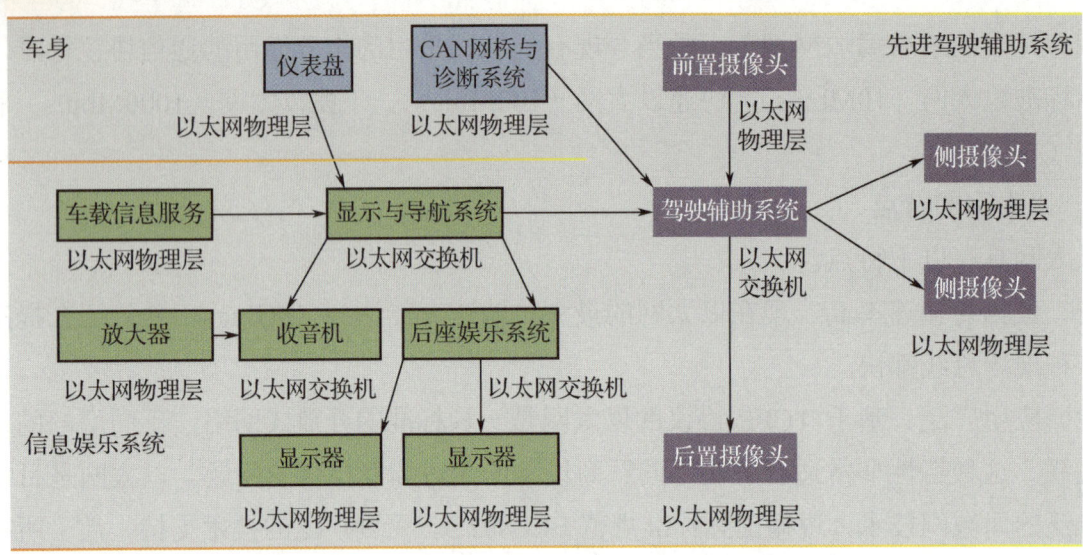

图 4-2-10　以太网在智能网联汽车上的应用

三、车载自组织网络

无线自组织网络是一种不同于传统无线通信网络的技术，它是由一组具有无线通信能力的移动终端节点组成的、具有任意和临时性网络拓扑的动态自组织网络系统，其中的每个终端节点既可作为主机，也可作为路由器使用。终端节点作为主机，具有运行各种面向用户的应用程序的能力；作为路由器，其可以运行相应的路由协议，根据路由策略和路由表完成数据的分组转发和路由维护工作。

1. 车载自组织网络的定义

车载自组织网络是一种自组织、结构开放的车辆间通信网络，能够提供车辆之间及车辆与路边基础设施之间的通信，通过结合全球定位系统及无线通信技术，如无线局域网、蜂窝网络等，可为处于高速移动状态的车辆提供高速率的数据接入服务，并支持车辆之间的信息交互。它已成为保障车辆行驶安全，提供高速数据通信、智能交通管理及车载娱乐的有效技术，如图 4-2-11 所示。车载自组织网络是智能交通系统未来发展的通信基础，也是智能网联汽车安全行驶的保障之一。

图 4-2-11　车载自组织网络

2. 车载自组织网络的类型

车载自组织网络结构主要分为三种，即 V2V 通信、V2I 通信、V2P 通信，如图 4-2-12 所示。V2V 通信是通过全球定位系统辅助建立无线多跳连接，从而能够进行暂时的数据通信，提供行车信息、行车安全等服务；V2I 通信能够通过接入互联网获得更丰富的信息与服务；V2P 通信的研究刚刚起步，目前主要通过手机中的特种芯片提供行人和交通状况，以后会有更多通信方式。

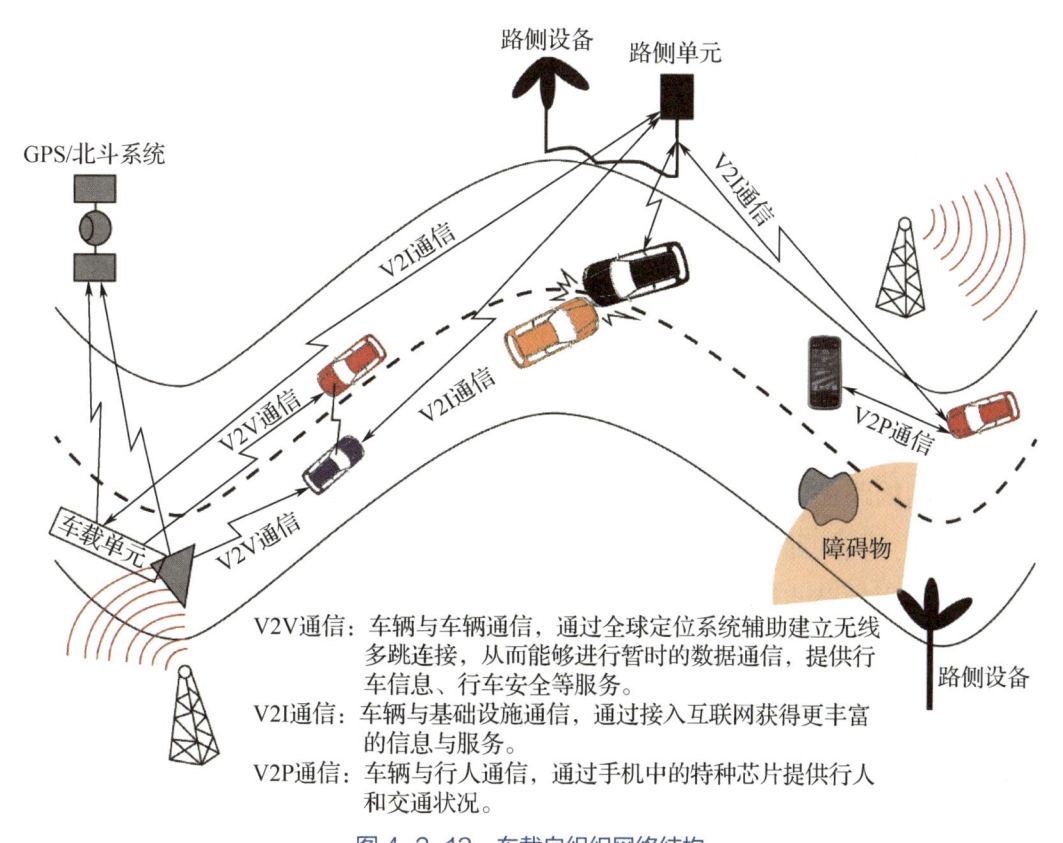

图 4-2-12 车载自组织网络结构

根据节点间通信是否需要借助路侧单元，可以将车载自组织网络的结构分为车间自组织型、无线局域网/蜂窝网络型和混合型。

（1）车间自组织型。车辆之间形成自组织网络，不需借助路侧单元，这种通信模式也称为 V2V 通信模式，是传统移动自组织网络的通信模式。

（2）无线局域网/蜂窝网络型。在这种通信模式下，车辆节点间不能直接通信，必须通过接入路侧单元互相通信，这种通信模式也称为 V2I 通信模式，相比车间自组织型，路侧单元建设成本较高。

（3）混合型。混合型是前两种通信模式的混合模式，车辆可以根据实际情况选择不同的通信方式。

3. 车载自组织网络的路由协议类型

路由协议是一种指定数据包传送方式的网上协议。

车载自组织网络路由协议有很多种，图 4-2-13 所示为一种车载自组织网络路由协议。

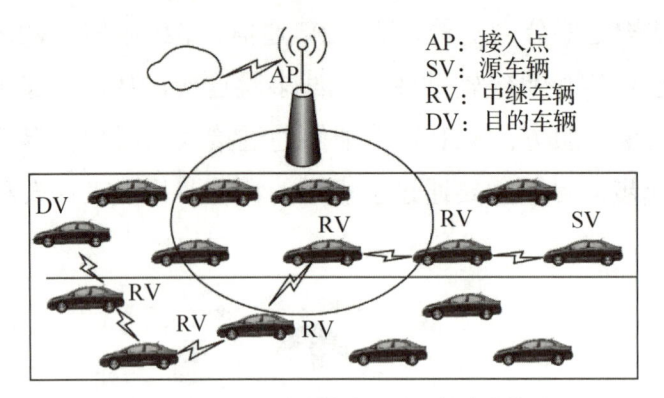

AP：接入点
SV：源车辆
RV：中继车辆
DV：目的车辆

图 4-2-13　一种车载自组织网络路由协议

车载自组织网络路由协议根据接收数据包的节点数量可分为单播路由、广播路由和多播路由。

（1）单播路由。单播路由是指数据包源节点向网络中的一个节点转发数据。

（2）广播路由。广播路由是指数据包源节点向网络中的所有其他节点转发数据。

（3）多播路由。多播路由是指数据包源节点向网络中的多个节点转发数据。

车载自组织网络路由协议还可以分为基于拓扑结构的路由协议、基于地理位置的路由协议、基于移动预测的路由协议、基于路侧单元的路由协议和基于概率的路由协议。

（1）基于拓扑结构的路由协议。初期的移动自组织网络的路由基本上都是基于拓扑结构的路由协议，网络中的节点通过周期性的广播路由信息得到其他节点的位置信息，从而选择下一跳进行数据包转发。

（2）基于地理位置的路由协议。基于地理位置的路由协议通过位置服务方式实时、准确地获取自身车辆和目的车辆的位置信息，同时通过路由广播的方式获得广播范围内邻居节点的位置信息，根据分组转发策略择优选择下一跳进行数据包转发。

（3）基于移动预测的路由协议。由于节点具有移动性，因此可通过节点速度、加速度、距离和时间等参数，预测通信链路的生命周期，进而预测该路由路径的有效期。

（4）基于路侧单元的路由协议。借助道路的路侧单元，可以解决在车辆稀疏情况下，导致的节点链路中断。路侧单元为路边可靠的固定节点，具有高带宽、误码率低和时延传输低等特点，并作为主干链路，当车辆节点出现链路中断时，路侧单元将采用存储转发策略来发送数据包。

（5）基于概率的路由协议。用概率描述车辆节点在某一段时间内该链路还未断开或存在的可能性。在该路由协议中，需要建立相关的模型，并且这些模型的建立是基于某些网络特性，才能统计相关变量的分布信息。

4．车载自组织网络的特点

车载自组织网络的特点主要包括节点速度、运动模式、节点密度、节点异构性和可预测的运动性等。

1）节点速度

在移动的车载自组织网络中，最重要的特征就是节点的速度。车辆和道路两侧的路侧单元都可能成为节点。节点的可能速度为0～200km/h。静态的路侧单元或车辆处于堵车路段时，其车速为零。在高速公路上，车辆的最高速度可能会达到200km/h。这两种极端情况对于车载自组织网络中的通信系统构成了特殊的挑战。当节点速度非常高时，由于几百米的通信半径相对较小，因此会造成共同的无线通信窗口非常短暂。例如，如果两辆车以90km/h的速度朝相反的方向行驶，假定理论上无线通信范围为300m，那么通信只能持续12s。不过，同方向行驶的车辆，如果相对速度较小或中等，则这些同向车辆间的拓扑变化相对较少。

如果同向行驶车辆的相对速度很高，那么接收器和发射器就需要考虑诸如多普勒效应等物理现象。链路层难以预测连接的中断，容易导致频繁的链路故障。对于路由或多跳信息传播，车辆间短暂的相遇及一般的车辆运动会导致拓扑高度不稳定，使得基于拓扑的路由在实际中毫无用处。节点速度很大时对应用程序的影响也很大，比如由于速度太快，导致即时环境变化太快，使得对环境感知的应用也变得困难。在另外一种极端情况下，即节点几乎不移动，网络拓扑则相对稳定。然而，车辆的缓慢移动意味着车辆密度很大，这会导致高干扰、介质接入等诸多问题。

2）运动模式

车辆是在预定义的道路上行驶的，一般情况下有两个行驶方向。只有在十字路口时，车辆的行驶方向才具有不确定性。道路可分为高密度城市道路、高速公路和乡村道路三种类型。

（1）高密度城市道路。在城市中，道路密度相对较高，有大街也有小巷，许多十字路口将道路分割成段，道路两边的建筑物也会影响到无线通信，车辆的运动速度较慢。

（2）高速公路。高速公路一般是多车道的，路段也很长，并且存在出口和匝道。车辆的运动速度较快，行驶方向能够较长时间保持不变。

（3）乡村道路。乡村道路通常很长，十字路口比城市环境要少得多。在这种环境下，由于路面车辆过少，因此一般很难形成连通的网络。乡村道路的方向变化频率明显高于高速公路的。这些运动场景造成了很多挑战，尤其是路由问题。

在城市场景下，交通流非常无序，与此相反，高速公路上的车流却形成了另外一个极端，几乎整个运动都处于一维情况。

3）节点密度

除了速度和运动模式，节点密度是影响车载自组织网络节点移动性的第三个关键属性。在共同的无线通信范围内，可能存在零到几十，甚至上百的车辆。以某四车道高速公路上遭遇交通拥堵的情况为例，若每隔20m即存在一辆配备相关设备的车辆，且设定其通信半径为300m，那么在理论上，该通信范围内将包含约120辆车。当节点密度非常小时，几乎不可能完成瞬时消息转发。在这种情况下，需要更复杂的消息传播机制，可以先存储信息，并在车辆相遇时转发信息。这样可能导致信息被同一车辆重复多次接收。然而，在节点密度较高时，情况则有所转变，消息仅可能被特定节点重复，否则将会引起信道的过载。

节点密度与时间也相关。在白天，高速公路和城市中节点密度较高，足以实现瞬时转发，有足够的时间使路由处理分段网络。但在夜间，无论哪种类型的道路，车辆都很少。

4）节点异构性

在车载自组织网络中，节点有许多种类。首先是车辆和路侧单元的区别。而车辆可以进一步分为城市公交、私家车、出租车、救护车、道路建设和维修车辆等，并不是每辆车都要安装所有的应用。例如，救护车需要安装能够在其行驶路线上发出警告的应用。路侧单元节点也类似，基于自身的能力，路侧单元节点可以简单地向网络发送数据，或拥有自组织网络的完整功能。此外，路侧单元节点可以提供对背景网络的访问，如向交通管理中心报告道路状况。路侧单元节点与车辆节点不同，其性能较强。对于各种应用，它们不像车辆节点一样拥有相同的传感器，也不处理传递给驾驶员的消息，或对车辆采取措施。路侧单元节点是静态的，与个人或公司无关，不需要太多的信息保护。

5）可预测的运动性

尽管车辆节点的运行规律比较复杂，但车辆的运动趋势在一定程度上仍然是可以预测的。在高速公路场景，根据车辆所处的车道、实时的道路状况，以及汽车自身的速度和方向，就可以推测汽车在随后短时间内的运动趋势。在城市场景中，不同类型的车辆具有不同的运动趋势。公交车的行驶平均速度缓慢且具有间隔性静止状态，因此根据公交节点的速度大小和道路特点就可以推测出公交车短时间内的运动趋势。

5. 车载自组织网络的应用场景

车载自组织网络的应用场景主要包括碰撞预警、避免交通拥堵、紧急制动警告、并线警告和交叉口违规警告等。

1）碰撞预警

协作转发碰撞预警应用场景如图 4-2-14 所示，车辆 0 与车辆 4 相撞，车辆 0 因此发送一个协作转发碰撞预警信息。车辆 1 能够通过直接连接，接收碰撞预警信息，从而可以及时地制动，避免碰撞。但是，如果没有间接连接，即不能多跳转发信息，当车辆 2、车辆 3 与它们前面车辆的距离小于安全距离时，则车辆 2 和车辆 3 不可避免地要发生碰撞。如果有间接连接，车辆 2 和车辆 3 也能收到碰撞预警信息，则可以避免碰撞。

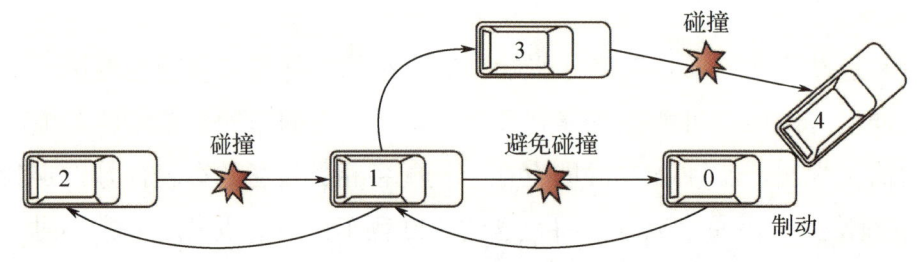

图 4-2-14 协作转发碰撞预警应用场景

2）避免交通拥堵

避免交通拥堵应用场景如图4-2-15所示，车辆1先收到了车辆0发送节点发送出的前方交通拥堵消息，然后车辆1存储该消息，直到车辆2～车辆5能够与车辆1通信时，车辆1将消息转发给车辆2～车辆5，这样车辆2～车辆5也同样知道了前方拥堵的情况，这些车辆可以选择辅助道路行驶，从而避免交通堵塞，节省时间。

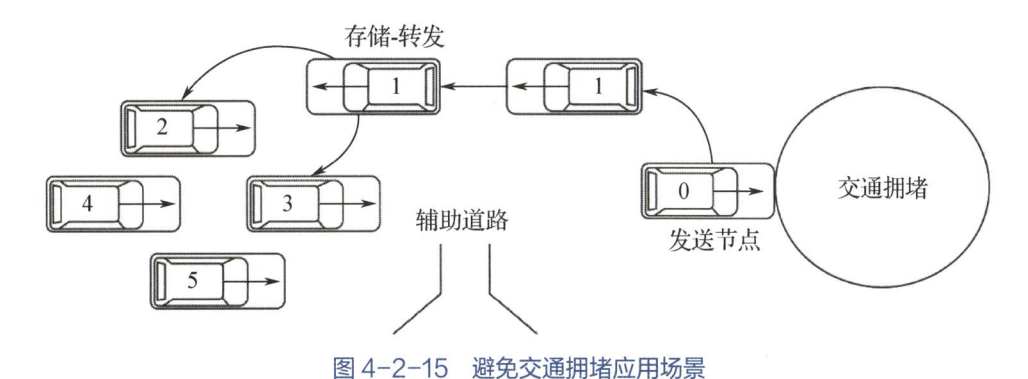

图4-2-15 避免交通拥堵应用场景

3）紧急制动警告

紧急制动警告应用场景如图4-2-16所示，当前方车辆紧急制动时，紧急制动警告将会提醒驾驶员。当制动车辆被其他车辆遮挡而不能被本车辆觉察时，紧急制动警告将会起到关键作用。紧急制动警告通过系统开启车辆的后制动灯，并利用仪表系统通过声、光、电等手段提醒驾驶员，利用车载自组织网络系统的非视距特点来防止追尾事故。

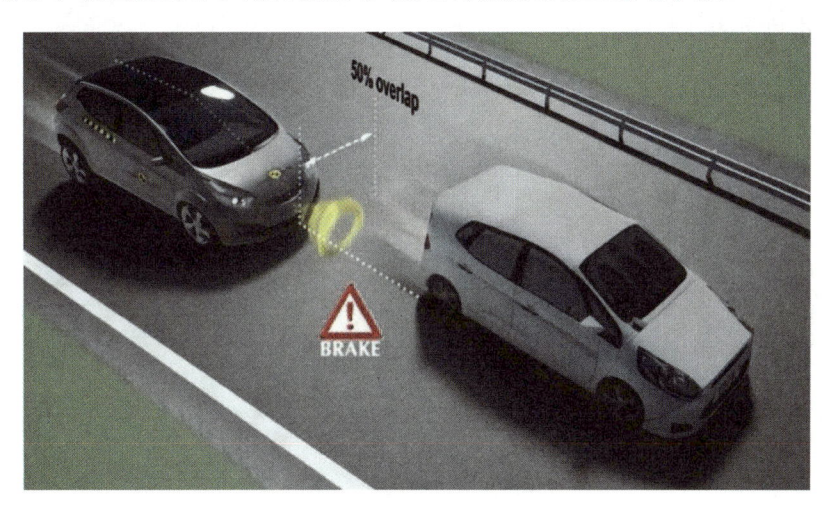

图4-2-16 紧急制动警告应用场景

4）并线警告

并线警告应用场景如图4-2-17所示，当车辆换道可能存在危险时，并线警告将提醒有意换道的驾驶员。并线警告使用V2V通信和周边车辆的路径预测，利用链路的通信范围来预测驾驶员完成换道可能产生的碰撞。路径预测用于确定在3～5s的时间内，驾驶员要到达的车道区域是否被占用。如果该车道已被占用，则并线警告将会提醒驾驶员注意潜在的危险。

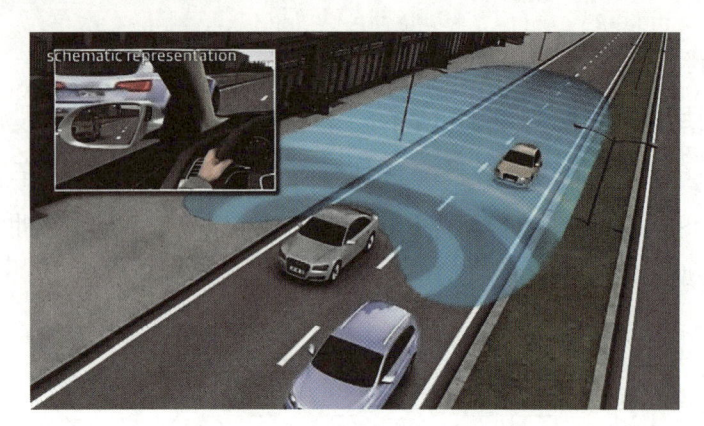

图 4-2-17　并线警告应用场景

5）交叉口违规警告

当驾驶员即将闯红灯时，交叉口违规警告系统会对其发出警告。交叉口违规警告系统使用 V2I 通信方式，对车辆进行预测，其通信链路的主要优势是可以获取动态信息，如红绿灯阶段和红绿灯时间。部署了交通信号灯控制器的路侧单元会广播交通信号灯信息，包括位置、红绿灯阶段、红绿灯时间、交叉口几何形状等。靠近交叉口的车辆将车辆的预期路径与交通信号灯信息进行比较，以确定是否会发生交通信号违规。如果车辆将要发生违规行为，则交叉口违规警告系统将提醒驾驶员，同时车辆也会发送消息至红绿灯和周围车辆，以表明警告已经发出。

随着车载自组织网络技术的发展，其应用范围越来越广泛，主要涉及安全、驾驶、公共服务、商用、娱乐等领域。

项目五

智能网联汽车高精度定位与导航系统认知

任务一　导航定位系统定义与类型

一、导航定位的定义

智能网联汽车或无人驾驶汽车的导航定位通过 GPS、北斗卫星导航定位系统（BDS）、惯性导航系统（INS）、激光雷达等，获取车辆的位置和航向信息。

按照定位的方式，定位可分为绝对定位、相对定位和组合定位。

（1）绝对定位。绝对定位是指通过 GPS 或 BDS，采用双天线，通过卫星获得车辆在地球上的绝对位置和航向信息。

（2）相对定位。相对定位是指根据车辆的初始位姿，通过惯性导航获得车辆的加速度和角加速度信息，将其对时间进行积分，得到相对初始位姿的当前位姿信息。

（3）组合定位。组合定位是将绝对定位和相对定位进行结合，以弥补单一定位方式的不足。

智能网联汽车可以先通过定位系统准确感知自身在全局环境中的位置，并与环境有机结合起来；再通过导航系统准确感知汽车所要行驶的方向和路径等信息。在实际应用中，一般通过信息融合技术实现定位与导航技术的组合，从而使环境信息与车辆信息融合成一个系统性的整体。

现在大多数智能网联汽车处于 L1 级和 L2 级，仅需要实现普通的 ADAS 功能便已足够，这一阶段只需要导航级精度的卫星定位精度即可。

当智能网联汽车步入 L3 级甚至以上时，就要求在高速公路、停车场泊车等特殊场景实现全自动驾驶，这需要利用高精度定位技术实现厘米级的定位，以真正实现在高速公路上变道

超车、上下匝道，以及定点泊车等功能。

目前，智能网联汽车的定位技术主要有 GPS、差分全球定位系统（DGPS）、北斗卫星导航定位系统、惯性导航系统及激光雷达定位等。

（1）GPS。基于 GPS 定位的方法是一种绝对位置估计方法。该方法通过 GPS 来进行车辆定位。基于 GPS 定位的方法的优点在于可全天候连续定位，且适用于全局定位；缺点在于受环境影响较大，高楼、树木、隧道等都会屏蔽 GPS 信号，而且 GPS 定位精度低，更新周期长，远远不能满足自动驾驶的需求。

GPS 如图 5-1-1 所示。

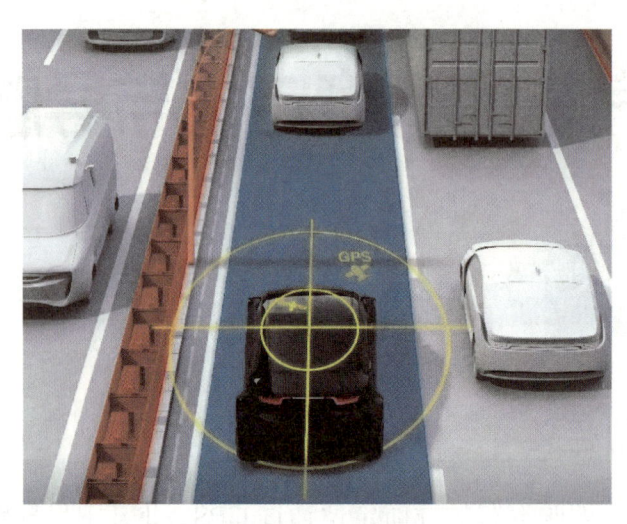

图 5-1-1　GPS

（2）差分全球定位系统。为了解决 GPS 的问题，可以通过差分定位的方法来解决定位问题。它的基本原理就是车辆在行驶过程中用 GPS 作为基准，在 GPS 更新的时候，通过差分辅助，完成车辆厘米级的精确定位。

差分全球定位系统如图 5-1-2 所示。

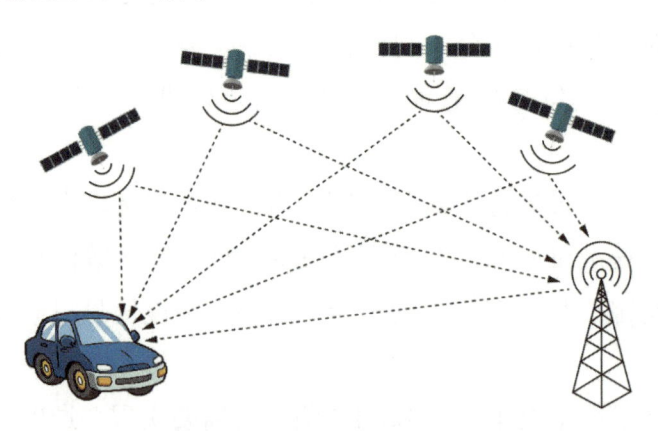

图 5-1-2　差分全球定位系统

（3）北斗卫星导航定位系统。北斗卫星导航定位系统目前在汽车领域还没有大面积推广应用，但在国家制定的智能网联汽车发展规划中，已明确提出要大力推广北斗卫星导航定位系统在智能网联汽车和无人驾驶汽车中的应用。

北斗卫星导航定位系统如图 5-1-3 所示。

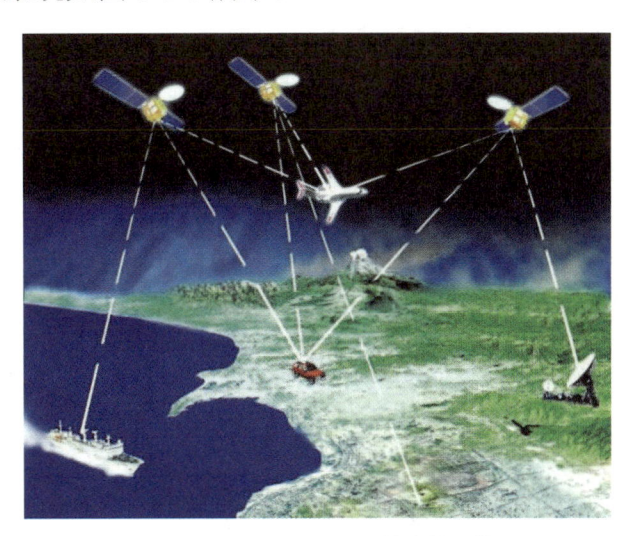

图 5-1-3 北斗卫星导航定位系统

（4）惯性导航系统。惯性导航系统由陀螺仪、加速度传感器及软件构成，通过测量运动载体的角速度和加速度数据，并将这些数据对时间进行积分运算，从而得到运动载体的速度、位置和姿态。汽车在驶入深山隧道时，汽车上安装的惯性导航系统的导航定位作用会非常显著。

（5）激光雷达定位。通过激光雷达与地图信息进行匹配的方法也是一种绝对位置估计方法。该方法通过事先建立的地图信息，在无人驾驶过程中，不断将检测到的数据特征与地图信息进行对比匹配，从而得到车辆在地图中的绝对位置。基于地图信息匹配定位方法的优点在于无累积误差，不需要对道路进行改造；其缺点在于包含地图生成和地图匹配两个步骤，而地图生成需要提前采集制作，在室外场景中，绘制地图的数据量巨大，会对地图匹配中的实时性带来很大挑战。

高精度定位是无人驾驶汽车的关键核心技术。所谓高精度是指定位精度要达到厘米级。究竟目前哪种方案是最佳的，这一问题仍有待验证。期待未来有更好的高精度定位方法出现。

百度 Apollo 系统使用了全球导航卫星系统（GNSS）、激光雷达、RTK 载波相位差分技术与 MU（惯性测量单元）融合的方案，多种传感器融合加上一个误差状态卡尔曼滤波器，使定位精度为 5～10cm，且具备高可靠性和健壮性，市区允许最高时速超过 60km。

二、全球导航卫星系统的类型

全球导航卫星系统包括 GPS、格洛纳斯卫星导航系统（GLONASS）、BDS 及伽利略卫星定位系统（GALILEO）。

（1）GPS，由 24 颗以上卫星组成，精度约为 10m，军民两用。

（2）格洛纳斯卫星导航系统，由 24 颗以上卫星组成，精度约为 10m，军民两用。

（3）BDS，由 5 颗静止轨道卫星和 30 颗非静止轨道卫星组成，北斗一号精确度在 10m

之内，而北斗二号可以精确到厘米级。

（4）伽利略卫星定位系统，由30颗以上卫星组成，定位误差不超过1m，主要为民用。

全球四大卫星导航系统的参数比较如表5-1-1所示。

表5-1-1 全球四大卫星导航系统的参数比较

导航系统	卫星数量	轨道高度/km	位置精度/m	授时精度/ns	速度精度/（m/s）
GPS	24颗以上	20200	10	20	0.1
格洛纳斯卫星导航系统	24颗以上	19100	10	25	0.1
BDS	30颗以上	21500	10	50	0.2
伽利略卫星定位系统	30颗以上	24126	1	20	0.1

任务二　全球定位导航系统

一、中国北斗卫星导航系统

1. 北斗卫星导航系统的发展

20世纪后期，中国开始探索适合本国国情的卫星导航系统发展道路，逐步形成了三步走发展战略：2000年年底，建成北斗一号系统，向中国提供服务；2012年年底，建成北斗二号系统，向亚太地区提供服务；在2020年前后，建成北斗全球系统，向全球提供服务。

北斗三号卫星即北斗卫星第三代导航系统，是中国自主研发的全球卫星导航系统，其最后一颗组网卫星于2020年6月23日发射。它由24颗中圆地球轨道卫星、3颗地球静止轨道卫星和3颗倾斜地球同步轨道卫星，共30颗卫星组成，主要用于陆、海、空导航定位，提供开放服务和授权服务两种服务方式。最大的优点则是保证了在地球上任意地点、任意时刻均能接收来自4颗及以上导航卫星发射的信号，观测条件良好的地区甚至可以接收到10余颗导航卫星发射的信号。

北斗卫星导航系统是由中国自行研制开发的区域性有源三维卫星定位与通信系统，是继美国的全球定位系统（GPS）、俄罗斯的全球卫星导航系统（GLONASS）之后又一个成熟的卫星导航定位系统。

北斗卫星导航系统致力于向全球用户提供高质量的定位、导航和授时服务，其建设与发展则遵循开放性、自主性、兼容性、渐进性这4项原则。

2. 北斗卫星导航系统的组成

北斗卫星导航系统由空间段、地面段和用户段三部分组成，如图5-2-1所示。

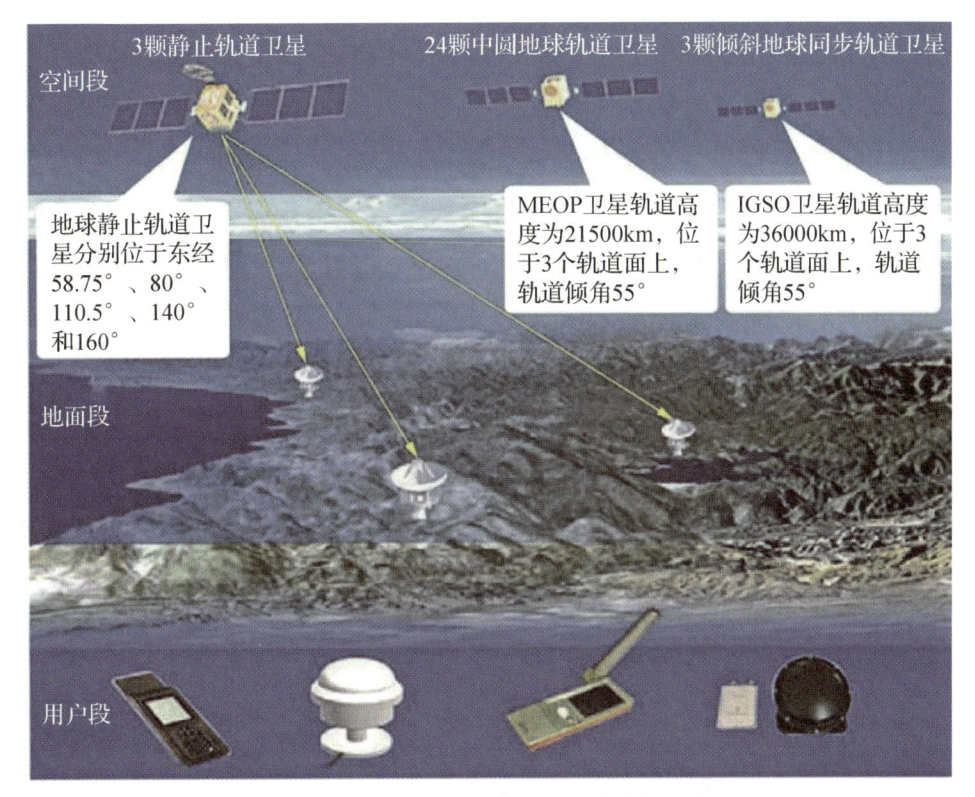

图 5-2-1　北斗卫星导航定位系统的组成

1）空间段

空间段包括 3 颗静止轨道卫星和 27 颗非静止轨道卫星。

2）地面段

地面段包括主控站、注入站和监测站等若干个地面站。

3）用户段

用户段由北斗用户终端，以及与美国的 GPS、俄罗斯的 GLONASS、欧洲的 GALILEO 等其他卫星导航系统兼容的终端组成。

3. 北斗卫星导航系统的特点

北斗卫星导航系统具有以下特点。

（1）北斗卫星导航系统同时具备定位与通信功能，不需要其他通信系统支持；而 GPS 只能定位。

（2）覆盖范围大，没有通信盲区。

（3）特别适合集团用户大范围监控管理和数据采集用户的数据传输应用。

（4）融合北斗导航定位系统和卫星增强系统两大资源，因此也可利用 GPS，使应用更加丰富。

（5）自主系统，安全、可靠、稳定，保密性强，适合关键部门应用。

4. 北斗卫星导航系统在智能网联汽车上的应用

2020 年 6 月 17 日，广汽埃安新能源宣布全球首款北斗高精度定位智能车广汽新能源埃

安 V 发布并正式上市。依托千寻位置提供的北斗高精度时空智能服务,广汽新能源埃安 V 的定位精度达到厘米级,可以实时识别车道,行驶更加安全、可靠。该车的车道级定位功能为自动驾驶系统 ADiGO 3.0 提供了准确的判断和运行区域设计,确保自动驾驶功能在适当的时候进行交接。在相对定位方案失效的情况下(比如车道线不规则、车道线被短暂覆盖、道路无明显标志物、弯道曲率过大),广汽新能源埃安 V 依然能够根据准确的卫星定位和高精度地图数据进行自动驾驶功能决策。

二、全球定位系统

1. 全球定位系统的组成

全球定位系统由空间卫星部分、地面监控部分和用户设备组成,如图 5-2-2 所示。

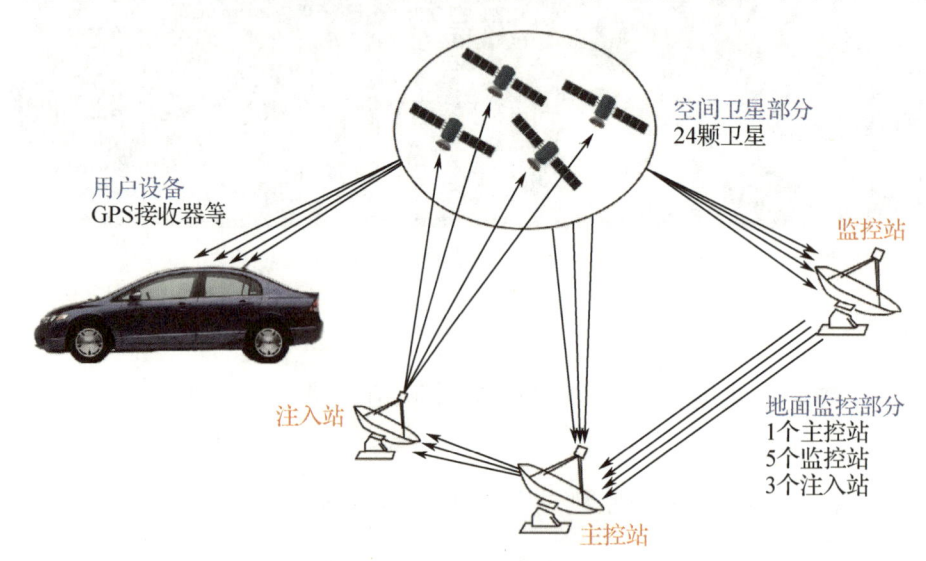

图 5-2-2 全球定位系统组成

1)空间卫星部分

空间卫星部分由 24 颗卫星组成,其中 21 颗为工作卫星,3 颗为备用卫星。24 颗卫星均匀分布在 6 个轨道平面上,即每个轨道平面上有 4 颗卫星,卫星轨道平面相对于地球赤道面的轨道倾角为 55°,各轨道平面升交点的赤经相差 60°,1 个轨道平面上的卫星比西边相邻轨道平面上的相应卫星升交角距超前 30°。这种布局的目的是保证在全球任何地点、任何时刻至少可以观测到 4 颗卫星。最少需要其中 3 颗卫星,就能迅速确定用户端在地球上所处的位置及海拔,所能连接到的卫星数越多,解码出来的位置就越精确。

2)地面监控部分

地面监控部分主要由 1 个主控站、5 个监控站和 3 个注入站组成,它们分散在世界各地。主控站负责从各个监控站收集卫星数据,计算出卫星的星历和时钟修正参数等,并通过注入站注入卫星;其还负责向卫星发布指令,控制卫星,当卫星出现故障时,调度备用卫星,让系统保持运行。监控站则在主控站的直接指挥下,自动对卫星进行持续的跟踪和测量,自动采集并处理伪距观测量、气象数据和时间标准等信息，之后将处理结果存储并传输至主控站。注入站则负责将主控站计算的卫星星历、钟差信息、导航电文、控制指令发送给卫星。

3）用户设备

用户设备主要是 GPS 接收器、卫星天线及相关设备，主要作用是从 GPS 卫星接收信号并利用传来的信息计算用户地理位置的纬度、经度、高度，以及速度和时间等信息。手机 GPS 定位器，车载、船载 GPS 导航仪，GPS 测绘设备等都属于 GPS 用户设备。

2. 全球定位系统的特点

全球定位系统具有以下特点。

（1）能够全球全天候定位。因为 GPS 卫星的数目较多，且分布均匀，所以保证了在地球上的任何地方、任何时间至少可以同时观测到 4 颗 GPS 卫星，确保实现全球全天候连续的导航定位服务。

（2）覆盖范围广。能够覆盖全球 98%的范围，可满足位于全球各地或近地空间的用户连续精确地确定三维位置、三维运动状态和时间的需要。

（3）定位精度高。GPS 相对定位精度在 50km 以内为 6~10m，100~500km 为 7~10m，1000km 为 9~10m。

（4）观测时间短。20km 以内的相对静态定位仅需 15~20min；快速静态相对定位测量时，当每个移动站与基准站相距 15km 以内时，移动站观测时间只需 1~2min；采取实时动态定位模式时，每站观测仅需几秒。

（5）可提供全球统一的三维地心坐标，可同时精确测定测站平面位置和大地高程。

（6）测站之间无须通视，只要求测站上空开阔，这既可大大减少测量工作所需的经费和时间，也使选点工作更灵活，可省去经典测量中的传算点、过渡点等的测量工作。

任务三　差分全球定位系统

一、差分全球定位系统的概念

差分全球定位系统（Differential GNSS，DGNSS）是在全球导航卫星系统（GNSS）的基础上利用差分技术使用户能够从 GNSS 中获得更高的精度，从标称 15m 的 GNSS 定位精度提高到 1~3cm 的定位精度。

在实际应用中，卫星信号的传播还受大气电离层、云层、树木、高楼、城市、峡谷等的遮挡、反射和折射及多路径干扰，这些都会影响 GNSS 的信号传播，从而影响测距信息的准确度。为了降低天气、云层对 GNSS 信号的影响，出现了差分全球定位系统。

差分全球定位系统如图 5-3-1 所示。可以简单地将其理解为将一台接收机置于基准站（已

知位置）上，将另一台或几台接收机置于流动站上，基准站和流动站同时接收同一时间、同一GNSS卫星发射的信号，基准站所获得的观测值与已知位置信息进行比较，得到GNSS差分改正值。将这个改正值通过无线电设备（称数据链）及时传递给卫星共视的流动站精化其GNSS观测值，消除了卫星钟差、接收机钟差、大气电离层和对流层折射误差的影响，从而使流动站得到经差分改正后的厘米级定位精度。

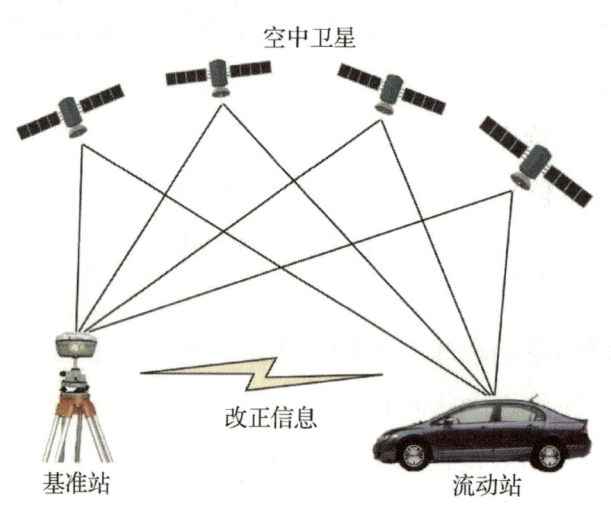

图5-3-1 差分全球定位系统

流动站与基准站的距离直接影响了差分定位的效果，流动站与基准站的距离越近，两站点之间测量误差的相关性就越强，差分定位系统的性能就越好。

差分技术的基础是，在特定区域内，全球导航卫星系统（GNSS）中缓慢变化的系统误差，包括选择可用性（SA）误差，在影响基准站及其周边用户时，表现出相似或一致的特性。

二、差分全球定位系统的类型

根据DGNSS基准站发送信息的方式，可将DGNSS定位分为3类，即位置差分、伪距差分和载波相位差分。这3类差分方式的工作原理基本相同，都是由基准站发送改正数，由流动站接收并对其测量结果进行改正，以获得精确的定位结果。不同的是，发送改正数的具体内容不一样，其差分定位精度也不同。

1. 位置差分（将已知坐标和观测坐标作为改正数）

位置差分（见图5-3-2）是最简单的差分方法，其传输的差分改正量少，计算简单。适用于所有由DGNSS接收机组装成的位置差分系统。位置差分要求基准站和流动站观测同一组卫星。安装在基准站上的DGNSS接收机观测4颗卫星后便可进行三维定位，计算出基准站的观测坐标。由于存在着轨道误差、时钟误差、大气影响、多径效应及其他误差等，因此解算出的观测坐标与基准站的已知坐标是不一样的，存在误差。将已知坐标与观测坐标之差作为位置改正数，通过基准站的数据传输设备发送出去，由流动站接收，并且对其解算的流动站坐标进行改正，最后得到的改正后的移动坐标已消去了基准站和流动站的共同误差，如卫星轨道误差、大气影响等，提高了定位精度。因为位置差分要求基准站和流动站观测同一组卫星，所以位置差分的应用范围受到距离上的限制，适用于流动站与基准站间的距离在 100km 以内的情况。

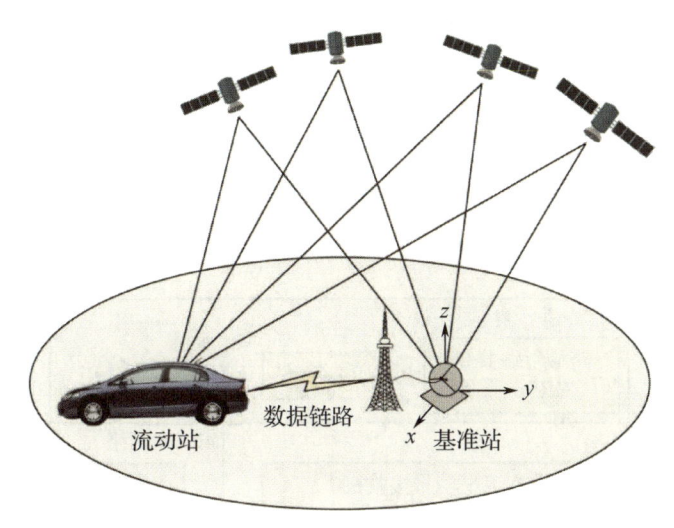

图 5-3-2 位置差分系统

2. 伪距差分（将计算距离与观测距离之差作为改正数）

伪距差分（见图 5-3-3）是目前用途很广的一种技术，几乎所有的商用 DGNSS 接收机均采用这种技术。利用基准站已知坐标计算出基准站与卫星之间的计算距离，将计算距离与观测距离之差作为改正数，发送给流动站，流动站利用此改正数来改正测量的伪距。用户利用改正后的伪距来解出本身的位置，就可消去公共误差，提高定位精度。

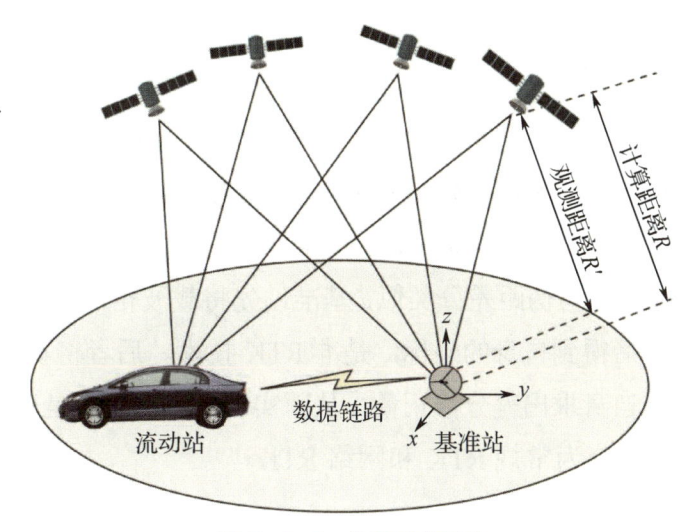

图 5-3-3 伪距差分系统

与位置差分相似，伪距差分能将两站的公共误差抵消，但随着用户到基准站距离的增加，又出现了系统误差，这种误差用任何差分方式都是不能消除的。用户和基准站之间的距离对精度有决定性影响，即流动站（用户）与基准站的距离越小，其使用 GNSS 伪距差分得到的定位精度就会越高。

3. 载波相位差分

GNSS 位置差分与伪距差分都能满足基本的定位导航等精度需求，但远远不能满足车联网和自动驾驶领域的需求，因此人们研制出了更加精准的 GNSS 差分技术，即载波相位差分，也称为实时动态差分（Real Time Kinematic，RTK）。

RTK 是一种利用接收机实时观测卫星信号载波相位的技术，结合了数据通信技术与卫星定位技术，采用实时解算和数据处理的方式，能够为流动站提供在指定坐标系中的实时三维坐标点，能够在极短的时间内实现高精度的位置定位，RTK 移动定位终端工作流程示意图如图 5-3-4 所示。

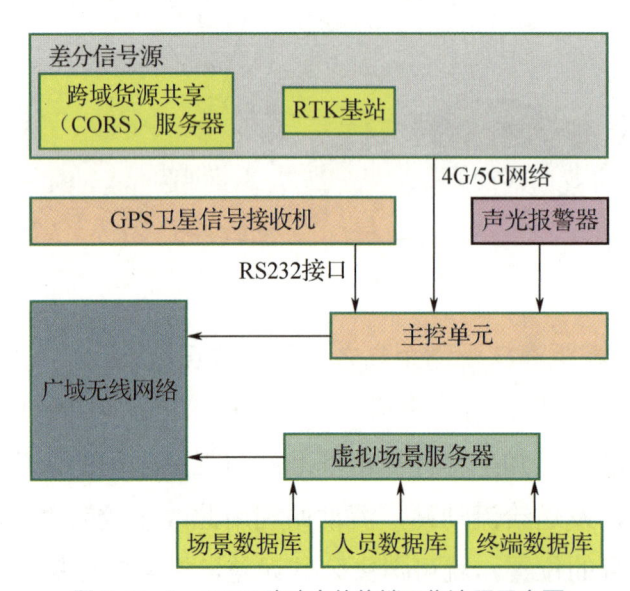

图 5-3-4　RTK 移动定位终端工作流程示意图

载波相位差分是建立在实时处理两个观测站的载波相位这一基础上的。与其他差分技术不同的是，载波相位差分中的基准站不直接传输关于 GNSS 测量的差分校正量，而是发送 GNSS 的测量原始值。流动站收到基准站的数据后，与自身观测卫星的数据组成相位差分观测值，利用组合后的测量值求出基线向量，完成相对定位，进而推算出测量点的坐标。实现载波相位差分的方法包括修正法和差分法。前者与伪距差分类似，基准站先将载波相位修正量发送给流动站，以改正其载波相位观测值，然后得到自身的坐标，是准 RTK 技术。后者将基准站观测的载波相位测量值发送给流动站，让其自身求出差分修正量，从而实现三维定位，是真正的 RTK 技术。

常用的 RTK 定位技术分为常规 RTK 和网络 RTK。

1）常规 RTK

常规 RTK 系统如图 5-3-5 所示，常规 RTK 定位技术是一种基于 GNSS 高精度载波相位观测值的实时动态差分定位技术，也可用于快速静态定位。采用常规 RTK 进行定位工作时，除了需要配备基准站接收机和流动站接收机，还需要数据通信设备，基准站通过数据链路将自己所获得的载波相位观测值及站坐标实时播发给在其周围工作的动态用户。流动站数据处理模块则通过动态差分定位的方式，确定流动站相对于基准站的位置，并根据基准站的坐标得到自身的瞬时绝对位置。

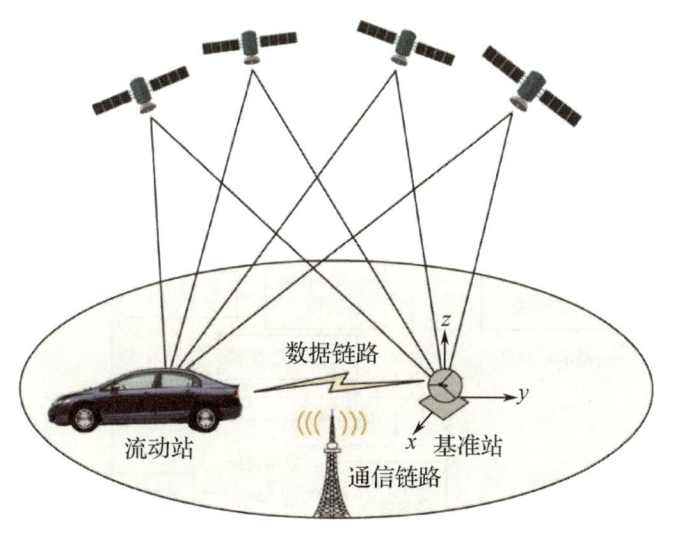

图 5-3-5 常规 RTK 系统

显然，常规 RTK 定位技术虽然可以满足很多应用的要求，但流动站与基准站的距离不能过远，当距离大于 50km 时，常规 RTK 一般只能达到分米级的定位精度。因此，常规 RTK 并不能完全满足自动驾驶系统对汽车、车道及障碍物的厘米级定位精度的需求。

2）网络 RTK

网络 RTK 也称多基准站 RTK，网络 RTK 属于实时载波相位双差定位，是近年来的一种基于常规 RTK 和差分 GNSS 技术等发展起来的实时动态定位新技术。网络 RTK 是指在某一区域内由若干个固定的、连续运行的 GNSS 基准站形成一个基准站网络，对区域内全方位覆盖，并以这些基准站中的一个或多个为基准，为该地区内的 GNSS 用户实现实时、高精度定位提供 GNSS 误差改正信息。网络 RTK 与常规 RTK 相比，覆盖范围更广，作业成本更低，定位精度更高，用户定位的初始化时间更短。

网络 RTK 系统如图 5-3-6 所示，主要包括固定的基准站网络、负责数据处理的控制中心、数据播发中心、数据链路和用户站。其中，基准站网络由若干个基准站组成，每个基准站都配备有双频全波长 GNSS 接收机、数据通信设备和气象仪器等。通过长时间 GNSS 静态相对定位等方法可以精确得到基准站的坐标，基准站 GNSS 接收机按一定采样率进行连续观测，通过数据链路将观测数据实时传送给控制中心，控制中心首先对各个站的数据进行预处理和质量分析，然后对整个基准站网络的数据进行统一解算，实时估计出网络内的各种系统误差的改正项（电离层、对流层和轨道误差），并建立误差模型。

目前，很多智能网联汽车公司（如百度、小马等）都采用了实时动态载波相位差分。实时动态载波相位差分是实时处理两个基准站载波相位观测量的差分技术，即将基准站采集的载波相位发送给用户接收机，通过求差解算坐标。实时动态载波相位差分可使定位精度达到厘米级，这也是很多智能网联汽车公司采用实时动态载波相位差分定位的原因。但实时动态载波相位差分也存在一定的问题：基准站建设成本较高；非常依赖卫星数量，比如在一些桥洞和高楼大厦的环境下，可视的卫星数量会急剧下降；容易受到电磁环境干扰；在受到遮挡时，信号会丢失，没有办法做定位。因此目前采用实时载波相位差分的设备大规模生产商用的可行性不强。

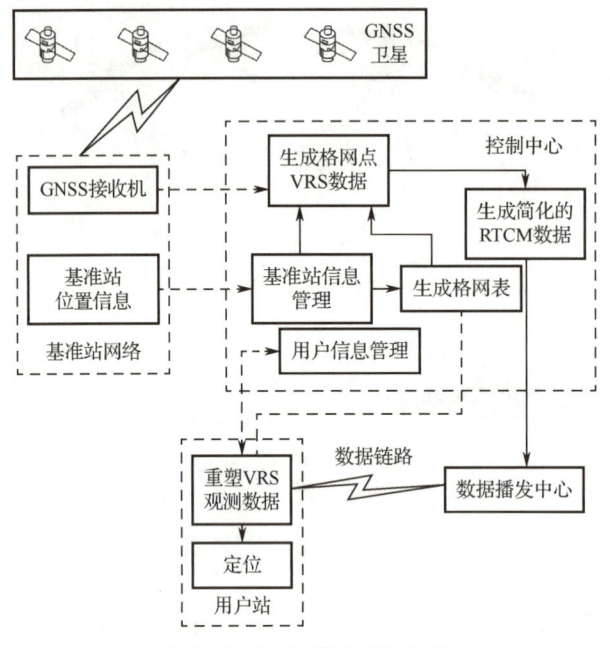

图 5-3-6　网络 RTK 系统

任务四　惯性导航系统

一、惯性导航系统的定义

惯性导航系统（Inertial Navigation System，INS）简称惯导，是利用惯性测量单元（IMU）的角度和加速度信息来计算载体的相对位置的一种定位技术。同时，惯性导航系统也是一种不依赖于外部信息，也不向外部辐射能量的自主式导航系统。

二、惯性导航系统的组成及原理

惯性测量单元的外观如图 5-4-1 所示。它由加速度传感器和陀螺仪结合而成，加速度传感器解决速度问题，陀螺仪解决方向问题。惯性测量单元的一个重要特征在于它以高频率更新，其频率可达 1000Hz，因此惯性测量单元可以提供接近实时的位置信息。

图 5-4-1　惯性测量单元的外观

惯性导航系统可以看成惯性测量单元与软件的结合，通过内置的微处理器，能够以最高200Hz的频率输出实时的高精度三维位置、速度、姿态等信息。

惯性测量单元包括3个相互正交的单轴的陀螺仪和3个相互正交的单轴的加速度计。惯性测量单元组成示意图如图5-4-2所示。陀螺仪测量物体三轴的角速度，用于计算载体姿态；加速度计测量物体三轴的线加速度，用于计算载体速度和位置。

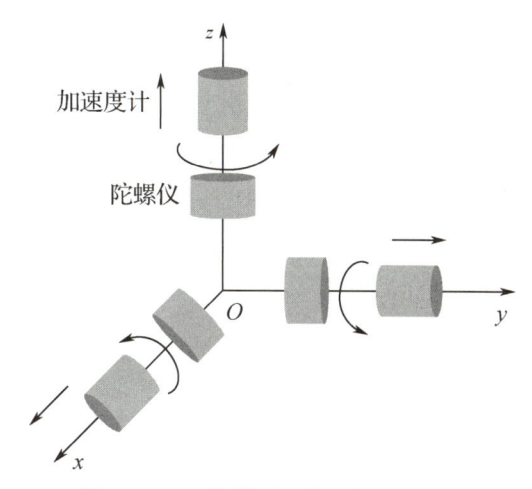

图5-4-2　惯性测量单元组成示意图

惯性导航系统以牛顿力学定律为基础，先测量载体在惯性参考系的加速度和角加速度信息，再将这些测量值对时间进行一次积分，求得运动载体的速度、角速度之后进行二次积分求得运动载体的位置信息，最后将其变换到导航坐标系，得到在导航坐标系中的速度、偏航角和位置等信息，其工作原理框图如图5-4-3所示。一般情况下惯性导航系统会结合GPS使用，并融合经纬度信息，以提供更精确的位置信息。

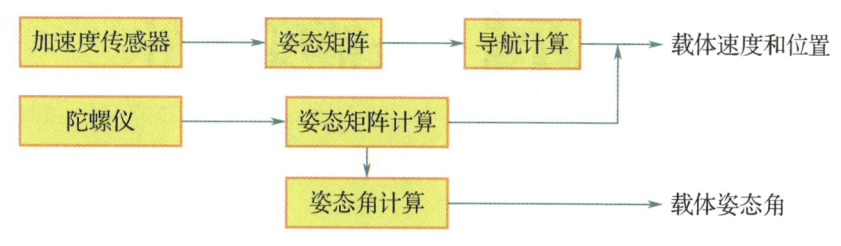

图5-4-3　惯性导航系统工作原理框图

三、惯性导航的作用

惯性导航系统主要有两个作用，一个是在GPS信号丢失或很弱的情况下，暂时填补GPS留下的空缺，用积分法取得最接近真实情况的三维高精度定位。即便是当今十分先进的卫星导航系统，其卫星导航的信号还是有很多无法覆盖的地方，因此无人驾驶汽车必须配备惯性导航系统。

惯性导航系统的另一个作用是配合激光雷达。GPS+IMU为激光雷达的空间位置和脉冲发射姿态提供高精度定位，建立激光雷达点云的三维坐标系。惯性导航系统可用于定位，与其

他传感器融合时,也需要统一到一个坐标系下。定位时,利用惯性导航系统、GPS等可以得到一个预测的全局位置。当激光雷达实时扫描单次点云数据后,系统将结合这些数据进行匹配与特征提取,这些特征涵盖路沿、车道线、高度等环境点线面特征。对于高精度地图的应用,系统将预先提取的特征与实时提取的特征进行比对匹配,最终精准确定车辆位置,此即激光雷达定位的全过程。

四、惯性导航系统的特点

惯性导航系统具有以下主要优点。

(1) 由于它是不依赖任何外部信息,也不向外部辐射能量的自主式导航系统,因此其隐蔽性好,且不受外界电磁的影响。

(2) 可全天候在全球任何地点工作。

(3) 能提供位置、速度、航向和姿态角数据,所产生的导航信息连续性好而且噪声小。

(4) 数据更新率高,短期精度和稳定性好。

惯性导航系统具有以下主要缺点。

(1) 由于导航信息经过积分产生,因此定位误差随时间而增大,长期精度差,容易产生温漂和零漂等问题。

(2) 每次使用之前需要较长的初始对准时间。

(3) 设备的价格较昂贵。

(4) 不能给出时间信息。

任务五　高精度地图

一、高精度地图的概述

1. 高精度地图的概念

高精度地图是指高精度、精细化定义的地图,其精度需要达到厘米级才能够区分各个车道。高精度地图也称为高分辨率地图(High Definition Map,HD Map),是一种专门为智能网联汽车服务的地图。与传统电子地图不同的是,高精度地图除了能提供道路级别的导航信息,还能够提供车道级别的导航信息。无论是在信息的丰富度还是信息的精度方面,高精度地图都远优于传统电子地图。

高精度地图一般指静态的高精度路网信息。动态高精度地图是指包含了道路网上的动态变化信息要素的高精度地图,比如路口红绿灯状态、道路动态通行指标、路网变化情况等。

普通电子地图与高精度地图相比有很大的不同,具体如表5-5-1所示。

表 5-5-1 普通电子地图和高精度地图的差别

项目	普通电子地图	高精度地图
示意图		
要素和属性	道路位置、形态	详细的车道模型
属性	基础导航属性：只记录道路级别的数据，比如道路形状、坡度、曲率、铺设、方向等	高精度地图除了基础导航所需的属性，还包括以下几方面。 道路属性：限速、限高、限重、坡度、信号灯、车道数、起点角度、终点角度等。 车道属性：车道宽、车道线宽、车道线类型、车道线颜色、车道用途等。 转弯参数：最小半径、最小弧长、最大半径、最大弧长、转向、转向角度等。
定位精度	10m，道路级	20cm，车道级
所属系统	信息娱乐系统	车载安全系统
用途	导航、搜索、目视	高精度定位、车道级路径规划、车辆控制
使用者	人，有显示	车载计算机系统，不显示
当前需求	较低、人可以较好地应对	高，计算机难以较好地应对

（1）使用主体不同：普通电子地图的使用者是人，而高精度地图的使用者是车载计算机系统。

（2）用途不同：普通电子地图是用来为人提供导航、搜索和可视化服务的，高精度地图则是直接为车提供高精度定位，辅助智能网联汽车感知、决策和规划的。

（3）所属系统不同：普通电子地图属于带显示屏幕的信息娱乐系统，而高精度地图属于车载安全系统，没有人机交互界面，也不需要人员的介入。

（4）所包含的要素不同：普通电子地图仅仅包含道路中心线、信息点、区域边界、部分交通标识等道路位置和形态信息，高精度地图中则包含完整的道路信息，包括所有车道线、道路部件、道路属性及道路连接设施等丰富全面的信息。

（5）定位精度不同：普通电子地图的精度一般在 10m 左右，因此其导航水平为道路级，高精度地图的精度则需要达到 20cm，其导航水平为车道级。

（6）当前需求的差异性：鉴于驾驶员能够较为有效地应对各种情况，普通电子地图的更新需求相对较低；然而，计算机在处理复杂情况时存在局限性，因此高精度地图的更新需求则显得更为迫切。此外，高精度地图相较于普通电子地图，还必须具备更高的实时更新能力，因为道路网络频繁发生变动，如道路维修、路面标线的磨损与重画、交通标志的更迭等。这些变化必须及时反映在高精度地图中，以保障智能网联汽车的行驶安全。

2. 高精度地图行业现状

高精度地图作为智能网联汽车实现自动驾驶不可或缺的资源，正随着智能网联汽车的快速发展而受到国内外科研机构和各大公司的青睐。在国内，对于高精度地图采集平台与标准的研究集中在百度、高德和四维图新等公司，以及武汉大学、清华大学和上海交通大学等高校；在国外，德国三大车企（宝马、戴姆勒、奥迪）收购 Here 公司共同构建高精度地图，并在美、法、德、日等多国进行高精度地图采集；美国谷歌公司为研发无人车进行了大量的高精度地图采集工作；丰田北美研究院则参考原有低精度地图的信息，将先验的低精度地图信息和传感器采集的高精度信息进行融合，下面简要介绍各地图供应商（简称图商）的高精度地图情况。

1）百度

百度作为拥有从采集设备到数据制作全流程自主技术研发能力的高精度地图供应商，其采集车包括全景和高精两类，其中，全景采集车可满足 ADAS 级别（50cm）的采集需求，车顶搭载 3 台尼康 D810 单反相机，搭配鱼眼镜头，单台可达 3638 万像素，车上配备了 GPS 和 IMU；高精采集车在全景采集车的基础上增加了 45°倾斜的 Velodyne 激光雷达，利用激光雷达的激光点云数据采集车道线、地面喷漆、立面路牌和城市立交等信息，通过激光点云数据和图片数据融合可进行信息提取，精度可达厘米级。目前百度的高精度地图业务已经和广汽、蔚来、威马、长安、本田、长城等车企实现了量产合作。

2）高德

高德地图采集车包括 ADAS 和高度自动驾驶（Highly Automated Driving，HAD）两类，其中，ADAS 采集车安装了 6 个 CCD 摄像头（环形分布 5 个+顶部 1 个），每个摄像头均为 500 万像素，采集数据精度约 50cm。HAD 采集车车顶配置了两个 RIEGL 三维激光雷达（一前一后倾斜安装）和 4 个摄像头（两前两后），采集精度约 10cm，除道路信息外，对人、车等信息的采集也更精准。相机主要负责采集标志牌等道路元素，激光雷达主要负责采集边缘线和车道线等道路信息。

3）四维图新

四维图新采集车搭载了 32 线激光雷达、全景摄像头、GNSS 及惯导等设备，同时搭载自研的时空同步与电流控制系统，以保证采集到厘米级精度的数据。

4）TomTom

TomTom 是一家荷兰的地图厂商，其积极参与研发自动驾驶相关技术，包括将 GPS 导航嵌入自动驾驶汽车，通过驾驶配备有 1 台 Velodyne 激光雷达、1 台 360°全景相机、2 台 SICK 雷达、兼容 GPS 和 GLONASS（俄罗斯的全球卫星导航系统）的高精度天线的福特翼虎，可以独立完成采集任务，实现高度属性化的道路表示，包括车道模型和交通标志等属性、精度可达厘米级。

5）Here

Here 地图从 2015 年开始致力于高精度地图数据采集，是世界上实现高精度地图覆盖里程最多的企业之一。Here 地图的采集车主要配备了 4 个广角 24 兆像素摄像头、旋转式激光雷达（扫描周围 300ft 范围内每个目标上的 700000 个点，1ft=0.3048m）、INS 和 GPS。其中，激光雷达主要获取坡度、车道线和路标等路面信息，地图精度可达厘米级。

2017 年年初，Here 与 MobilEye 建立技术合作关系，此举使 Here 地图获得了更多实时道路信息。

6）DMP

2016 年 9 月，日本的动态地图规划（Dynamic Map Planning，DMP）企业正式开发高精度地图，其地图测量汽车装备移动地图系统 MMS-G220，配合使用 2 台激光雷达、大量摄像头、GPS 和其他传感器，以 40km/h 的巡航速度测绘地图，并以 10cm 的绝对精度捕捉 7m 外的物体，每秒能收集 100 万个数据点。

7）谷歌 Waymo

谷歌作为自动驾驶行业的领军企业之一，利用无人车搭载的可以 360°高速转动的 Velodyne 激光雷达绘制高精度地图，其采集的信息包括车道线、路面基础设施、交通信号灯等，并将这些信息上传至谷歌数据库，精度在 10cm 以内。同时，谷歌街景地图采集时还结合使用了摄像头和激光雷达，最新汽车已配备 15 个镜头和 Velodyne 激光雷达，利用这部分图像信息，有望进一步提高地图精度和简化数据处理过程。

8）MobilEye

MobilEye 声称能够为全球范围内的 25 家知名汽车制造商提供先进且安全的技术解决方案，迄今为止，已有 2500 万辆汽车应用了该技术。同时，13 家汽车制造商正借助 MobilEye 的技术，致力于自动驾驶技术的研发。与 Here 相比，MobilEye 更加侧重于摄像头技术的运用，通过视觉信息来辅助驾驶，并在图像处理方面展现出卓越的性能，其采用的是一种基于众包的视觉制图模式。MobilEye 将数据的采集、云端发送、处理及传回车端的过程统称为"路书"（RoadBook）。

9）Uber

2016 年 2 月，Uber 正式布局自动驾驶汽车领域，同年 5 月，在匹兹堡公路上就进行了测试。测试车配备激光雷达和高清摄像头等传感器，也是以实现自动驾驶为主要目的，并非纯粹的采集车，但能在驾驶过程中收集地图和位置数据。

10）苹果

苹果于 2012 年推出苹果地图和街景地图，其最新一代街景车已升级到搭载 15 个 500 万像素的 CMOS 摄像头。苹果与谷歌类似，其地图数据采集方案也应用了大量的摄像头，同时采用一前一后两个激光雷达倾斜安装的方式，可完整地获取车道线等道路信息。

二、高精度地图的产生

高精度地图的制作过程包括外业采集、云端自动化处理、数据编辑与质量控制、数据编译与发布等步骤，其流程图如图 5-5-1 所示。

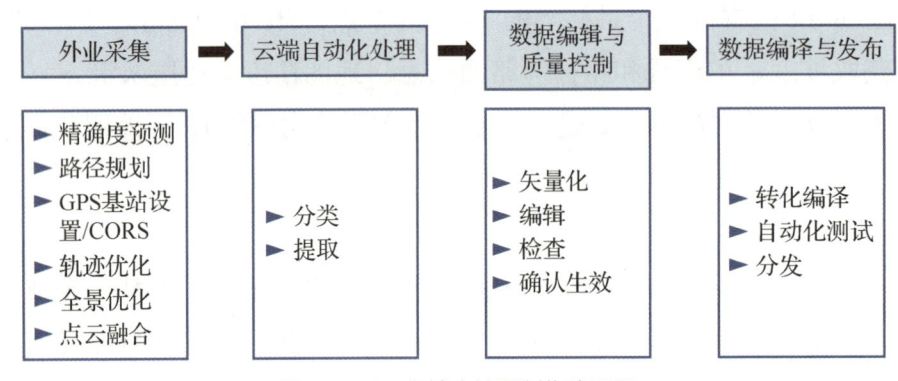

图 5-5-1 高精度地图制作流程图

1. 外业采集（实地采集）

外业采集也称实地采集，是制作高精度地图的第一步。外业采集通过搭载 GNSS、IMU、LiDAR、摄像头等传感器的采集车队来实地采集车道线、地面标志、路沿护栏、交通标志等信息，如图 5-5-2 所示。

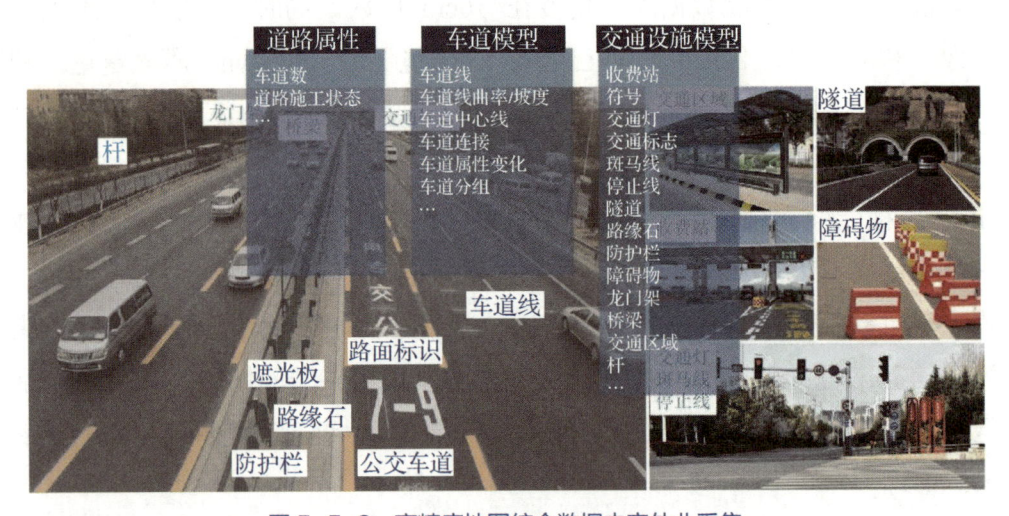

图 5-5-2 高精度地图综合数据内容外业采集

高精度地图数据采集主要通过采集车和众包设备进行采集。

1）采集车的采集

百度高精度地图采集车如图 5-5-3 所示。该采集车搭载了激光雷达、摄像头、差分卫星定位系统和惯性导航系统等核心设备，可以精确识别交通标志、地面标志、车道线、桥梁、灯柱和护栏等。

图 5-5-3　百度高精度地图采集车

高德公司采集车的核心设备是激光雷达、高清摄像头、GPS 天线等设备，如图 5-5-4 所示。它通过激光雷达的激光反射形成点云，完成对环境中各种物体的采集，高清摄像头采集道路实景图像，并通过高精度定位系统（GPS 与 IMU）记录行驶轨迹和环境中物体的高精度位置信息。该采集设备可以把地图数据的相对误差控制在 10cm 以内。

图 5-5-4　高德公司采集车的核心设备

2）众包设备采集

众包设备采集是指地图公司与整车厂合作，将不同品牌大量级的车辆上摄像头获取到的数据作为地图的数据来源，以此保证数据的更新率；随着车载传感设备的普及，地图制作的效率也会逐渐提升。这种收集方式可以改善"由整到零"的采集车采集方式所带来的高成本、速度慢的缺点。目前 2/3 的企业采用的是众包制图模式，众包设备采集已经是高精度地图行业的一个趋势。

比如 MobilEye 与上汽集团、四维图新合作推出的 REM（Road Experience Management）

计划，是通过车辆摄像头以众包的方式上传道路数据，制作高精度地图。同样，车辆可以通过摄像头捕捉到的过路标识及地图数据，实现高精度定位。众包设备的道路场景示意图如图 5-5-5 所示。

图 5-5-5　众包设备的道路场景示意图

2. 云端自动化处理

采集的数据成果进入内业处理流程，数据处理通过点云融合、点云识别和图像识别等 AI 技术自动提取和拟合。在自动融合和识别环节，将采集到的每秒 10 帧左右的图像数据信息自动融合，简单来讲就是将图像、点云、GPS 等数据叠加到一起，进行车道线、信号灯、人行横道、交通标识牌、路杆等道路元素的分类与提取。

另外，在采集过程中，同一条道路上双向采集之后采集到的重复数据也会在这个环节自动进行整合，以删除重复内容。这一步，相当于视频剪辑中的粗剪，只不过是自动完成的。

3. 数据编辑与质量控制

因为自动化处理阶段无法达到完全精准，所以还需要利用高精度地图编辑工具和专业人员对数据进一步处理，该过程主要包括地图矢量化、编辑、检查核对和确认生效等工作。这一步，相当于视频制作中的精剪、输出成片阶段。高精度地图的矢量化过程示意图如图 5-5-6 所示。

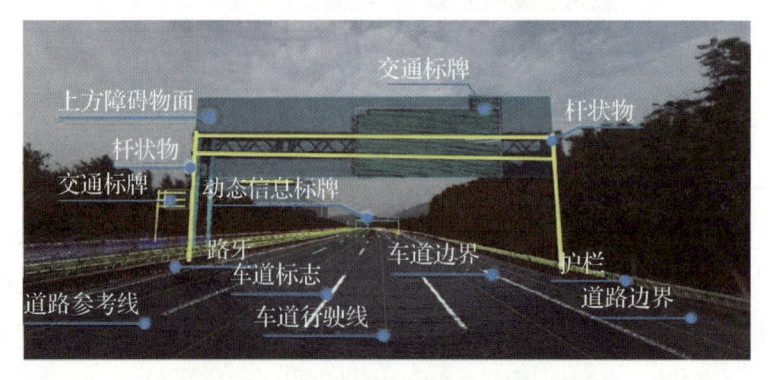

图 5-5-6　高精度地图的矢量化过程示意图

4. 数据编译与发布

完成对数据的编辑与检查后,要对数据进行转换编译,形成矢量母库(高精度地图数据库)。通过自动化测试后,完成高精度地图的生产环节。最后,通过不同平台进行地图的发布。

三、高精度地图的应用

高精度地图拥有准确且丰富的车辆位置信息和道路元素(如标志牌、车道形状等)信息,可以帮助车载传感器更好地完成对环境的感知,为智能网联汽车提供更完备丰富的周边环境信息和更精确的定位。同时,也可视为智能网联汽车先验知识积累形成的长期记忆,帮助汽车预知路面复杂信息,如坡度、曲率和航向等,从而更好地规避潜在的风险。总而言之,高精度地图在智能网联汽车上的主要功能有辅助环境感知、辅助高精度定位、辅助路径规划、辅助决策与控制,如图 5-5-7 所示。可以说智能网联汽车的自动化和智能化等级越高,对高精度地图的依赖性越强。

(a)辅助环境感知

(b)辅助高精度定位

(c)辅助路径规划

(d)辅助决策与控制

图 5-5-7　高精度地图在智能网联汽车上的主要功能

1. 辅助环境感知

高精度地图可对传感器无法探测的部分进行补充。与摄像头、雷达等环境感知传感器相比,在静态物体检测方面,高精度地图不受环境、障碍物等的干扰,当道路环境被其他物体遮挡或超出了传感器感知范围时，高精度地图能够辅助车辆对行进方向上的环境完成超视距感知。

此外，智能网联汽车在感知重构周围三维场景时，可以利用高精度地图作为先验知识，以减少数据处理时的搜索范围。智能网联汽车可以根据当前位置在高精度地图中快速检索出周边的车道标线、地面箭头、文字，以及路边护栏、路牙、标识标牌等信息，同时通过各类传感器的实际探测比对，最终得到准确的固定环境感知。

2. 辅助高精度定位

高精度地图中包含了丰富的对象数据（如车道形状、曲率和标志牌等），车辆通过车载传感器对道路周边进行感知，识别并提取出道路周边的对象，将其与地图中的要素对象进行匹配，并通过 GPS 粗定位信息进行融合，可以实现车辆位置信息的精准定位。

3. 辅助路径规划

普通导航地图仅能给出道路级的路径规划，而高精度地图的路径规划导航能力则提高到了车道级，如高精度地图可以确定车道的中心线，可以保证汽车尽可能地靠近车道中心行驶。在人行横道、低速限制或减速带等区域，高精度地图可使汽车能够超前查看并预先减速。对于汽车行驶时附近的障碍物，高精度地图可帮助智能网联汽车缩小路径选择范围，以便选择最佳避障方案。辅助路径规划依赖的核心数据就是高精度地图的车道级几何和拓扑关系。

4. 辅助决策与控制

高精度地图是对物理环境道路信息的精准还原，可为汽车加减速、并道和转弯等驾驶决策控制提供关键道路信息。此外，高精度地图能给汽车提供超视距的信息，并与其他传感器形成互补，辅助系统对汽车进行控制。

高精度地图被普遍认为是实现 L3 级及以上智能网联汽车不可缺少的关键技术，2018 款凯迪拉克 CT6 通过将高精度地图、摄像头、雷达和惯性导航系统结合使用，实现了 L3 级的辅助驾驶功能。

项目六

智能网联汽车先进驾驶辅助系统认知

任务一　先进驾驶辅助系统概述

一、先进驾驶辅助系统的概念

先进驾驶辅助系统（Advanced Driver Assistance Systems，ADAS）又称为高级驾驶辅助系统，其主要功能是利用安装在车上的各式各样的传感器提前感知车辆及其周围情况并进行分析处理，发现危险及时预警，提醒驾驶员或执行器介入汽车操作，保障车辆安全行驶。图 6-1-1 所示为智能网联汽车先进驾驶辅助系统。

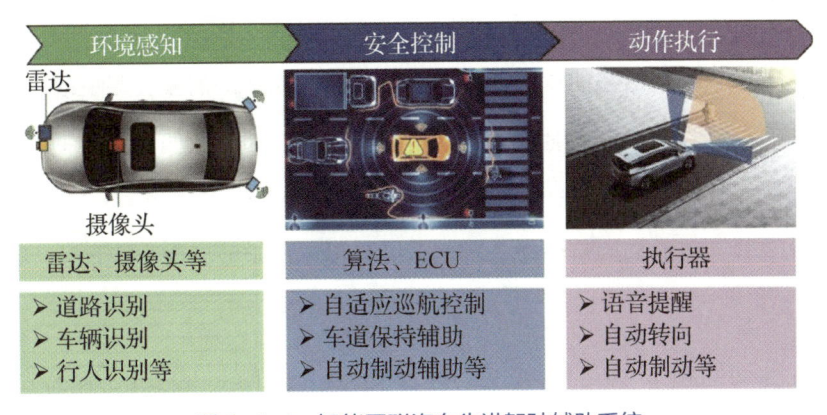

图 6-1-1　智能网联汽车先进驾驶辅助系统

近年来 ADAS 市场总量增长迅速，原来这类系统局限于高端市场，而现在已经进入中端市场，与此同时，许多低技术应用在入门级乘用车领域更加常见，经过改进的新型传感器技术也在为 ADAS 的广泛应用创造新的机会。

智能网联汽车概论

二、先进驾驶辅助系统的类型

先进驾驶辅助系统是智能网联汽车的重要组成部分，是无人驾驶汽车的关键技术和过渡形态。先进驾驶辅助系统按照功能分类主要有三大类：视野改善类、安全预警类、主动控制类。

1. 视野改善类

视野改善是指提高在视野较差环境中的行车安全性。视野改善类ADAS主要有汽车自适应前照明系统、汽车夜视辅助系统、汽车平视显示系统、汽车全景泊车系统等，如表6-1-1所示。

表6-1-1 视野改善类ADAS

系统名称	功能介绍
汽车自适应前照明系统	自动调节前照明系统的工作模式
汽车夜视辅助系统	晚上使用热成像，呈现行人或动物
汽车平视显示系统	将汽车驾驶辅助信息、导航信息、ADAS信息等以投影方式显示在前方，方便阅读
汽车全景泊车系统	360°全景提示

2. 安全预警类

安全预警是指自动监测车辆可能发生的碰撞危险并提醒，从而防止发生危险或减轻事故伤害。安全预警类ADAS主要有汽车前向碰撞预警系统、汽车车道偏离预警系统、汽车盲区检测系统、汽车驾驶员疲劳预警系统等，如表6-1-2所示。

表6-1-2 安全预警类ADAS

系统名称	功能介绍
汽车前向碰撞预警系统	识别潜在的危险情况，并通过提醒来帮助驾驶员避免或减轻碰撞事故的伤害
汽车车道偏离预警系统	在偏离车道时给予驾驶员提示，减少因车道偏离而发生的事故
汽车盲区检测系统	检测盲区内行驶的车辆或行人
汽车驾驶员疲劳检测系统	推断驾驶员的疲劳状态，进行报警提示或采取相应措施

3. 主动控制类

主动控制是指自动监测车辆可能发生的碰撞危险并提醒，必要时系统会主动介入，从而防止发生危险或减轻事故伤害。主动控制类ADAS主要有汽车车道保持辅助系统、汽车自动制动辅助系统、汽车自适应巡航控制系统、汽车自动泊车辅助系统等，如表6-1-3所示。

表6-1-3 主动控制类ADAS

系统名称	功能介绍
汽车车道保持辅助系统	修正即将越过车道标线的车辆，使车辆保持在车道线内

续表

系统名称	功能介绍
汽车自动制动辅助系统	当车辆与前车处于危险距离时，主动产生制动效果让车辆减速或紧急停车，减少因距离过短而发生的事故
汽车自适应巡航控制系统	使车辆始终与前车保持安全距离
汽车自动泊车辅助系统	自动泊车入位

任务二　改善视野类

一、汽车自适应前照明系统

汽车自适应前照明系统（Adaptive Front Lighting System，AFS）是一种照明装置，它能够根据天气情况、外部光线、道路状况及行驶信息来自动改变前照明系统的工作模式，调整照射光线的光形，消除夜间或能见度低时转弯或其他特殊行驶条件下带来的视野暗区，能够为驾驶员提供更宽范围、更为可靠的照明视野，保证驾驶员和道路行人的安全。

汽车有无 AFS 的照明效果比较，如图 6-2-1 所示。可以看出，AFS 的转向灯能够根据转向盘的角度转动，把有效的光束投射到驾驶员需要看清的前方路面上。

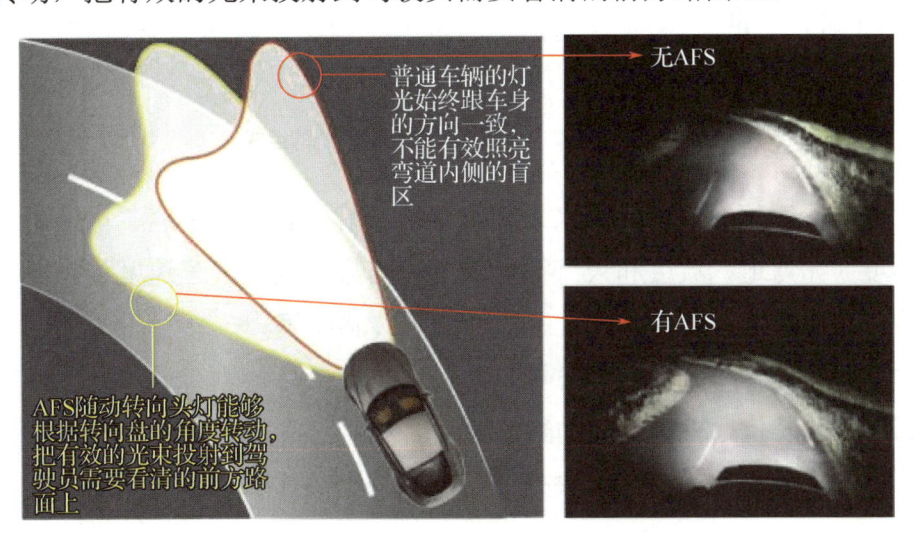

图 6-2-1　汽车有无 AFS 的照明效果比较

汽车自适应前照明系统的主要发展历程如图 6-2-2 所示。

1. 汽车自适应前照明系统的组成

汽车自适应前照明系统主要由传感器单元、传输单元、控制单元（ECU）和执行单元组成，如图 6-2-3 所示。

第一代AFS

第一代自适应大灯即自动转向大灯，简称AFS，主要有上下左右（或只有上下）调整功能。上下功能可以根据车身俯仰情况，实时调节大灯的照射高度以防产生炫目；左右功能可以根据转向盘的转动角度，实时旋转大灯，优化驾驶员视野。

第二代全功能AFS

第二代自适应大灯又叫全功能AFS，能够使灯光分布根据摄像头等传感器所反馈的道路状况、行车状况、天气状况做出调整，以达到最佳照明效果，从而增强驾驶的安全性和舒适性，其有城镇模式、高速模式和恶劣天气模式。

第三代智能远光ADB

第三代自适应大灯也就是ADB（Adaptive Driving Beam），其相比AFS进一步提升了大灯的性能，比如在大灯内增加挡光片/导元柱，或者将氙气灯升级为LED矩阵大灯。ADB能在最大程度保证驾驶员视野的同时不产生炫目。当对面没有车辆时，开启远光灯；当对面有车辆时，自动调节头灯内的挡光片挡住部分远光，从而防止产生炫目；并且能够随着不同的路况实时地调节光型，具有城镇、乡村等模式。

图 6-2-2　汽车自适应前照明系统的主要发展历程

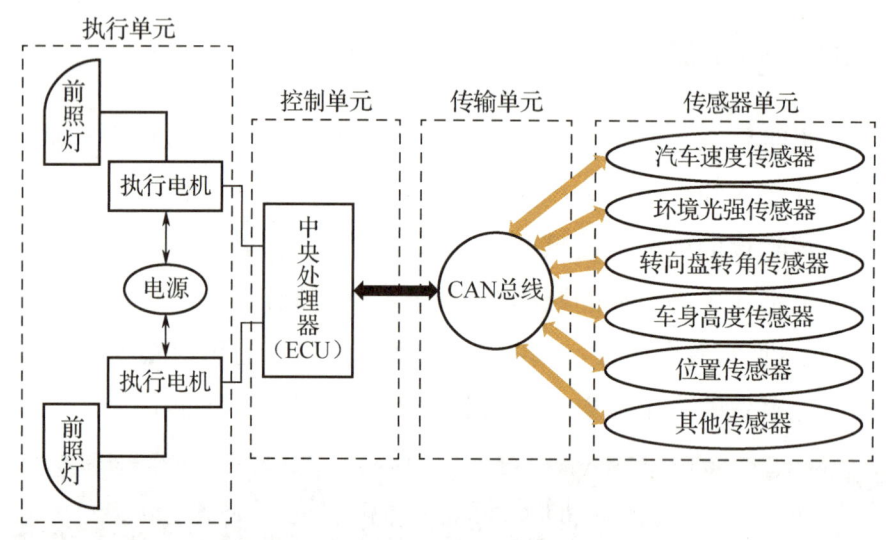

图 6-2-3　汽车自适应前照明系统的组成

（1）传感器单元。传感器单元用来采集车辆的当前信息（如车速、车辆姿态、转向角度等）和外部环境（如弯道、坡度和天气等）的变化信息，包括汽车速度传感器、环境光强传感器、转向盘转角传感器、车身高度传感器、位置传感器等。

（2）传输单元。传输单元负责把各种传感器采集的信息传输给中央处理器，实现内部控制与各种传感器检测及执行机构之间的数据通信。

（3）控制单元。控制单元中的中央处理器需要对车辆行驶状态进行综合判断，并输出脉冲变量给执行单元。

（4）执行单元。中央处理器输出信号给执行单元的执行电机，调节前照灯的照射距离和角度，为驾驶员提供更广阔的视野，保障行车安全。

2. 汽车自适应前照明系统的工作原理

汽车自适应前照明系统实现的基本原理是通过安装在车辆上的各种传感器采集汽车动态信号参数（车速、姿态、转角、位置等），经过控制单元的分析判断和算法运算产生控制信号，执行单元接收信号并控制前照明系统运转。

该系统的主要功能可通过以下方法实现。

（1）系统通过开关器件获取功能开关信号，通过汽车速度传感器获取车速信号，通过转向盘转角传感器获取转角信号，通过车身高度传感器获取姿态信号等。经过巡检算法判断，如果前照灯需要进行转动，系统会先根据角度算法计算出需要转动的角度，然后通过控制单元输出控制信号，控制水平和垂直安装的步进电机转动，最后通过机械传动机构实现前照灯转动，让照明光束始终与道路保持一致，这样驾驶员就能够清楚地看到即将出现的弯道上的路况，以便及时采取预防或紧急避险措施。

（2）系统通过获取大灯开关器件信号和环境光强传感器的光照强度信号，对前照灯开关进行控制，系统会设置一个光照阈值，当光照强度小于阈值时，系统自动延时打开前照灯；当光照强度大于阈值时，系统自动延时关闭前照灯。

（3）系统在前照灯初始化置位时，通过获取霍尔位置传感器的位置信号，判断前照灯实际运行的角度与控制单元输出角度之间的误差，如果误差不大，则通过角度 PD 调节算法对误差进行调节；如果误差过大，则说明前照灯出现了故障，系统会产生故障报警信号提醒驾驶员前照灯出现故障。

（4）系统通过液晶显示装置实时显示系统的工作状态，包括车速状态、转向盘转角状态、车灯转角状态等。

3．汽车自适应前照明系统的功能

汽车自适应前照明系统可根据路况随时调整光型的方向和高度，以适应不同路况对前照灯的要求，从而提高驾驶的安全性与舒适性。图 6-2-4 所示为汽车自适应前照明系统不同工作模式下的照射光形。

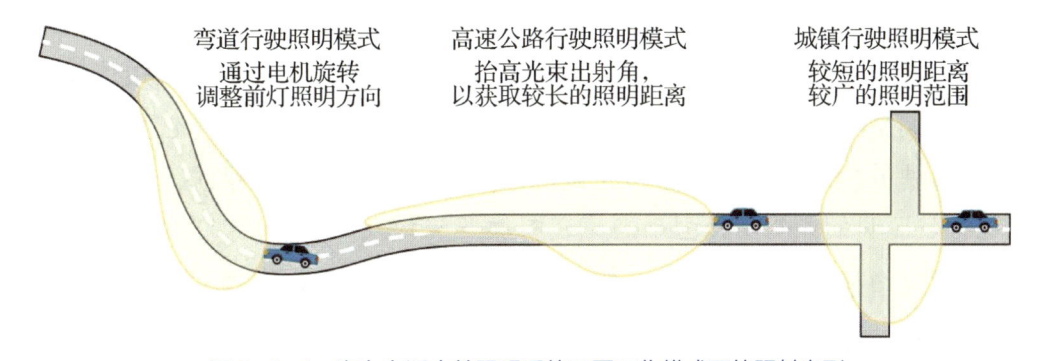

图 6-2-4 汽车自适应前照明系统不同工作模式下的照射光形

其照明模式主要有基础照明模式、弯道行驶照明模式与增强型动态弯道行驶照明模式、城镇行驶照明模式、高速公路行驶照明模式、乡村道路行驶照明模式和恶劣天气照明模式等。

1）基础照明模式

车辆在行驶过程中，当道路状况及环境气候均处于正常状况时，汽车自适应前照明系统的工作模式相当于传统的汽车照明系统，汽车自适应前照明系统不进行任何调整。当环境光

强传感器检测到外界光线变化时，汽车自适应前照明系统会根据感知的光线强度来决定是否补充光照强度以满足驾驶要求。

汽车经常会行驶在坡路上，有时即使是在平坦的道路上，由于汽车载重或突然的加速或制动，都会导致车身发生俯仰，车身的俯仰一定会造成前照灯照射的高度发生变化（见图 6-2-5）。汽车自适应前照明系统通过对车身姿态信号的判断，会自动调整大灯的照射高度，使其保持正常的照射范围。

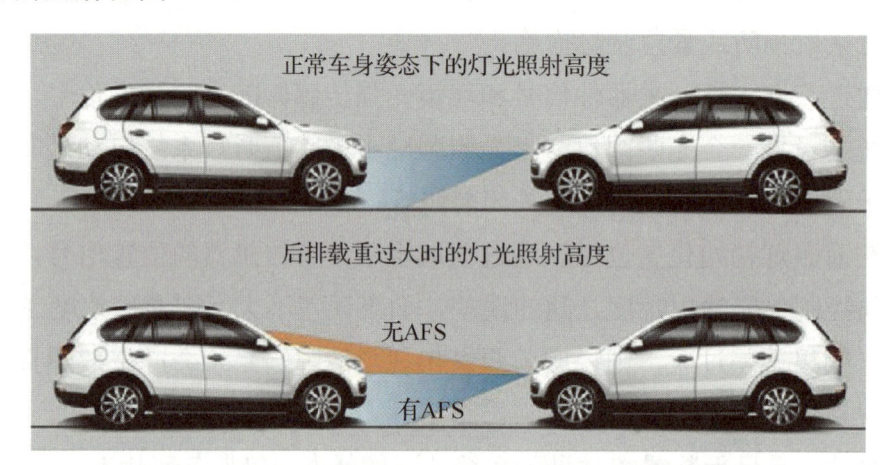

图 6-2-5　汽车后排载重过大时有无 AFS 的灯光照射对比图

在汽车正常行驶过程中，前照灯光轴在水平位置。当车身发生后仰时，前照灯的照射光线就会抬高，光线抬高会使远处的照射光线发散，造成驾驶员视野模糊，不能清晰地辨认远处的行人和物体，一旦发生紧急情况，就没有足够的时间来保证行车安全。当车身发生前倾时，前照灯的照射光线降低，从而导致照明范围缩小，驾驶员不能及时地发现前方路况，严重影响了行车安全。在这种行车条件下，车身高度传感器能够检测到汽车前后高度的变化，结合车速传感器采集到的车速信息，系统根据汽车前后高度的变化量及轴距计算出车身俯仰角的差值，从而调整汽车前照灯的纵向角度，使前照灯光轴恢复到水平位置以提供最佳的照明条件，确保驾驶员在该情况下有足够的视野来判断前方的路况，保证行车安全。

2）弯道行驶照明模式与增强型动态弯道行驶照明模式

车辆转弯时应增强弯道内侧照明，转向灯开启时激活或根据车速与转向盘转角判断激活弯道行驶照明模式，角灯提供 100% 的亮度进行补光辅助（见图 6-2-6），使驾驶员及时发现弯道上的路况，从而避免交通事故的发生。

增强型动态弯道照明模式是根据车辆速度、转弯角度、车身横摆角速度综合计算，通过像素大灯的远近光模组和角灯增强弯内侧近光亮度（对弯心和"下一帧视野"进行动态补光），照明效果更佳（见图 6-2-7）。汽车向左转弯时，左侧前照灯向左偏转一定角度，右侧前照灯不动；汽车向右转弯时，右侧前照灯向右偏转，左侧前照灯不动。这种照明模式既保证了汽车在弯道上行驶时弯道内侧的亮度，又保证了前进方向的照明。

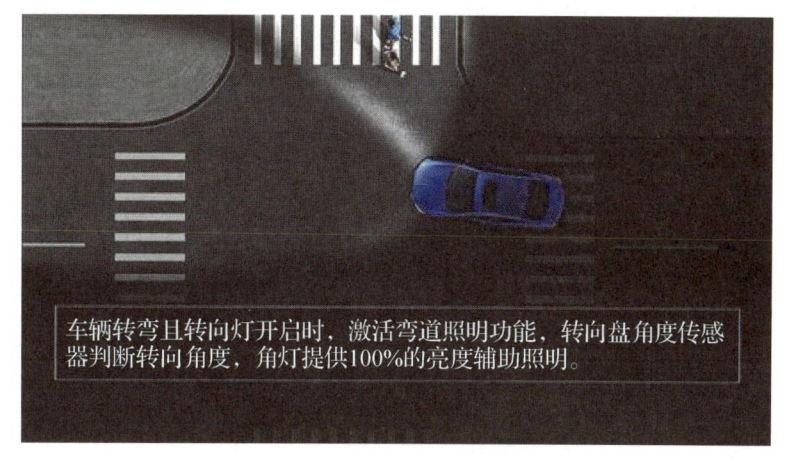

图 6-2-6　弯道照明行驶模式

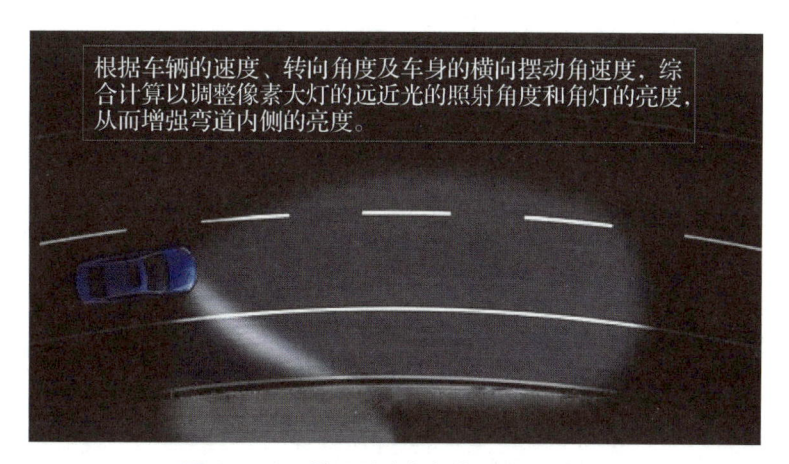

图 6-2-7　增强型动态弯道行驶照明模式

3）城镇行驶照明模式

城镇道路行车的特点是车速较低，车流量和人流量都很大，外界照明条件好，十字路口多，发生随机性事故的可能性较大。在这样的道路上行车，要求视野清晰，并防止眩光。车速较低时，角灯会以约 20%的亮度进行点亮，这一设计旨在为城市道路、交叉路口及行人提供更广泛的照明，以增强安全性（见图 6-2-8），有效地避免了与岔路中突然出现的车辆、行人可能发生的交通事故。

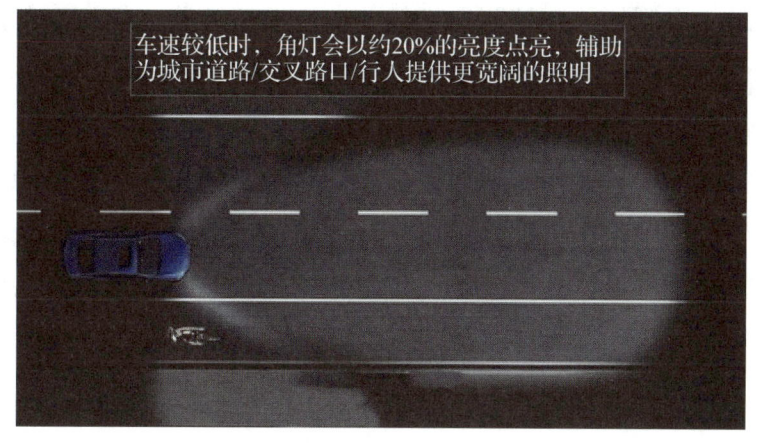

图 6-2-8　城镇行驶照明模式

4）高速公路行驶照明模式

高速公路上行车的特点是车速快，车流量相对较小，侧向干扰少。这样的行车特点要求前照灯光线照射距离足够远，以保证前方出现状况时驾驶员有足够的时间采取措施。在高速公路上行车，汽车灯光的照射距离应该与车速成正比关系，汽车灯光的照射距离要大于驾驶员的反应距离和制动距离的总和。

汽车行驶在高速公路上时，当车速传感器检测到车速大于 70km/h，并根据 GPS 判断其为高速行驶模式时，系统自动开启高速公路行驶照明模式。汽车前照灯照射光线会随着车速的增加在垂直方向上抬高，使光线能够照射得更远，保证驾驶员能够在安全距离之外发现前方的车辆（见图 6-2-9）。

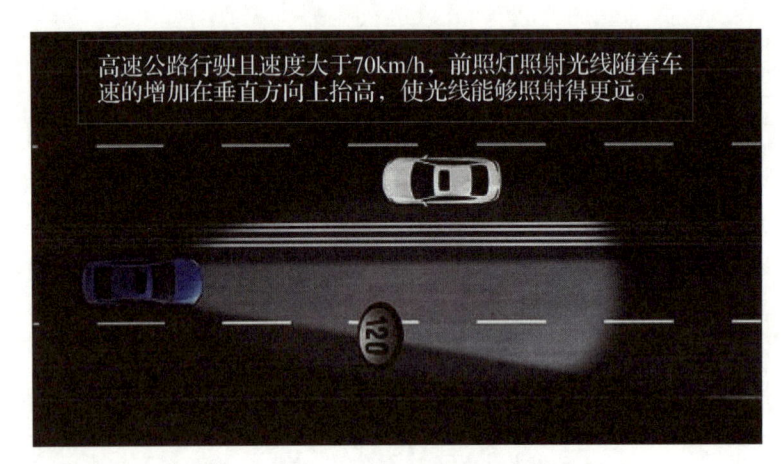

图 6-2-9　高速公路行驶照明模式

5）乡村道路行驶照明模式

乡村道路的照明条件差，岔路口多，路况复杂，路边障碍物不容易被发现；道路狭窄，起伏不平，容易造成行车时车身倾斜，从而导致前照灯俯仰角发生变化，引发交通事故。

AFS 工作在乡村道路行驶照明模式时，通过环境光强传感器、车速传感器和 GPS 来判断外界行驶条件，以决定是否开启乡村道路行驶照明模式。在乡村道路行驶照明模式下，系统通过增大左右前照灯的输出功率及增强光照亮度来补充照明。依据右侧行车的交通法规，车辆在乡村道路行驶时，右侧的前照灯照射光线要向右偏转一些，拓宽右侧道路的照明范围，使灯光能够照射到路面边缘（见图 6-2-10）。

6）恶劣天气照明模式

恶劣天气照明模式主要针对的是阴雨天气，此时地面的积水会将前照灯打在地面上的光线反射至对面车驾驶员的眼睛中，使其眩目，进而可能造成交通事故。在阴雨天气下行驶的车辆，AFS 根据检测路面湿度、轮胎滑移及雨量传感器，判断系统状态为雨天模式，AFS 驱动垂直调高电机，降低前照灯垂直输出角，自动调整各颗 LED 的发光强度，以实现更优的照明效果，降低路面的反光，改善驾驶员视野（见图 6-2-11）。

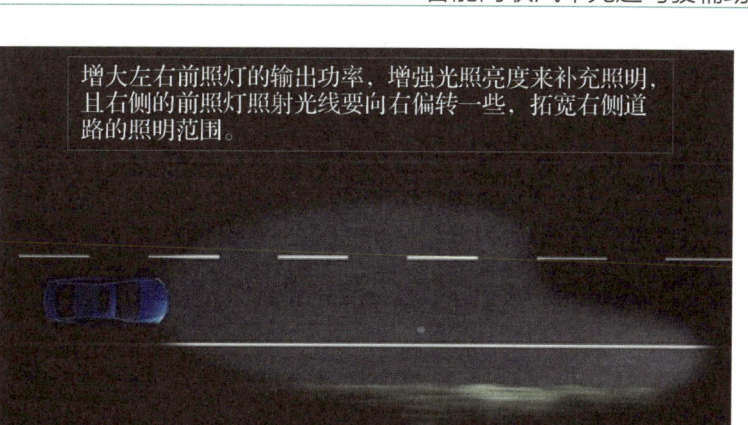

图 6-2-10　乡村道路行驶照明模式

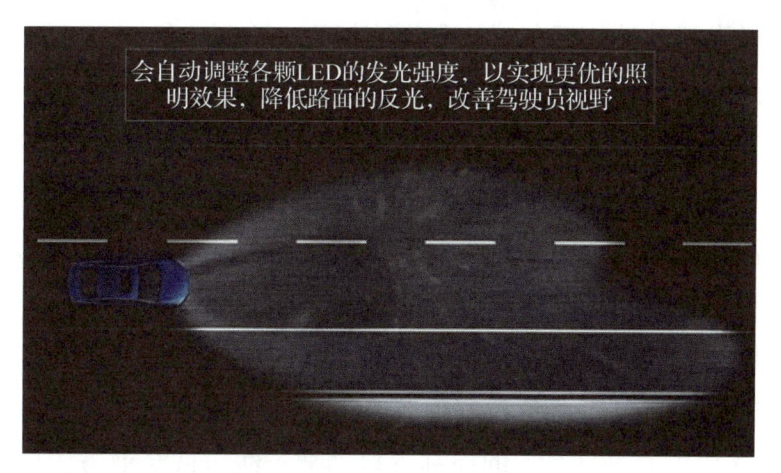

图 6-2-11　恶劣天气照明模式

4. 汽车自适应前照明系统的应用

目前，汽车自适应前照明系统主要用在豪华轿车上，如奔驰、奥迪、宝马、别克、雷克萨斯等车型上。

1）奔驰自适应前照明系统

奔驰自适应前照明系统也称 LED 智能照明系统，如图 6-2-12 所示，其采用 LED 作为光源。

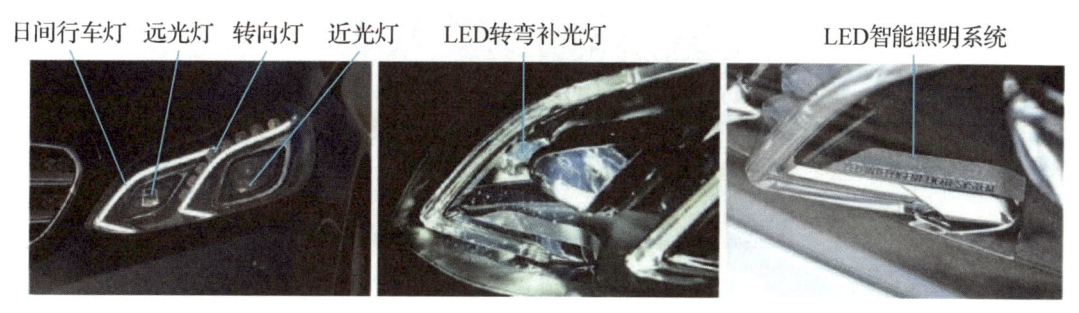

图 6-2-12　奔驰 LED 智能照明系统

奔驰 LED 智能照明系统有 5 种发光模式，分别是乡村道路照明、高速公路照明、增强型雾灯、主动转弯照明和弯道辅助照明。

（1）乡村道路照明。该模式能够更加宽阔地照亮驾驶员一侧的路面，从而使驾驶员在黑暗中更容易判断前方路况，以便能够在其他车辆或人员穿越其行车路径时更容易做出反应。

（2）高速公路照明。夜间在高速公路上行驶，车速达到预设的速度时，LED大灯的亮度会比传统模式下的近光灯增加60%的照明度。其划分出了两挡：在车速为90km/h时，一挡自动激活，可有效改善夜间高速公路行车的远距离视野；当车速超过110km/h时，二挡启用，照明范围进一步增强，识别距离再次加大，光锥中心的可见度比传统模式下的近光灯照射距离增加了50m。

（3）增强型雾灯。其旨在提升在恶劣天气条件下的行车安全。在遭遇浓雾、雾霾等低能见度天气时，若车速在70km/h以下，且后雾灯已启动，该功能将自动启动以提供更广泛、更清晰的视野，从而增强驾驶员的行车感知和反应能力。

（4）主动转弯照明。根据不同的车速和转向角，主动转弯照明会自动开启。此时主动大灯可迅速向转弯方向转动（最大可达15°），增强转角方向的照明效果约90%。

（5）弯道辅助照明。当车速低于40km/h时，转动转向盘或使用转弯信号灯时，弯道辅助照明功能会被自动激活。此时会照亮汽车前方侧面约65°、大约30m远的照射区域。对比传统车灯技术，能够更早地发现横穿道路的行人。

除以上5种照明模式外，奔驰还为新E级推出了增强型自适应远光灯的功能。其可实现远光灯在持久照明的同时，有效避免对其他车辆或行人造成的眩光干扰。通过车前立体多功能摄像头探测，LED灯组会在ECU的控制下自动把光线压低至前方同向或对向车辆之下，使其他车辆不受远光灯影响。根据交通流量及道路照明条件的不同，远光照射距离可以从65m一直延伸至300m。

2）别克自适应前照明系统

从外观看，智能像素前照灯有6个照明单元：角灯、广角近光模组、84像素远近光一体式模组、日间行车灯、位置灯和转向灯，如图6-2-13所示。该车灯的光源均为LED。广角近光模组依靠LED前面的透镜将光打出去。

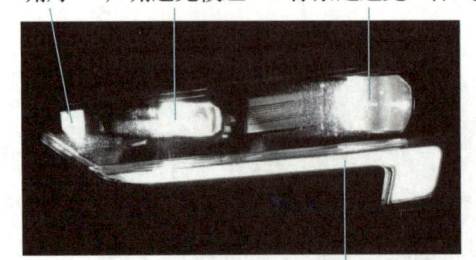

图6-2-13 智能像素前照灯的6个照明单元

84像素远近光一体式模组如图6-2-14所示，它是智能像素前照灯最核心的部件。在透镜的辅助下，其最远照射距离高达400m。该模组的光源是84颗具有独立分区开闭能力的LED。

在软件的控制下,可实现分区照明;再结合广角近光模组和角灯,照明功能就会变得更智能、更精准。

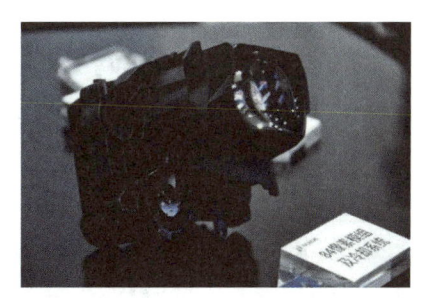

图 6-2-14 84 像素远近光一体式模组

当探测到同向车辆时,它会关闭前方车辆所在区域的光束,并能随着距离的变化不断调整"暗区",以确保不会使前方车辆的驾驶员产生眩目;当探测到迎面来车时,车灯同样会立刻响应,随着会车结束,LED 会重新亮起,实现智能防眩目功能,如图 6-2-15 所示。

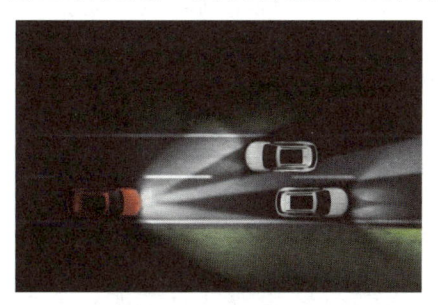

图 6-2-15 智能防眩目功能

智能像素前照灯当中的角灯位于大灯总成的最里端。当处于市区模式或转弯模式时,它负责车身侧面的照明。各种照明模式都是自动控制的。

在较高的车速下,车灯"集中火力"向前照射,此时角灯并未点亮。在车速较慢的情况下,角灯点亮,但只点亮了 20%,让驾驶员可以看到左右两侧的路况。如果驾驶员转动转向盘,则角灯的亮度会从 20% 提升到 100%,将车左或车右的侧面照射得清清楚楚。

图 6-2-16 表现的是角灯开启之前与开启之后的不同场景。由此可见,它为驾驶员提供了更为开阔的视野。

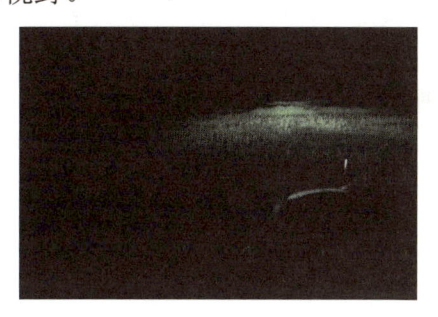

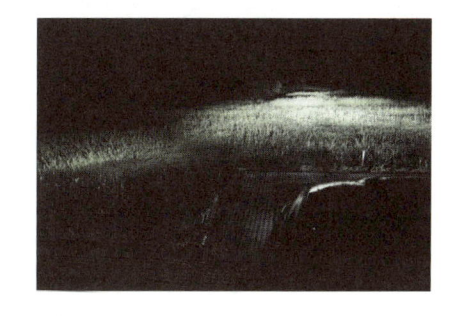

(a)角灯开启之前　　　　　　　(b)角灯开启之后

图 6-2-16 角灯开启之前与开启之后的不同场景

二、汽车夜视辅助系统

1. 汽车夜视辅助系统的定义

汽车夜视辅助系统是一种利用红外成像技术辅助驾驶员在黑夜中看清道路、行人和障碍物等，减少事故发生，增强主动安全的系统。汽车夜视辅助系统及其功能按键图标如图 6-2-17 所示。

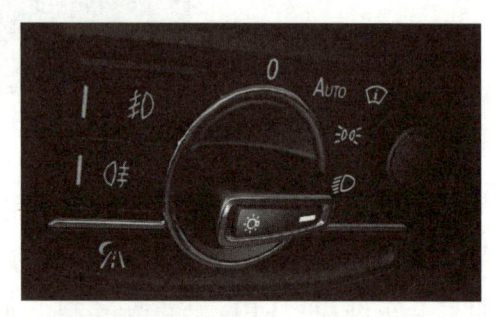

图 6-2-17 汽车夜视辅助系统及其功能按键图标

按照工作原理不同，汽车夜视辅助系统可以分为主动夜视辅助系统和被动夜视辅助系统两种。

1）主动夜视辅助系统

主动夜视辅助系统采用主动红外成像技术，把目标物体反射或自身辐射的红外辐射图像转换成人眼可观察的图像，这种系统本身必须具备光源，不发出热量的物体也可以被其看到。该系统通过图像处理提高清晰度，使道路标志清晰可见。

2）被动夜视辅助系统

被动夜视辅助系统采用热成像技术，基于目标与背景的温度和辐射率差别，利用辐射测温技术对目标逐点测定辐射强度而形成可见的目标热图像，这种系统本身没有光源，仅依靠对物体本身发出的光线进行识别，看不清或看不到不发出热量的物体。其图像清晰度取决于天气条件和时间段，图像与实际景象不完全符合。

2. 汽车夜视辅助系统的组成及原理

汽车主动夜视辅助系统主要由红外发射单元、红外成像单元、控制单元（ECU）和图像显示单元等组成，如图 6-2-18 所示。

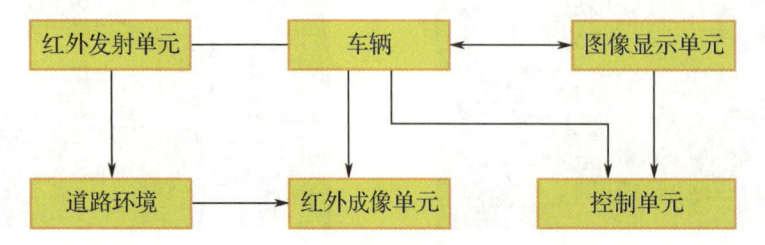

图 6-2-18 汽车主动夜视辅助系统的组成

（1）红外发射单元。红外发射单元位于两个前照灯内，当它被激活时，产生的红外线用于照射车辆前方区域，相应的夜视图等同于在远光灯下透过挡风玻璃所见到的情景。

（2）红外成像单元。红外成像单元主要是红外图像摄像头，先记录车辆前方区域内的图像，并提供其探测范围内是否存在行人或障碍物的信息，然后通过数字视频线将数据发送给控制单元。

（3）控制单元。控制单元首先分析红外成像单元传来的数据，再通过集成化数据处理，将画面传输给图像显示单元，其中识别的行人和动物以高亮度显示。一般对于数字化的 CCD 摄像头，采集到信号后，会先进行必要的去噪声、信号增强等处理，然后送给图像显示单元。

（4）图像显示单元。图像显示单元接收控制单元传来的信号并显示，驾驶员就可以清晰地看到前大灯照射范围之外的景物，从而避免出现意外。

汽车被动夜视辅助系统没有红外发射单元，主要由红外成像单元、控制单元和图像显示单元等组成。

3. 汽车夜视辅助系统的工作原理

1）汽车主动夜视辅助系统的工作原理

汽车主动夜视辅助系统将摄像头安装到汽车前大灯，通过卤素灯泡照射，使用多套照射系统和摄像头来识别红外反射波，利用目标反射红外光源。红外光源发出的短红外线主动照射目标（主动发射式探测距离为 150~200m），红外 CCD 探测器接收目标反射的短红外光线，通过 ECU 处理后，可以把图像信息传递给驾驶员。汽车主动夜视辅助系统对比分辨度高，且图像较清晰、可靠。由于它不依靠物体的热源，因此即使不发热的物体也能清晰地被看到，如道路上的行人、车辆、道路标志牌等都可以被发现。

2）汽车被动夜视辅助系统的工作原理

汽车被动夜视辅助系统利用热成像摄像头接收人、动物等发热物体发出的不同的红外热辐射（远红外线），并映射出不同的图像，对图像进行放大和处理后输出。不同物体对红外线的反射程度强弱不同，行人、动物等可以发热的物体在反射中特别突出，通过传感器的捕捉，带有热源的物体影像就会输出到车载显示屏上。被探测到的物体看起来就像是照相机的底片一样。但是汽车被动夜视辅助系统本身无法克服的缺点是，对于无生命、无热源特征的目标，比如道路的标志牌、车道线、车道护栏等物体，汽车被动夜视辅助系统无法检测到图像。此外，由于汽车前挡风玻璃不能传输长波的远红外线，因此摄像头须安装在车外，需经常清洁，且在汽车前端碰撞时易受损伤。

在汽车被动夜视辅助系统中，关键零部件是红外摄像头，它与汽车主动夜视辅助系统的红外摄像头原理相同，但接收对象存在差异，因此其软硬件设计也有不同。汽车主动夜视辅助系统的红外摄像头主要接收物体对红外光源的反射光线，而汽车被动夜视辅助系统的红外摄像头主要接收物体本身发出的红外辐射。汽车被动夜视辅助系统的红外摄像头主要装配于车辆前保险杠，一般安装在一个防撞击的盒子里，挡风玻璃清洗系统同时负责摄像头的清洁。当外界气温低于 5℃时，镜头盖则被加热，拍摄距离能到 300m 以上，部分车型的红外摄像头也可以随着车速的增加，通过镜头焦距的改变使得远距离的目标放大，使目标更清晰。

汽车主动夜视辅助系统的探测距离为 150～200m，而汽车被动夜视辅助系统的探测距离则能到 300m 以上，如果在高速公路上，时速为 120km 时，那么汽车被动夜视辅助系统能比汽车主动夜视辅助系统提前 5s 发现行人和障碍物。

4. 汽车夜视辅助系统的应用

目前，汽车夜视辅助系统正广泛应用于众多品牌车型，诸如宝马、奥迪、奔驰等。宝马与奥迪的部分车型配备了汽车被动式夜视辅助系统，而奔驰部分车型则装配了汽车主动式夜视辅助系统。

1）奥迪 A8L 的汽车夜视辅助系统

奥迪 A8L 的汽车夜视辅助系统的主要元件是控制单元和摄像头。控制单元是汽车夜视辅助系统的核心，位于左前座椅前方的汽车底板内，装在那里的一个塑料盒内，如图 6-2-19 所示。

图 6-2-19　奥迪 A8L 的汽车夜视辅助系统的控制单元

汽车夜视辅助系统的控制单元主要完成以下任务：处理汽车夜视辅助系统摄像头的原始图像；识别出热敏图像上的人并将其做上标记；持续不断地对摄像头图像进行分析，并测算车辆与识别出的行人碰撞的可能性；在识别出有碰撞危险时发出警告；将已处理完的热敏图像传送给组合仪表；使用 CAN 扩展总线接收并处理汽车夜视辅助系统所需要的数值和信息；为摄像头供电（蓄电池电压）；持续地对系统进行诊断，并将识别出的故障记录到故障存储器内；通过测量数据块、自适应和执行元件诊断来帮助查找汽车夜视辅助系统故障；通过软件对售后和生产中的系统进行校准；行车中在某些条件下进行动态校准；存储用户对汽车夜视辅助系统所做的设置（与钥匙对应）。

奥迪 A8L 的汽车夜视辅助系统的摄像头是一种红外热图像摄像头，如图 6-2-20 所示。

- 该摄像头为红外热敏图像摄像头
- 分辨率为320像素×240像素
- 每秒20帧照片
- 摄像头内存储的是上次的校准数据
- 坚固的锗制保护窗
- 环境温度低于6℃时会对锗制保护窗进行加热
- 由一个单独的喷嘴来清洁锗制保护窗
- 锗制保护窗与盖是一个修理包

盖　锗制保护窗　　摄像头的镜头　加热元件

图 6-2-20　奥迪 A8L 的汽车夜视辅助系统的摄像头

该摄像头配有自己的运算器，除了录下原始图像并把图像传给控制单元，还要储存校准数据。这些校准数据并不是存储在控制单元内，而是存储在摄像头内的。这样，在更换损坏的汽车夜视辅助系统控制单元后，就不必重新进行校准。该摄像头的图像是黑白图像，其分辨率水平为320像素，垂直为240像素，每秒20帧照片。该摄像头的探测范围约300m，摄像头的水平探测视角约为24°（见图6-2-21）。

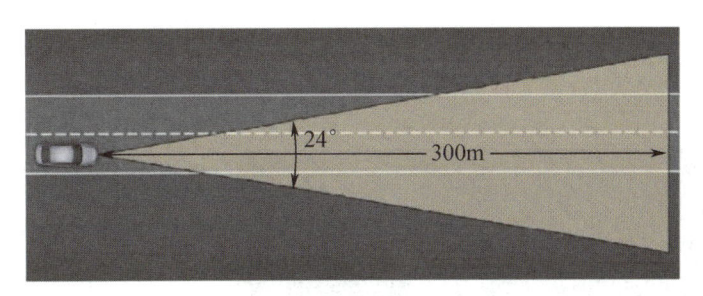

图6-2-21 摄像头的探测范围和水平探测视角

奥迪A8L的汽车夜视辅助系统的摄像头安装在车辆散热器隔栅的奥迪环中，如图6-2-22所示。

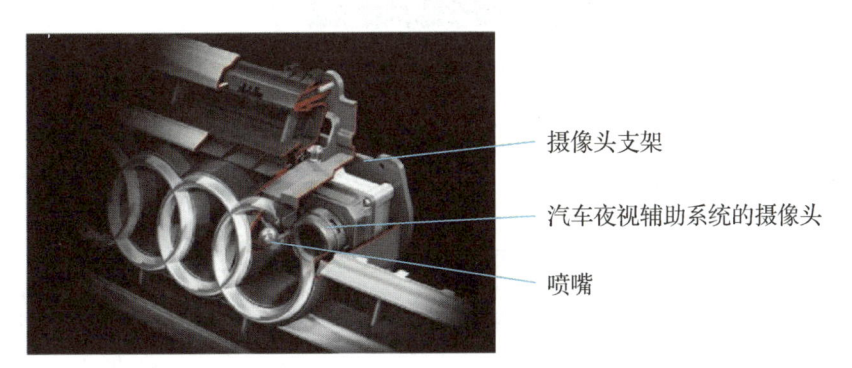

图6-2-22 奥迪A8L的汽车夜视辅助系统的摄像头安装位置

奥迪A8L的汽车夜视辅助系统（见图6-2-23）除了可以让驾驶员看清近光灯照不到的黑暗中的交通标牌、弯道、车辆、障碍物等会造成危险的事物，正确判断前方道路的情况，还可以通过远红外热成像摄像头捕捉到车辆前方24°内、300m以内的热源（包括人和动物），让驾驶员提前做出反应，避免交通事故的发生。当热源（人或动物）出现在捕捉范围内时，系统会将拍摄到的热信号送交电控单元处理，处理后的图像就会在仪表盘的显示器中显示出来。当行人有横穿车辆前方的趋势时，系统会迅速做出判断并以红色突出显示，同时发出声音警告。

图6-2-23 奥迪A8L的汽车夜视辅助系统

161

奥迪A8L的汽车夜视辅助系统是全天候的电子眼，在雨、雪、浓雾天气时，能将公路上的物体及路旁的一切尽收眼底，这大大提高了汽车行驶的安全性。

2）奔驰的汽车夜视辅助系统

奔驰的汽车夜视辅助系统名为"Night View Assist Plus"，如图6-2-24所示。它是目前汽车夜视辅助系统中比较先进的。这套系统为主动红外照射，也就是所谓的短红外。这套系统并不依赖热源，而是通过使用多套照射系统和摄像头来识别红外反射波，并将识别后的数据以图像的形式传递给驾驶员。

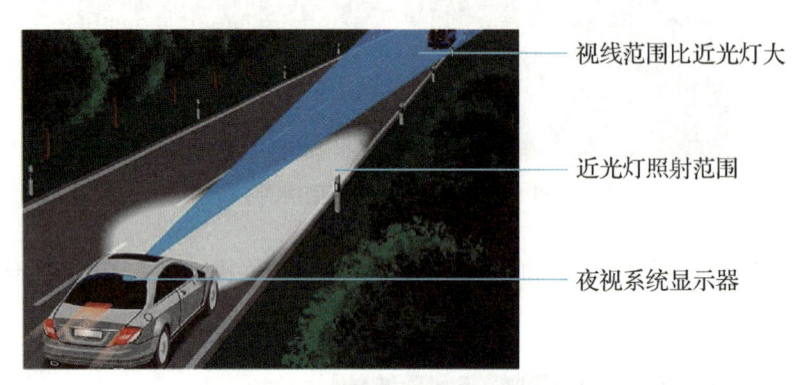

图6-2-24 奔驰的汽车夜视辅助系统

3）奥迪与奔驰的汽车夜视辅助系统的优缺点

奥迪与奔驰的汽车夜视辅助系统的优缺点如表6-2-1所示。

表6-2-1 奥迪与奔驰的汽车夜视辅助系统的优缺点

系统	奥迪的汽车夜视辅助系统（被动式）	奔驰的汽车夜视辅助系统（主动式）
优点	探照距离远；成像稳定，几乎不会被干扰	成像清晰（晚上能看清楚车辆型号，甚至能看清人的面容）；行人标注明显
缺点	不显示物体细节，所有的车和行人只能看到一个轮廓（不能辨别男女）	外界光线会干扰夜视系统；夜视距离不够远

三、汽车平视显示系统

1. 汽车平视显示系统的定义

汽车平视显示系统也称抬头显示系统（HUD）。它利用光学反射原理，将汽车驾驶辅助信息、导航信息、检查控制信息及ADAS信息等，透过镜片的定位技术，将图像投射到改进过的前挡风玻璃上，让影像犹如飘浮在汽车发动机盖上，大约位于驾驶员前方2m远的位置，这样驾驶员无须低头就可随时看清各种行车信息，以及导航路况引导等，从而提高行车安全性。汽车平视显示系统如图6-2-25所示。

图 6-2-25　汽车平视显示系统

2. 汽车平视显示系统的组成

汽车平视显示系统主要由图像源、光学系统和图像合成器等组成，如图 6-2-26 所示。

图像源 → 光学系统 → 图像合成器

图 6-2-26　汽车平视显示系统的组成

（1）图像源。图像源一般采用液晶显示屏，实现 HUD 的各种功能，并输出视频信号。

（2）光学系统。光学系统将视频信号投射出去，并且可以调节大小、位置等参数。

（3）图像合成器。一般将前挡风玻璃作为图像合成器，把外部景物信息和内部投影信息合成到一起。投射的图像在前挡风玻璃上发生反射，以达到和前方路况信息叠加、融合的效果。

因此，带汽车平视显示系统的车辆安装的是特制的前挡风玻璃，其与传统前挡风玻璃的区别在于，该类前挡风玻璃的两侧扁平玻璃中间的 PVB（聚乙烯醇缩丁醛）膜的厚度不是恒定不变的，而是略微呈楔形，这样的结构使驾驶员不会看到重影。

3. 汽车平视显示系统的分类与结构

汽车平视显示系统与使用的光线系统结构密切相关。根据光学系统结构不同，可以分为前挡风玻璃映像式汽车平视显示系统、前置反射屏式汽车平视显示系统、自由曲面汽车平视显示系统、菲涅尔透镜汽车平视显示系统、与仪表盘相结合的汽车平视显示系统等。

前挡风玻璃映像式汽车平视显示系统是最基本也是使用最为广泛的结构，如图 6-2-27 所示。从图像源发出的光经投影透镜折射和前挡风玻璃反射与外部的景物光一同进入人眼，人眼沿着光线的反向延长线观察到位于前挡风玻璃左侧的虚像，从而保证驾驶员能够在观察前方路况信息的同时也能观察到仪表盘上的信息。前挡风玻璃一方面能透射外部景物光，另一方面又能反射图像源经过投影透镜的光。这种系统的优点是在能够观察到投影像的同时，允许驾驶员的头部在一定范围内移动；缺点是图像小，亮度低，视场角小，质量和体积都较大。

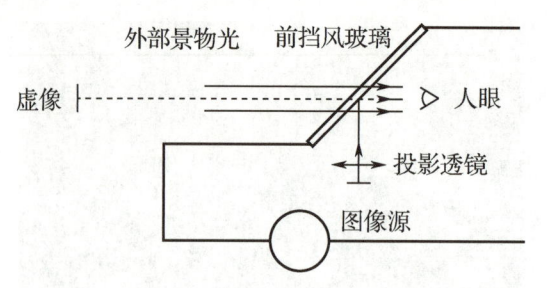

图 6-2-27　前挡风玻璃映像式汽车平视显示系统

4. 汽车平视显示系统的应用

宝马 5 系、标致 3008、标致 508、奥迪 A6、奥迪 A7、雷克萨斯 GS 等都带有 HUD。随着电子技术的持续进步，HUD 的成本逐渐降低，这使得越来越多的汽车开始配备此系统。

奥迪的汽车平视显示系统如图 6-2-28 所示。汽车平视显示系统的中心元件是前挡风玻璃投影控制单元，如图 6-2-29 所示，该控制单元包含所有光学、机械和电气元件，处于紧邻组合仪表正前部的位置。

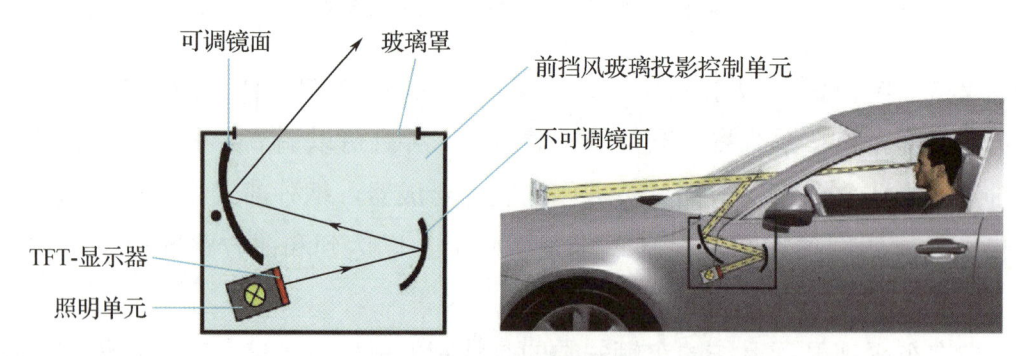

图 6-2-28　奥迪的汽车平视显示系统

图 6-2-29　前挡风玻璃投影控制单元

四、汽车全景泊车系统

1. 汽车全景泊车系统概述

汽车全景泊车系统可以为泊车提供更为直观的车周 360°图像信息，在安全泊车上有着非常好的应用前景。该系统对于大体积的汽车来说，可以明显减少其停车入位时可能发生的剐蹭事故。

汽车全景泊车系统，又名 360°全景泊车影像系统、AVM 全景式监控影像系统、360°全泊车系统、360°全景可视系统、全息影像停车辅助系统、汽车环视系统等。

2. 汽车全景泊车系统的组成

汽车全景泊车系统通过安装在车身前、后、左、右（车头、车尾和两侧后视镜下方）的四个180°超广角摄像头，同时采集车辆四周的影像，帮助驾驶员了解车辆周边的视线盲区，使停车更直观方便。

汽车全景泊车系统主要由安装在车身前、后、左、右的四个超广角鱼眼摄像头、人机交互界面和系统主机等组成，如图6-2-30所示。

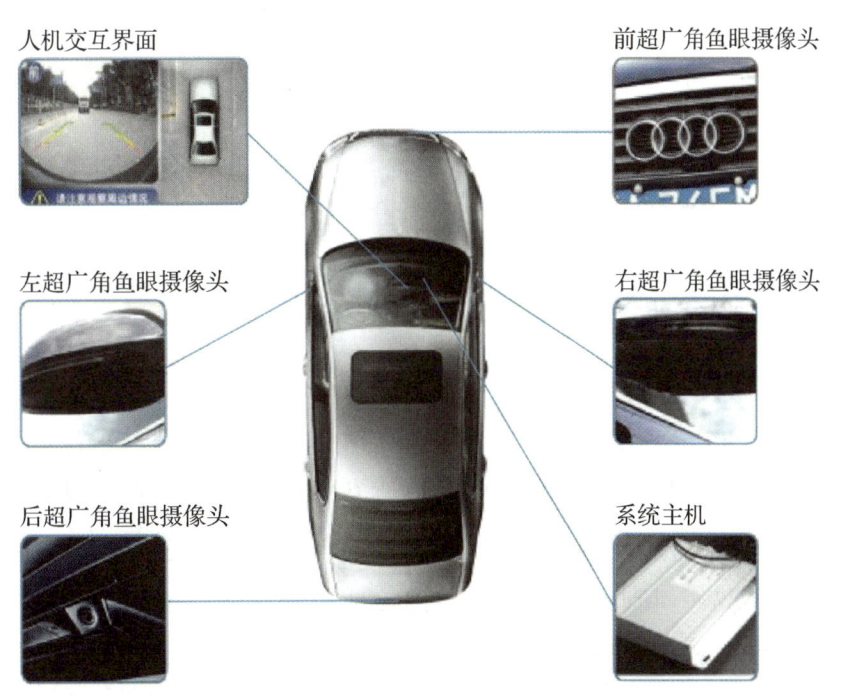

图 6-2-30　汽车全景泊车系统的组成

3. 汽车全景泊车系统的工作原理

汽车全景泊车系统的四个超广角鱼眼摄像头同时采集车辆四周的影像，经过图像处理单元"畸变还原→视角转化→图像拼接→图像增强"等处理，最终形成一幅360°的全景俯视图，如图6-2-31所示。

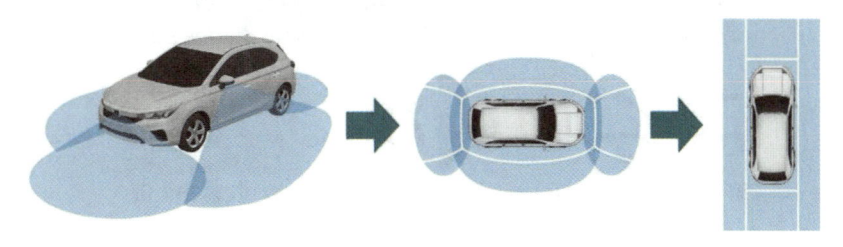

图 6-2-31　汽车全景泊车系统的工作原理

人机交互界面在显示全景图的同时，也可以显示任何一方的单视图，并配合标尺线准确地定位障碍物的位置和距离。如图6-2-32所示，左边为单一方向影像，右边为360°的全景俯视图。

图 6-2-32 汽车全景泊车系统示意图

任务三 安全预警类

一、汽车前向碰撞预警系统

1. 汽车前向碰撞预警系统的定义

汽车前向碰撞预警（Forward Collision Warning，FCW）系统通过雷达或视觉传感器时刻监测前方车辆，判断本车与前车之间的距离、方位及相对速度，当存在潜在碰撞危险时对驾驶员进行警告。一般预警的方式有视觉、声音或触觉等，如图 6-3-1 所示。汽车前向碰撞预警系统一般本身不会采取任何制动措施去避免碰撞或控制车辆，但也有一些汽车前向碰撞预警系统可以提供不同程度的制动功能。

前向碰撞预警提示灯　　声音警示　　收紧安全带

图 6-3-1 汽车前向碰撞预警系统

2. 汽车前向碰撞预警系统的组成

汽车前向碰撞预警系统由信息采集、电子控制和人机交互三个单元组成，如图 6-3-2 所示。

（1）信息采集单元。信息采集单元主要利用毫米波雷达采集与前向车辆或障碍物的车距、车速和方位角信息，利用视觉传感器采集前向车辆或障碍物的图像信息，利用自身车速和加速度传感器采集本车的速度、加速度等信息。

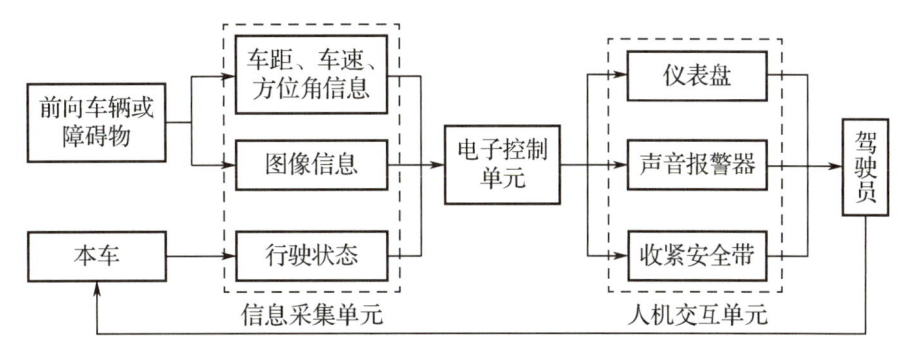

图 6-3-2　汽车前向碰撞预警系统的组成

（2）电子控制单元。电子控制单元主要对前向车辆或障碍物的图像信息，以及车距、车速等信息进行信息融合，确定障碍物的类型和距离，结合本车行驶状态信息，采用一定的决策算法，评估是否存在潜在的碰撞风险，若存在，则向人机交互单元发出预警指令。

（3）人机交互单元。人机交互单元主要接收由电子控制单元传来的指令，根据预警程度或级别的定义，进行相应预警信息的发布，如在仪表盘或抬头显示区域显示预警信息或闪烁预警图标、发出报警声音和收紧安全带等，提醒驾驶员采取措施进行规避。驾驶员接收到预警信息后对本车采取制动，若碰撞风险消失，则碰撞报警取消。

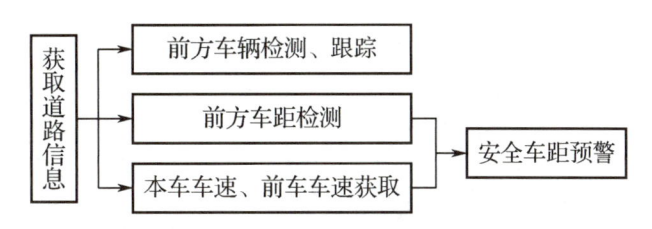

3．汽车前向碰撞预警系统的工作原理

汽车前向碰撞预警系统主要利用毫米波雷达、摄像头等传感器来进行信息采集。一般对本车行驶轨迹内的最近障碍车辆进行预警，并且不受在非本车行驶轨迹内的前方更近障碍物等的影响。在正确识别有效目标的基础上，结合本车当前行驶状况与有效目标运动情况进行决策分析，在系统判断可能发生碰撞时发出蜂鸣并显示警示信号，提醒驾驶员注意危险状况，及时躲避。

汽车前向碰撞预警系统的工作原理如图 6-3-3 所示，它是通过分析传感器获取的前方道路信息对前方车辆进行识别和跟踪，若有车辆被识别出来，则对前方车距进行测量。同时利用车速估计，根据安全车距预警模型判断是否存在追尾可能，一旦存在追尾危险，便根据预警规则及时给予驾驶员主动预警。

图 6-3-3　汽车前向碰撞预警系统的工作原理

4．汽车前向碰撞预警系统的应用

汽车前向碰撞预警系统已应用在许多品牌的汽车上，如本田、英菲尼迪、沃尔沃、奔驰、

167

丰田等。对于汽车前向碰撞预警的研究，最早起源于日本，1999年，本田、丰田和日产三大整车企业便开始开发自己的汽车前向碰撞预警系统。其中，最早在车上装配该系统的是美版本田雅阁，当初称之为碰撞缓解制动系统（CMBS），并一直在本田产品中沿用至今。

经过二十多年的发展，本田的碰撞缓解制动系统已经在新雅阁、享域、锋范、UR-V 的大部分车型配置中装配。本田将该系统定义为一种预测碰撞、主动预防的安全技术系统。

碰撞缓解制动系统通过微波雷达（检测障碍物的位置及速度）和单眼摄像头（检测障碍物的大小和形状）感应并识别前方车辆、对向车辆和行人。当与车辆和行人可能发生碰撞危险时，系统通过警示音和仪表盘显示来提醒驾驶员采取规避措施。当与前方车辆和行人更加接近时，系统轻微地缩紧安全带，并自动进行轻微制动，以体感形式再次提醒驾驶员对车辆进行操作。当车辆进一步接近时，系统会缩紧安全带，并自动进行强力制动，以辅助驾驶员规避碰撞及减轻伤害，具体工作过程，如图 6-3-4 所示。

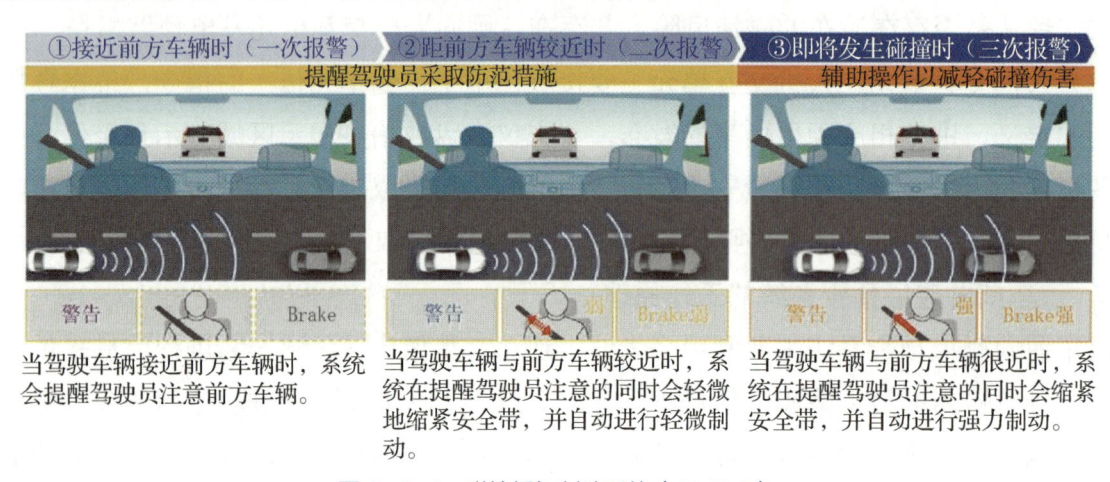

图 6-3-4 碰撞缓解制动系统（CMBS）

汽车前向碰撞预警系统逐渐在国产车型中应用，吉利将其称为城市预碰撞安全系统。该系统通过前保险杠下方的中距离毫米波雷达扫描前方路面，如图 6-3-5 所示，当前方车辆突然制动或减速而驾驶员并未及时做出反应的情况下，城市预碰撞安全系统会主动提醒驾驶员制动或自动进行制动以避免碰撞发生。同时，在制动过程中系统会监测制动力与前车距离的关系，在制动力不足的情况下进行辅助制动，最大限度地避免碰撞发生。

图 6-3-5 城市预碰撞安全系统

二、汽车车道偏离预警系统

1. 汽车车道偏离预警系统的定义

汽车车道偏离预警系统（Lane Departure Warning System，LDWS 或 LDW）根据前方道路环境和本车位置关系，判断车辆偏离车道的行为并对驾驶员进行及时提醒，从而防止由于驾驶员疏忽造成的车道偏离事故，其示意图如图 6-3-6 所示。

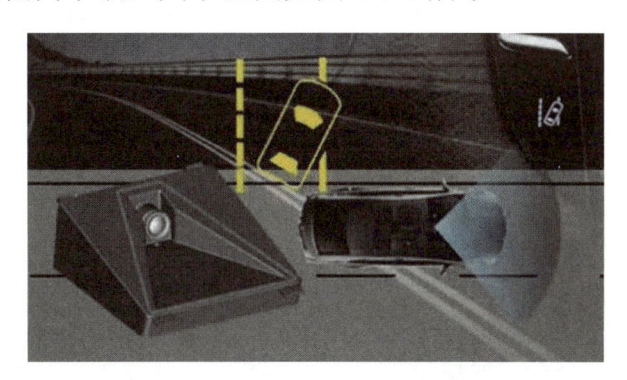

图 6-3-6 汽车车道偏离预警系统示意图

它通过传感器获取前方道路信息，结合车辆自身的行驶状态及预警时间等相关参数，判断汽车是否有偏离当前所处车道的趋势。如果车辆即将发生偏离，并且在驾驶员没有开转向灯的情况下，则通过视觉、听觉或触觉的方式向驾驶员发出警报。

2. 汽车车道偏离预警系统的组成

汽车车道偏离预警系统主要由信息采集单元、电子控制单元和人机交互单元组成，如图 6-3-7 所示。在该系统中，所有的信息均以数字信号的形式进行传递，通过汽车总线技术实现。

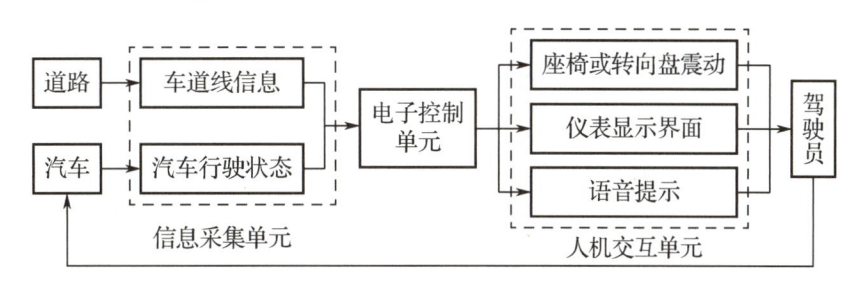

图 6-3-7 汽车车道偏离预警系统的组成

（1）信息采集单元。信息采集单元主要用于实现对车道线信息和汽车自身行驶状态信息的采集。目前基于视觉传感器的汽车车道偏离系统应用较为广泛。汽车自身行驶状态采集的信息主要包括车速、加速度、转向角等数据。在完成所有信息数据的采集后，信息采集单元需对数据进行模/数转换，并传输给电子控制单元。

（2）电子控制单元。电子控制单元是整个系统的核心部分，需要对所有的数据进行集中处理。在处理车道线信息时，由于传感器存在测量误差，因此需要对其进行误差修正，并综合判断汽车是否存在非正常偏离车道的现象，如果发生非正常偏离，则发出报警信息。

（3）人机交互单元。人机交互单元通过仪表显示界面、语音提示、座椅或转向盘震动等一种或多种方式向驾驶员提示系统当前的状态,当存在车道偏移时,提醒驾驶员及时修正行驶方向,并可以根据偏移量的大小实现不同程度的预警效果。

3. 汽车车道偏离预警系统的工作原理

汽车车道偏离预警系统的工作原理如图 6-3-8 所示,当汽车车道偏离预警系统开启时,摄像头会时刻采集行驶车道的标识线,通过图像处理获得汽车在当前车道中的位置参数,当检测到汽车偏离车道时,传感器会及时收集车辆数据和驾驶员的操作状态,之后由控制器发出警报信号,整个过程大约在 0.5s 内完成,为驾驶员提供更多的反应时间。如果驾驶员打开转向灯,正常进行变线行驶,那么车道偏离预警系统不会做出任何提示。

(a)摄像头采集行驶车道标识线　　(b)系统工作过程示意图

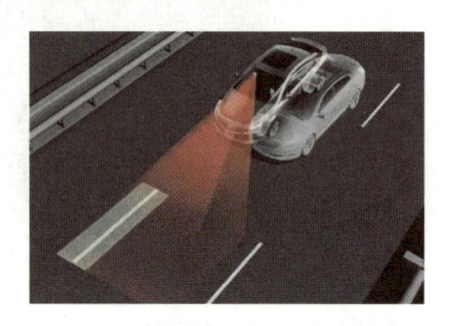

图 6-3-8　汽车车道偏离预警系统的工作原理

4. 汽车车道偏离预警系统的应用

目前在中国市场销售的多数豪华车都搭载了汽车车道偏离预警系统,如进口奔驰新 E 级、沃尔沃 XC60 等高端车型。值得注意的是,国产自主品牌汽车也开始搭载汽车车道偏离预警系统,并逐渐在所有车型上普及。但不同车型开启该系统的方式不同,有些可在行车全程自动开启,有些需要手动开启,有些则需要在车速达到一定条件后才能自动开启。

丰田推出的 Toyota Safety Sense 智行安全系统(规避碰撞辅助套装)中便包含汽车车道偏离预警系统,在卡罗拉、凯美瑞等部分车型版本中均有装配。该系统在车速高于 60km/h 时启动,主要使用位于驾驶室顶部的前视摄像头对车道线的信息进行实时提取,当出现车道偏离现象时,发出声音警报。但如果驾驶员是提前打开转向灯,正常进行变线行驶的,那么汽车车道偏离预警系统就不会做出任何提示。丰田卡罗拉汽车车道偏离预警系统如图 6-3-9 所示。

图 6-3-9　丰田卡罗拉汽车车道偏离预警系统

哈弗 F7 汽车车道偏离预警系统如图 6-3-10 所示。哈弗 F7 启动发动机后，按下汽车车道偏离预警系统按钮，可在视听系统显示屏上调出智能驾驶控制界面，从而开启或关闭此功能。由于汽车车道偏离预警功能是为车辆在高速公路和其他条件良好的公路上行驶时设计的，所以当车速在 60～140km/h 范围内时，系统才开始工作。

图 6-3-10　哈弗 F7 汽车车道偏离预警系统

吉利博越汽车车道偏离预警系统如图 6-3-11 所示。吉利博越通过前挡风玻璃后方的摄像头实时监测前方车道线，当车辆出现非主动偏航时，及时警示驾驶员，避免危险发生。

图 6-3-11　吉利博越汽车车道偏离预警系统

福特的新蒙迪欧中也配备了汽车车道偏离预警系统，该系统在每次启动后便会自动开启，驾驶员也可以选择手动关闭或再次开启。当驾驶员在未开启转向灯的情况下，系统判定驾驶员对于即将越过车道标线的情况没有采取任何修正的转向时，会在仪表盘中发出提醒。

三、汽车盲区检测系统

1. 汽车盲区检测系统的定义

所谓车辆盲区，是指驾驶员位于正常驾驶座位置，其视线被车体遮挡而不能直接观察的区域。排除人为遮挡造成的因素，不同车型的盲区会有略微差别，总体来说，车辆盲区主要包括四大区域，车头盲区、车尾盲区、后视镜盲区，以及 A、B、C 柱盲区，如图 6-3-12 所示。

（1）车头盲区。车头盲区即发动机盖前方看不到的区域。

（2）车尾盲区。车尾盲区是指从车内后视镜向后观察车辆后方情况时，处于视野外的地方。

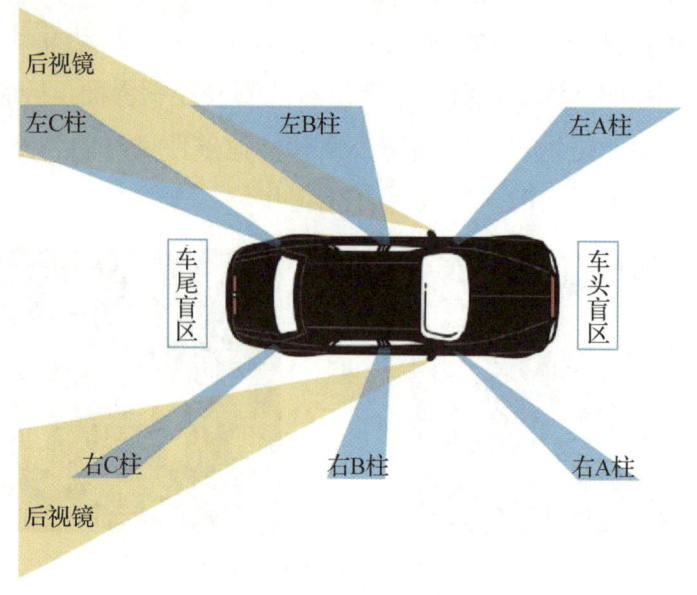

图 6-3-12　汽车主要盲区

（3）后视镜（外）盲区，车辆两边的后视镜虽可看到车身两侧的情况，却不能完全地看到车身周围的全部信息；后视镜（内）盲区，位于车身两侧靠近车门的一个区域，因位置较低，后视镜难以观察到。

（4）A、B、C柱盲区。由于风窗玻璃两侧的A、B、C柱遮挡形成的盲区。A柱即驾驶员左前方和右前方的柱，是连接车棚和车身的柱子；B柱则是驾驶员后方的安全带一端固定的柱子，也分为左右两侧；C柱则是后风挡玻璃两侧的立柱，同样分为左右两侧。

所谓汽车盲区检测系统（BSD），是通过超声波、摄像头、探测雷达等车载传感器检测视野盲区内有无来车，在左右两个后视镜内或其他地方通过声音、灯光等方式提醒驾驶员后方安全范围内有无来车，从而消除视线盲区，提高行车安全性的系统，如图6-3-13所示。汽车盲区检测系统也称汽车并线辅助（LCA）系统，是汽车上的一款安全类的高科技配置。

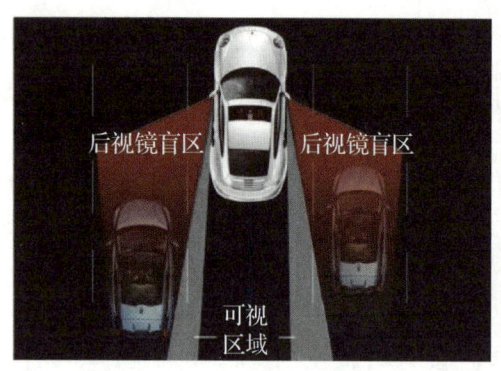

图 6-3-13　汽车盲区检测系统

目前很多车型都有盲区检测的功能配置。汽车盲区检测除检测车辆以外，还包括对城市道路上汽车盲区内行人、骑行者的检测，以及对高速公路弯道的检测与识别等。

汽车盲区检测系统应具备以下功能。

(1)当有车辆或行人进入驾驶员视野盲区时,汽车盲区检测系统应给予驾驶员提醒。

(2)汽车盲区检测系统应在驾驶员进行换道操作时对其进行辅助,检测其他车道上快速接近的后方来车,当驾驶员因对驾驶环境误判而可能做出危险的驾驶行为时,汽车盲区检测系统应发出警报。

(3)其理想状态为,汽车盲区检测系统在任何路况、天气和交通环境下都能正常工作。

2. 汽车盲区检测系统的组成

汽车盲区检测系统一般由信息采集单元、电子控制单元和预警显示单元等组成,如图 6-3-14 所示。

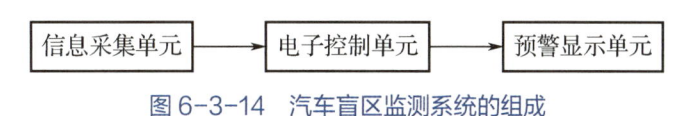

信息采集单元 → 电子控制单元 → 预警显示单元

图 6-3-14 汽车盲区监测系统的组成

(1)信息采集单元。信息采集单元利用传感器检测汽车盲区里是否有行人或其他行驶车辆,并把采集到的有用信息传输给电子控制单元,传感器有超声波雷达、摄像头或探测雷达等。后视镜盲区的信息采集单元一般采用毫米波雷达,A 柱盲区的信息采集单元一般采用摄像头。

(2)电子控制单元。电子控制单元对采集到的信息进行分析判断,向预警显示单元发送信息。

(3)预警显示单元。预警显示单元接收电子控制单元的信息,如果有危险,则发出预警显示,提醒驾驶员此时不可变道。

3. 汽车盲区检测系统的工作原理

汽车盲区检测系统通过安装在车辆尾部或侧方的传感器检测后方来车或行人,传感器有视觉传感器、毫米波雷达等。

当汽车速度大于某一阈值时,如 10km/h,汽车盲区检测系统自动启动,如果检测范围内有车辆或行人,就会被信息采集单元检测到,从而计算出目标的距离、速度等信息,并将采集到的信息传递给电子控制单元;电子控制单元根据收到的信息判断进入检测范围内的车辆或行人是否会对本车造成威胁,如果存在安全隐患,则通过预警显示单元提醒驾驶员,并根据危险程度、驾驶员的反应提供不同的预警方式。

汽车盲区检测系统一级警告如图 6-3-15 所示,当电子控制单元认为存在驾驶风险时,预警显示单元会通过安装在两侧后视镜中的 LED 显示灯告知驾驶员。如果此时驾驶员没有注意到系统提醒,开转向灯准备变道,那么预警显示单元会通过 LED 发送一个闪光信号并发出蜂鸣声来警告驾驶员,避免交通事故的发生,此时为汽车盲区检测系统二级警告,如图 6-3-16 所示。

4. 汽车盲区检测系统的应用

不同汽车厂商的汽车盲区检测系统各具特色,命名方式也不尽相同,其差异主要是所用

的环境感知传感器不同、预警显示单元的反应不同。

图 6-3-15　汽车盲区检测系统一级警告

图 6-3-16　汽车盲区检测系统二级警告

1）沃尔沃的盲点信息系统

沃尔沃从 2005 年起就率先在 XC70、V70 和 S60 等车型上安装了汽车盲区检测系统，并称之为盲点信息系统（BLIS），此后沃尔沃的全系车型都相继采用了这套系统。

沃尔沃的盲点信息系统利用安装在外后视镜根部的摄像头进行环境信息采集，如图 6-3-17 所示。该系统对一个 3m 宽、9.5m 长的盲区进行 25 帧/s 的图像监控，如图 6-3-18 所示。如果有速度大于 10km/h，且与车辆本身速度差为 20～70km/h 的移动物体（车辆或行人）进入该盲区，那么系统将对比每帧图像，当系统认为目标进一步接近时，A 柱上的警示灯就会亮起，防止出现事故。

图 6-3-17　摄像头安装位置

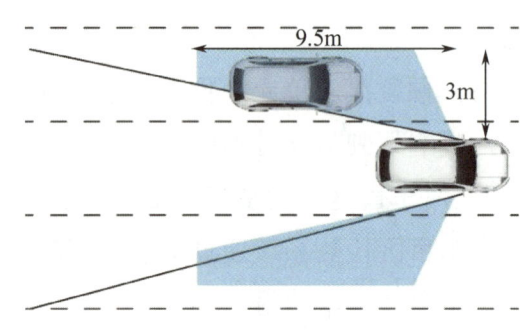

图 6-3-18　盲点信息系统的工作范围

沃尔沃的盲点信息系统也存在缺陷：由于基于可见光成像系统采集图像，因此当能见度极差，如在大雾或暴风雪天气下时，系统便无法工作，不过此时盲点信息系统也会对驾驶员做出相应提示。

2）新蒙迪欧 BLIS 盲区检测系统

新蒙迪欧 BLIS 盲区检测系统的检测雷达位于车辆尾部，一般通过该雷达检测后方来车。BLIS 盲区检测系统的检测距离为 15m，也就是说外部车辆在进入本车辆 15m 范围区域的时候就会受到监控，若系统判断两辆车的距离过近，无论该车是否位于盲区，无论驾驶员有没有打转向灯，位于外后视镜处的一个小圆点指示灯就会发光以起到警示的作用，如图 6-3-19 所示。

新蒙迪欧 BLIS 盲区辅助系统的信息调整，可在仪表盘中央显示的主菜单中找到辅助驾驶栏目进行操作。用户可点击该栏目，进而对预警方式及预警灵敏度等关键参数进行细致的调节设置。

当超车车辆靠近新蒙迪欧准备从侧面超车的时候,后视镜小圆点迅速点亮,以警示驾驶员后方有来车。

外后视镜警告灯亮起

图 6-3-19　新蒙迪欧 BLIS 盲区检测系统

四、驾驶员疲劳检测系统

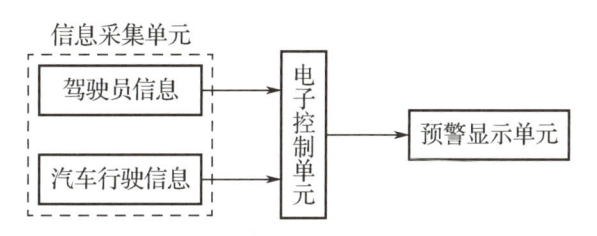

1. 驾驶员疲劳检测系统的定义

驾驶员疲劳检测系统(BAWS)是指当驾驶员精神状态不佳或进入浅层睡眠时,会依据驾驶员精神状态指数分别给出语音提示、振动提醒、电脉冲警示等,警告驾驶员已经进入疲劳状态,需要休息的系统。其用于监视并提醒驾驶员注意自身的疲劳状态,减少驾驶员疲劳驾驶的潜在危害。图 6-3-20 所示为通过摄像头监视驾驶员的面部特征来进行疲劳检测的系统。

闭眼预警　当驾驶员在驾驶过程中处于闭眼状态并持续1.5s时,系统会发出预警

打哈欠预警　当驾驶员出现打哈欠的行为并持续0.5s时,系统会发出预警

低头预警　当驾驶员因疲劳或分神出现低头情况并持续1.0s时,系统会发出预警

左顾右盼预警　当检测到驾驶员存在视线偏移(持续1.0s)时候,系统会发出预警

图 6-3-20　通过摄像头监视驾驶员的面部特征来进行疲劳检测的系统

驾驶员疲劳检测系统也称为防疲劳预警系统、疲劳识别系统、注意力警示辅助系统、驾驶员安全警告系统(DAC)等。

2. 驾驶员疲劳检测系统的组成

驾驶员疲劳检测系统一般由信息采集单元、电子控制单元和预警显示单元组成,如图 6-3-21 所示。

图 6-3-21　驾驶员疲劳检测系统的组成

（1）信息采集单元。信息采集单元主要利用传感器采集驾驶员信息和汽车行驶信息，驾驶员信息包括驾驶员的面部特征、眼部信号、头部运动性等；汽车行驶信息包括转向盘转角、行驶速度、行驶轨迹等，这些信息的采集取决于系统的设计，如可以采用摄像头采集驾驶员面部特征、眼部信号、头部运动性。

（2）电子控制单元。电子控制单元接收信息采集单元传送的信号，进行运算分析，判断驾驶员疲劳状态；如果经系统计算分析发现驾驶员处于一定的疲劳状态，则向预警显示单元发出信号。

（3）预警显示单元。预警显示单元根据电子控制单元传递的信息，通过语音提示、震动提醒、电脉冲警示等方式对驾驶员疲劳进行预警。

3. 驾驶员疲劳检测系统的实现原理

驾驶员疲劳检测系统使用的技术，本质上是在行驶过程中捕捉并分析驾驶员的生物行为信息（生理信号、生理反应特征、驾驶行为），如眼睛状态、脸部状态、心脏状态、脑电活动、肢体活动等的技术。

1）生理信号检测

驾驶员在疲劳状态下，一些生理指标（如脑电波、心电波、肌电波、脉搏、呼吸等）会偏离正常状态，因此可以通过生理传感器检测驾驶员的这些生理指标来判断驾驶员是否处于疲劳状态。基于驾驶员心电检测的疲劳检测，如图 6-3-22 所示。需要注意的是，心跳活动检测由于受接触方式的限制，目前没有在车内批量应用。

2）生理反应特征检测

生理反应特征检测利用机器视觉技术检测驾驶员面部的生理反应特征，如眼动特征、视线方向、嘴部状态、头部运动特征等来判断驾驶员疲劳状态。基于眼动特征进行驾驶疲劳检测如图 6-3-23 所示，这一方法正渐渐被整车厂商接受并采用。

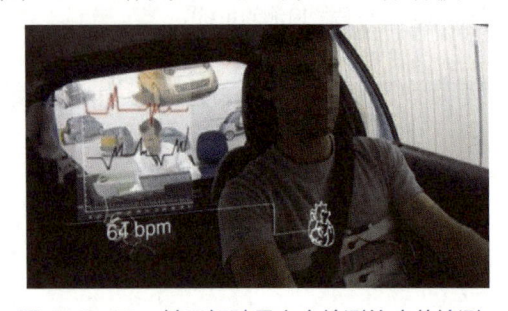

图 6-3-22 基于驾驶员心电检测的疲劳检测 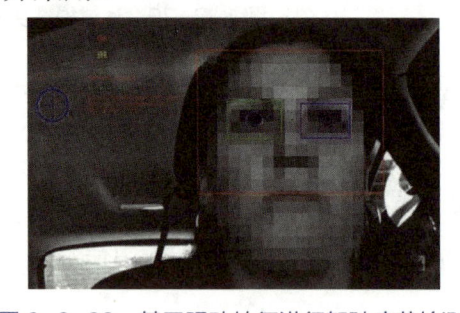　　图 6-3-23 基于眼动特征进行驾驶疲劳检测

3）驾驶行为检测

驾驶行为检测通过驾驶员对汽车的操控，如操控转向盘的情况来间接判断驾驶员是否疲劳。通过分析转向盘操作的差异性，间接推测驾驶员的疲劳状态。基于转向盘参数进行驾驶疲劳检测如图 6-3-24 所示，这种方式受驾驶员的驾驶习惯影响极大。

图 6-3-24　基于转向盘参数进行驾驶疲劳检测

4）信息融合检测

由于驾驶员个体的差异性及疲劳是一种复杂且个性化的生理现象，因此不同驾驶员疲劳时的外在表现特征不同，同时由于驾驶环境差别及光照的影响，单一的检测手段极易受到干扰，检测结果随时间和地点的变化会出现较大波动，准确率和可靠性难以得到保证。因此，多特征信息融合是驾驶员疲劳检测的发展方向之一。

依据信息融合技术（融合以上两种或多种方法），信息融合检测将驾驶员生理信号、生理反应、驾驶行为、车辆行驶状态相结合进行检测，这是理想的检测方法，大大降低了采用单一方法造成的误警或漏警现象。信息融合技术的应用，使疲劳检测技术得到更进一步的发展和提高，能客观、实时、快捷、准确地判断出驾驶员的疲劳状态，避免疲劳驾驶所引起的交通事故。

基于信息融合的检测方法如图 6-3-25 所示，红外线摄像头持续地记录驾驶员的眨眼频率及每次闭眼的时长，同时考虑到车速、加速度、转向盘转动的角度及转向灯和踏板的使用情况等多种因素。一旦检测到驾驶员的疲劳状态，系统就会发出预警。

图 6-3-25　基于信息融合的检测方法

4．驾驶员疲劳检测系统的应用

1）监控心率和车辆状态（现代）

现代研发了一套用于防止驾驶员疲劳驾驶的系统，它是通过监控驾驶员心率和车辆行驶状态来实现的。例如，当驾驶员心率低于正常值或车辆忽左忽右地前行时，系统就会判定为疲劳驾驶并发出警告。

2）记录眼睛及面部状态（雷克萨斯）

丰田汽车选择通过检测驾驶员眼睛及面部表情来判定其是否是疲劳驾驶。

丰田旗下的高端车品牌雷克萨斯的一些车型，如 LS600hL，可选配驾驶员注意力监视器，通过安装在转向杆周围的红外 LED 显示器来记录驾驶员的面部表情，一旦出现不断眨眼、闭眼、视线偏离的情况，警报就会响起。

3）全面监控驾驶行为（奔驰）

奔驰在防止疲劳驾驶方面也有着自己的一套注意力警示系统。这套系统会首先采集驾驶员从刚开始开车的 15～20min 内的驾驶行为，并为其建档。在行驶过程中，通过车辆上配备的一系列传感器，驾驶员的每一个指令都会被监控，有 72 项不同的数据会被持续不断地记录在车载计算机中，包括行驶时间、转向角、车速、加速度及驾驶员在驾驶时的各种举动。系统会先对这些数据进行监控，然后与档案中的信息进行对比。

如果系统确定驾驶员处于疲劳驾驶状态，则会激活警报，这套系统在车速达到 60km/h 时开始启动。目前该系统已经配备在 C、CL、E、GLK、S、GL、SLK、SL 级车型上。

4）监控转向动作（大众）

大众则通过驾驶员转向动作来确定其是否处于疲劳状态。这个疲劳程度取决于来自转向角传感器或电子助力转向系统的信息。驾驶员疲劳探测系统会根据这些信息不断分析驾驶员的转向行为来确认其状态，计算出疲劳指数。如果疲劳指数超过一个特定值，且车速超过 65km/h，系统会判定驾驶员精力不够集中，有疲劳驾驶的迹象。

这时候，系统会利用声音和显示来提示。如果 15min 内驾驶员仍不休息，系统会发出第二次警告。除警告之外，驾驶员疲劳度的相关数据可以被车辆中的其他系统利用。例如，与导航系统结合，显示出下一个能够停车或休息的地点。帕萨特 Alltrack 全系标配了该系统。

5）相关产品（伊路安行疲劳驾驶预警器 MR688）

伊路安行疲劳驾驶预警器 MR688 如图 6-3-26 所示，该系统采用独特的瞳孔识别技术检测分析瞳孔的变化特征，判断司机是否出现疲劳或注意力不集中，一旦系统检测到司机正在疲劳或分心驾驶，MR688 会立即发送报警信号提醒司机。

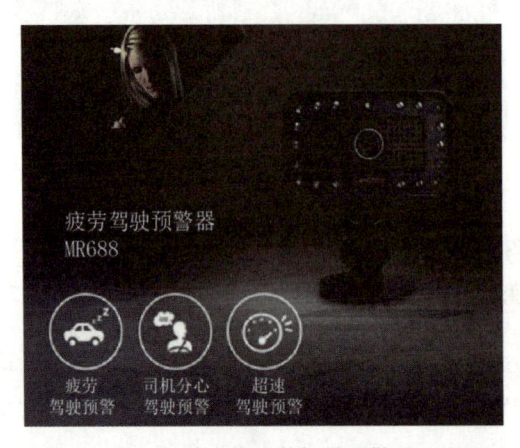

图 6-3-26　伊路安行疲劳驾驶预警器 MR688

任务四 主动控制类

一、汽车车道保持辅助系统

1. 汽车车道保持辅助系统定义

汽车车道保持辅助系统（Lane Keeping Assist System，LKAS/LKA）是由汽车车道偏离预警系统发展而来的。它可以在汽车车道偏离预警系统的基础上对转向系统进行控制，辅助车辆保持在本车道内行驶。车辆行驶时借助一个信息采集单元（如摄像头）识别行驶车道的标识线，为车辆保持在车道上行驶提供支持。如果车辆接近识别到的标记线并可能脱离行驶车道，那么会通过转向盘的震动或是声音来提请驾驶员注意，并轻微转动转向盘修正行驶方向，使车辆处于正确的车道上，若转向盘长时间检测到无人主动干预，则发出报警，用来提醒驾驶员。汽车车道保持辅助系统示意图，如图6-4-1所示。

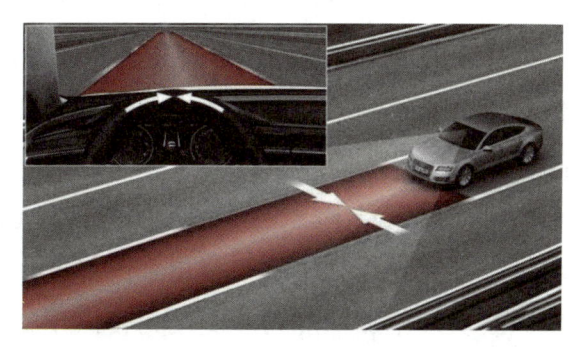

图6-4-1 汽车车道保持辅助系统示意图

如果是驾驶员主动正常变道的话，在变道之前打开了转向灯，那么汽车车道保持辅助系统就不会介入，其系统的判断依据就是驾驶员是否打了转向灯。

2. 汽车车道保持辅助系统的组成

汽车车道保持辅助系统主要由信息采集单元、电子控制单元和执行单元等组成，如图6-4-2所示。在系统工作期间，驾驶员将会接收车道偏离的报警信息，并选择对转向系统和制动系统中的一项或多项动作进行控制，也可交由系统完全控制。系统中所有的信息均以数字信号的形式进行传递，通过汽车总线技术实现。

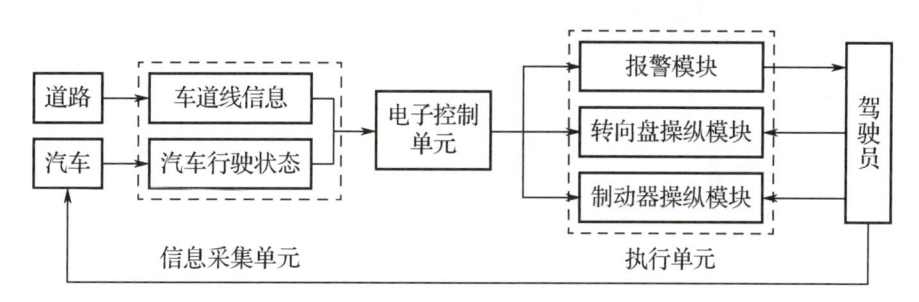

图6-4-2 汽车车道保持辅助系统的组成

（1）信息采集单元。信息采集单元在汽车车道保持辅助系统中的功能与在汽车车道偏离预警系统中的功能相似，主要通过传感器采集车道线信息和汽车行驶状态，并将其发送给电子控制单元。

（2）电子控制单元。电子控制单元主要通过特定的算法对信息进行处理，并判断是否做出车道偏离修正的相应操作。该单元性能会直接影响车道偏离修正的及时性，因此在选择中央处理器和设计控制算法时，要着重考虑运算能力和运算速度。

（3）执行单元。执行单元主要分为3个部分，即报警模块、转向盘操纵模块和制动器操纵模块。其中的报警模块与汽车车道偏离预警系统类似，通过转向盘或座椅震动、仪表盘显示、声音警报中的一种或多种形式实现。转向盘操纵模块和制动器操纵模块是汽车车道保持辅助系统中特有的，其主要实现横向运动和纵向运动的协同控制，并保证汽车在汽车车道保持辅助系统工作期间具有一定的行驶稳定性。

3. 汽车车道保持辅助系统的工作原理

汽车车道保持辅助系统可以在行车的全程或速度达到某一阈值后开启，并可以手动关闭，实时保持汽车的行驶轨迹。当系统正常工作时，信息采集单元通过传感器采集车道线、车速、转向盘转角及汽车速度等信息，电子控制单元对这些信息进行处理，比较车道线和汽车的行驶方向，判断汽车是否偏离行驶车道。

当汽车行驶可能偏离车道时，系统发出报警信息；当汽车距离偏离侧车道线小于一定阈值或已经有车轮偏离出车道线时，电子控制单元计算出辅助操舵力和减速度，根据偏离的程度控制转向盘和制动器的操纵模块，施加操舵力和制动力使汽车稳定地回到正常轨道；若驾驶员打开转向灯，正常进行变线行驶，则系统不会做出任何提示。

汽车车道保持辅助系统的工作过程如图 6-4-3 所示。车辆在位置①未偏离车道；在位置②时若未使用转向灯，则发出警报声响；在位置③若车辆继续偏离车道，且驾驶员没有理会警报，LKA 会和缓地将车辆导回原有车道。车道保持辅助系统执行的是一个主动纠正车辆偏离车道的行为过程，该过程旨在确保车辆重新回归至正确的行驶轨迹。至此，汽车车道保持辅助系统已顺利完成一个完整的工作循环。

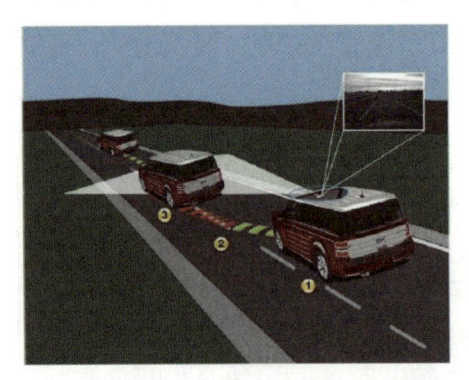

①未偏离车道。
②若未使用转向灯，则发出警报声响。
③若车辆继续偏离车道，且驾驶员没有理会警报，LKA 会和缓地将车辆导回原有车道。

图 6-4-3　汽车车道保持辅助系统的工作过程

4．汽车车道保持辅助系统的应用

早在 2001 年，日产就率先将该配置放在了西玛和英菲尼迪 Q45 上面，随后丰田、本田也纷纷拿出了各自的汽车车道保持辅助系统。本田已在 LIFE、ENVIX 享域、CR-V、艾力绅、奥德赛等车型上应用汽车车道保持辅助系统。

1）本田的汽车车道保持辅助系统

本田的汽车车道保持辅助系统主要通过单眼摄像头识别车道两侧的行车线，并辅助施加转向盘转向操作，使车辆始终保持在车道中间行驶，汽车车道保持辅助系统可以大幅缓解驾驶员在高速行驶时的驾驶疲劳。当系统判断车辆可能偏离车道时，系统会辅助进行转向盘转向，使车辆始终沿着行车道中间行驶，如图 6-4-4 所示。

图 6-4-4　本田的汽车车道保持辅助系统

2）大众 CC 的汽车车道保持辅助系统

大众 CC 也搭载有汽车车道保持辅助系统，如图 6-4-5 所示。其原理是通过紧贴在前挡风玻璃上的数字式灰度摄像头实时拍摄前方道路上的左右车道线，对其进行监控。拍摄到的图像由计算机转换成信息数据并进行处理，分析汽车是否行驶在车道线的中间，若车辆的偏移量超出了允许值，便会向电动助力转向系统（EPS）发出修舵动作指令，加以干预纠正，汽车便会自动回到两条车道线中间来。如果遇到弯度较大的弯道且车道线清晰，汽车也会自动沿着弯道转弯行驶。

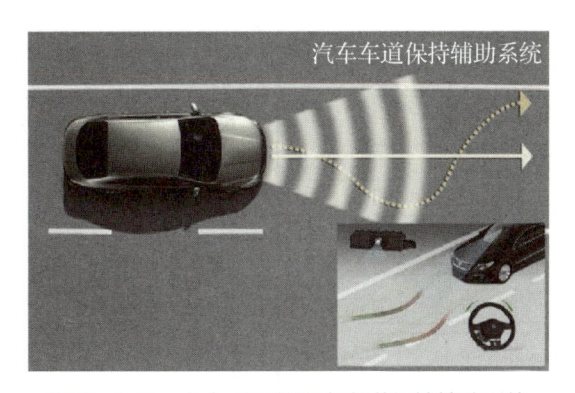

图 6-4-5　大众 CC 的汽车车道保持辅助系统

二、汽车自动制动辅助系统

1. 汽车自动制动辅助系统的定义

汽车自动制动辅助系统（Autonomous Emergency Braking，AEB）是指车辆在非自适应巡航的情况下正常行驶，如车辆遇到突发危险情况或与前车及行人距离小于安全距离时主动进行制动（但具备这种功能的车辆并不一定能够将车辆完全停住）避免或减少追尾等碰撞事故的发生，从而提高行车安全性的系统。汽车自动制动辅助系统，如图 6-4-6 所示。

事故发生前约2.6s
撞车危险声光报警

事故发生前约1.6s
发出三次音响报警后，若驾驶员无反应，汽车自动制动辅助系统就会自动进行分级制动

事故发生前约0.6s
驾驶员可通过侧绕或踩死制动器来避免事故

图 6-4-6　汽车自动制动辅助系统

一般来说，AEB 由两个系统组成，包括车辆碰撞迫近制动系统（CIB）和动态制动支持系统（DBS），其中，CIB 会在追尾及驾驶员未采取任何行动的情况下紧急制动车辆，而 DBS 在驾驶员没有施加足够的制动行动时，会进行干预，以免碰撞。

汽车自动制动辅助系统在不同的厂家有着不同的名字，如丰田的 PCS（Pre-Collision System）、本田的 CMBS（Collision Mitigation Brake System）及奔驰的 pre-safe 系统等，但它们的工作原理是相同的。

2. 汽车自动制动辅助系统的组成

汽车自动制动辅助系统主要由行车环境信息采集单元、电子控制单元和执行单元等组成，如图 6-4-7 所示。

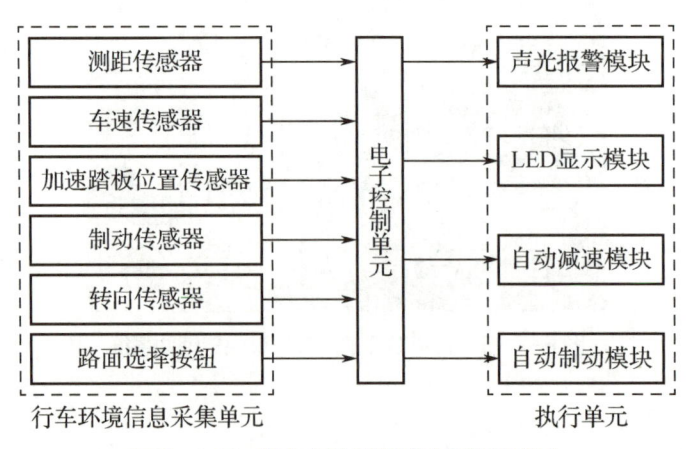

行车环境信息采集单元：测距传感器、车速传感器、加速踏板位置传感器、制动传感器、转向传感器、路面选择按钮

执行单元：声光报警模块、LED显示模块、自动减速模块、自动制动模块

图 6-4-7　汽车自动制动辅助系统的组成

（1）行车环境信息采集单元。行车环境信息采集单元由测距传感器、车速传感器、加速踏板位置传感器、制动传感器、转向传感器、路面选择按钮等组成，其主要对行车环境进行实时检测，从而得到相关行车信息。测距传感器用来检测本车与前方目标的相对距离及相对速度。目前，常见的测距技术分别是视觉传感器测距、毫米波雷达测距和激光雷达测距。由于成本限制，国内主要使用前两种方式。车速传感器用来检测本车的速度。加速踏板位置传感器用来检测驾驶员在收到系统提醒报警后是否及时松开加速踏板，对本车实行减速措施。制动传感器用来检测驾驶员是否踩下制动踏板，对本车实行制动措施。转向传感器用来检测车辆目前是否正处于弯道路面行驶或处于超车状态，系统凭此来判断是否需要进行报警抑制。路面选择按钮是为了方便驾驶员对路面状况信息进行选择，从而方便系统对报警距离计算的按钮。需要采集的信息因系统不同而不同。所有采集到的信息都将被送往电子控制单元。

（2）电子控制单元。电子控制单元接收行车环境信息采集单元的检测信号后，综合收集到的数据信息，依照一定的算法程序对车辆行驶状况进行分析计算，判断车辆所适用的预警状态模型，同时对执行单元发出控制指令。

（3）执行单元。执行单元可以由多个模块组成，如声光报警模块、LED显示模块、自动减速模块和自动制动模块等，这些模块组成根据系统不同而不同。它用来接收电子控制单元发出的指令，并执行相应的动作，以达到预期的预警效果，实现相应的车辆制动功能。当系统检测到存在危险状况时，首先进行声光报警，提醒驾驶员；当系统发出提醒报警之后，如果驾驶员没有松开加速踏板，则系统会发出自动减速控制指令；在减速之后系统检测到危险仍然存在时，说明目前车辆行驶处于极度危险的状况，需要对车辆实施自动强制制动。

3. 汽车自动制动辅助系统的工作原理

汽车自动制动辅助系统先采用测距传感器测出与前车或障碍物的距离，然后利用电子控制单元将测出的距离与报警距离、安全距离等进行比较，小于报警距离时就进行报警提示，而小于安全距离时，即使在驾驶员没来得及踩制动踏板的情况下，汽车自动制动辅助系统也会启动，使汽车自动制动，从而为安全出行保驾护航。

4. 汽车自动制动辅助系统的应用

目前奔驰、沃尔沃、大众、福特、斯巴鲁等品牌都已经装备了汽车自动制动辅助系统。利用雷达、超声波、摄像头等设备探测前方道路，探测到有碰撞风险后车载计算机会自动紧急制动。

奔驰的汽车自动制动辅助系统（带横向行人和车辆探测功能）如图6-4-8所示，新E级全系标配了该项安全配置，它将有助于避免汽车与前方车辆和横向穿过的行人发生碰撞事故或减轻事故后果。车头的雷达是用来检测车辆与前方障碍物的距离的，当车辆与前方障碍物的距离很近时会发出声音碰撞警告，如果驾驶员未做出反应，将主动制动。以下面三种可能发生的交通状况为例介绍奔驰的汽车自动制动辅助系统。

图 6-4-8　奔驰的汽车自动制动辅助系统

（1）横向穿出的行人：当车辆以低于 50km/h 的速度行驶，探测到横向穿出的行人时，如果驾驶员没有对车辆采取反应，系统也是可以控制车辆完全刹停的。

（2）前方慢速行驶的车辆：当遇到前方慢行的车辆，系统预见性地检测到有碰撞风险时，车辆会发出视听警报，此时驾驶员若仍无反应，车辆同样会采取自主制动，以此避免碰撞的发生。

（3）静止的车辆：当车辆以低于 80km/h 的速度接近前方静止的车辆时，车辆会自动探测并预知风险，并发出视听警报，如果驾驶员没有反应，则系统会自动刹车，甚至刹停，避免追尾事故的发生。

沃尔沃城市安全系统（汽车自动制动辅助系统）在车速低于 30km/h 时，如果当前面的车辆突然停车或减速，驾驶员由于精力不集中并未及时做出反应时，则该系统可对汽车进行自动刹车。低速追尾碰撞事故占全部碰撞事故的 50% 以上。在车速低于 15km/h 时，若出现意外情况，沃尔沃城市安全系统启动可以使车辆自动制动停止，避免碰撞；车速在 15km/h 至 30km/h 之间时，该系统可明显降低车速，从而减小碰撞事故的影响。

三、汽车自适应巡航系统

1. 汽车自适应巡航系统的定义

汽车自适应巡航（Adaptive Cruise Control，ACC）系统也可称为主动巡航系统。在汽车自适应巡航系统中，系统利用低功率雷达或红外线光束得到前车的确切位置，如果发现前车减速或检测到新目标，系统就会发送执行信号给发动机或制动系统来降低车速，从而使车辆和前车保持一个安全的行驶距离，当前方道路障碍清除后又会加速恢复到设定的车速，雷达系统会自动监测下一个目标。汽车自适应巡航系统代替驾驶员控制车速，避免了频繁取消和设定巡航控制。汽车自适应巡航系统适合多种路况，为驾驶员提供了一种更轻松的驾驶方式。

汽车自适应巡航系统如图 6-4-9 所示，在汽车自适应巡航系统的工作状态下，当雷达侦测到前方有慢车时，开始减速并将车速调节至与前方车辆相同，并保持安全距离。当前方车辆离开后，系统将控制车速回到预先设定的车速。

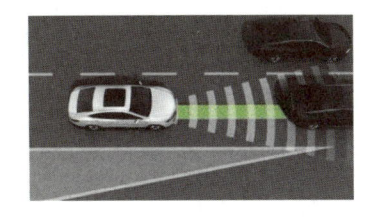

（a）雷达发射和接收器　　　　（b）汽车自适应巡航示意图　　　　（c）汽车自适应巡航设置

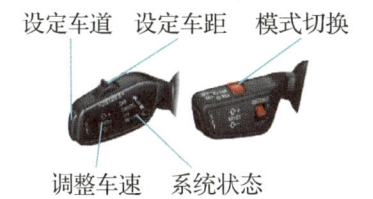

图 6-4-9　汽车自适应巡航系统

2．汽车自适应巡航系统的组成

燃油汽车的汽车自适应巡航系统主要由信息感知单元、电子控制单元、执行单元和人机交互界面等组成，如图 6-4-10 所示。

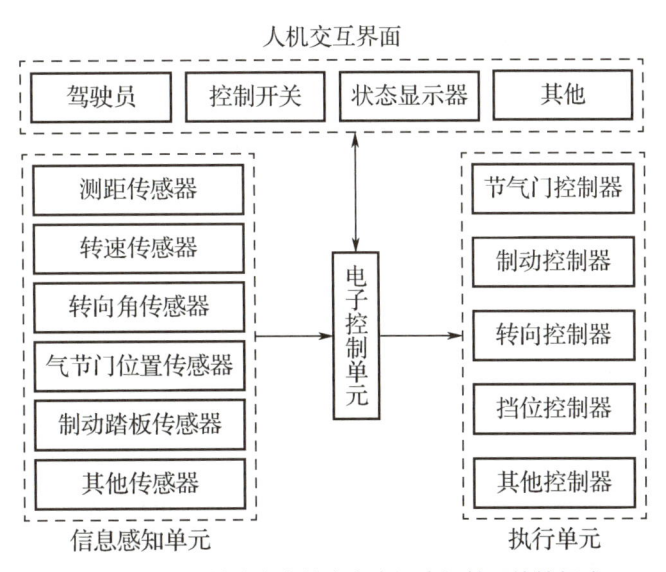

图 6-4-10　燃油汽车的汽车自适应巡航系统的组成

（1）信息感知单元。信息感知单元主要用于向电子控制单元提供汽车自适应巡航所需要的各种信息，主要由测距传感器、转速传感器、转向角传感器、节气门位置传感器、制动踏板传感器等组成。测距传感器用来获取主车与前方目标车辆之间的距离信号，一般使用激光雷达或毫米波雷达，也有使用视频传感器的。转速传感器用于获取实时车速信号，一般使用霍尔式转速传感器。转向角传感器用于获取汽车转向信号。节气门位置传感器用于获取节气门开度信号。制动踏板传感器用于获取制动踏板动作信号。

（2）电子控制单元。电子控制单元根据驾驶员所设定的安全车距及车速，结合信息感知单元传送来的信息确定主车的行驶状态，决策出汽车的控制策略，并输出节气门开度和制动压力信号给执行单元。例如，当主车与前方的目标车辆之间的距离小于设定的安全车距时，电子控制单元计算实际车距和安全车距之差及相对速度的大小，选择减速方式，或通过报警器向驾驶员发出报警，提醒驾驶员采取相应的措施。

（3）执行单元。执行单元主要执行电子控制单元发出的指令，实现主车速度和加速度的调整。它包括节气门控制器、制动控制器、转向控制器和挡位控制器等，节气门控制器用于

调整节气门的开度，使汽车加速、减速及定速行驶；制动控制器用于控制制动力矩或紧急情况下的制动；转向控制器用于控制汽车的行驶方向；挡位控制器用于控制汽车变速器的挡位。

（4）人机交互界面。人机交互界面用于供驾驶员设定系统参数及系统状态信息的显示等。驾驶员可通过设置在仪表盘或转向盘上的人机界面启动或清除汽车自适应巡航系统控制指令。启动汽车自适应巡航系统时，要设定主车与目标车辆之间的安全车距及在巡航状态下的车速，否则汽车自适应巡航系统将自动设置为默认值，但所设定的安全车距不可小于设定车速下交通法规所规定的安全车距。

电动汽车的汽车自适应巡航系统也是由信息感知单元、电子控制单元、执行单元和人机交互界面等组成的，如图 6-4-11 所示，电动汽车相对于燃油汽车，其汽车自适应巡航系统的信息感知单元没有节气门位置传感器，执行单元没有节气门控制器和挡位控制器，相应增加了电机控制器和再生制动控制器。信息感知单元将传感器测量的距离、速度和加速度等信号输入电子控制单元；电子控制单元对主车行驶环境及运动状态进行分析、计算、决策，输出转矩和制动压力信号；执行单元用于完成电子控制单元的指令，通过电机控制器和制动控制器来调节主车的行驶速度；人机交互界面为驾驶员对系统的运行进行观察和干预控制提供了操作界面。

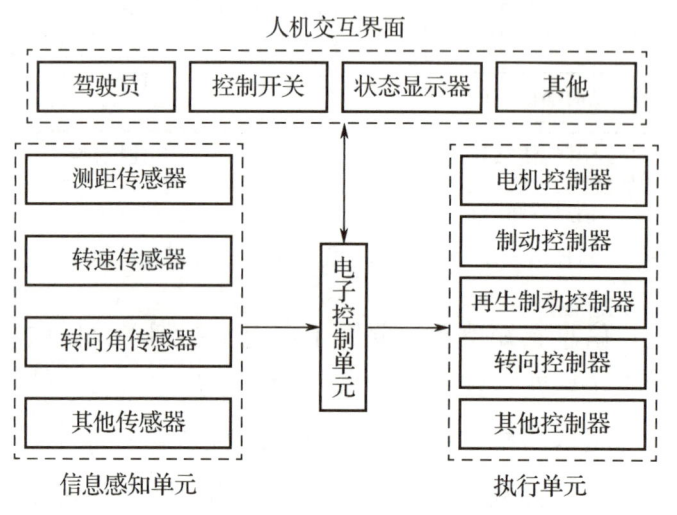

图 6-4-11 电动汽车的汽车自适应巡航系统的组成

3．汽车自适应巡航系统的工作原理

1）燃油汽车的汽车自适应巡航系统的工作原理

燃油汽车的汽车自适应巡航系统的工作原理如图 6-4-12 所示。驾驶员启动汽车自适应巡航系统后，汽车在行驶过程中，安装在汽车前部的测距传感器持续扫描汽车前方道路。同时，转速传感器采集车速信号。如果主车前方没有车辆或与前车距离很远且速度很快时，控制模式选择模块就会激活巡航控制模式，汽车自适应巡航系统将根据驾驶员设定的车速和转速传感器采集的主车速度自动调节加速踏板等，使主车达到设定的车速并巡航行驶；如果前车存在且离主车较近或速度很慢，控制模式选择模块就会激活跟随控制模式，汽车自适应巡航系统将根据驾驶员设定的安全车距和转速传感器采集的主车速度计算出期望车距，并与测距传感器采集的实际距离比较，自动调节制动压力和节气门开度等使汽车以一个安全车距稳定地跟随前方目标车辆行驶。同时，ACC系统会把汽车目前的一些状态参数显示在人机界面上，方便驾驶员进行判断。其也装有紧急报警系统，在ACC系统无法避免碰撞时及时警告驾驶员并由驾驶员处理紧急状况。

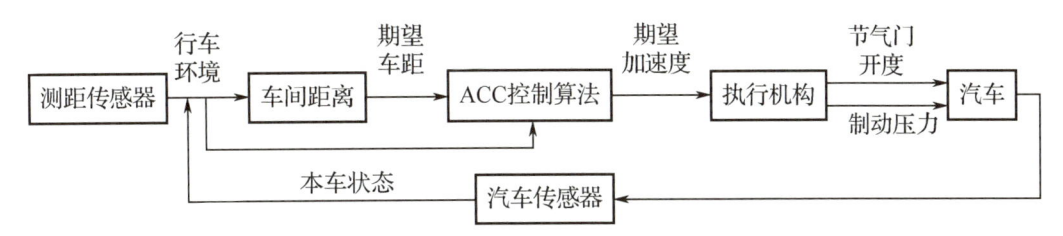

图6-4-12 燃油汽车的汽车自适应巡航系统的工作原理

2）电动汽车的汽车自适应巡航系统的工作原理

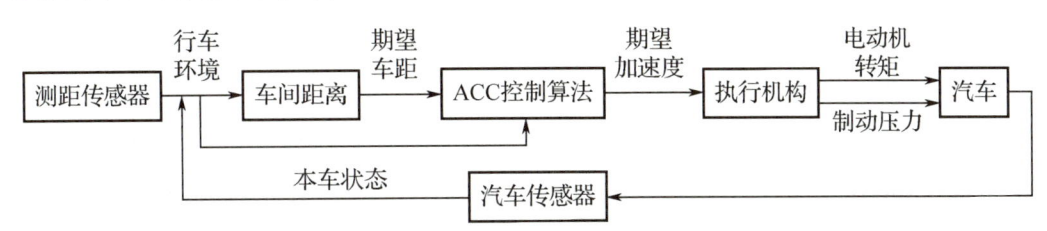

电动汽车的汽车自适应巡航系统的工作原理如图6-4-13所示，它与燃油汽车的汽车自适应巡航系统的工作原理基本一样，唯一区别是燃油汽车控制的是油门开度，调节发动机输出转矩；电动汽车控制的是电机转矩，调节电机的输出转矩，而且增加了再生制动控制。

图6-4-13 电动汽车的汽车自适应巡航系统的工作原理

4．汽车自适应巡航系统的工作模式

汽车自适应巡航系统的工作示意图如图6-4-14所示，共有四种典型的操作，即巡航控制、减速控制、跟随控制和加速控制。图中假设主车设定车速为100km/h，目标车辆行驶速度为80km/h。

（1）巡航控制如图6-4-14（a）所示，当前方无车辆时，主车将处于普通的巡航驾驶状态，按照驾驶员设定的车速匀速行驶（100km/h），驾驶员只需要进行方向的控制。

（2）减速控制如图6-4-14（b）所示，当主车前方出现目标车辆时，如果目标车辆的速度（80km/h）小于主车，主车将自动开始进行减速控制（由100km/h降到80km/h），确保两车的距离为所设定的安全距离。

（3）跟随控制如图6-4-14（c）所示，当两车之间的距离等于安全车距，则采取跟随控制，即与目标车辆以相同的车速行驶（80km/h）。

（4）加速控制如图6-4-14（d）所示，当前方的目标车辆发生移线，或主车移线行驶使得主车前方无行驶车辆时，汽车自适应巡航系统将对主车进行加速控制，使主车恢复至设定的

行驶速度（100km/h）。

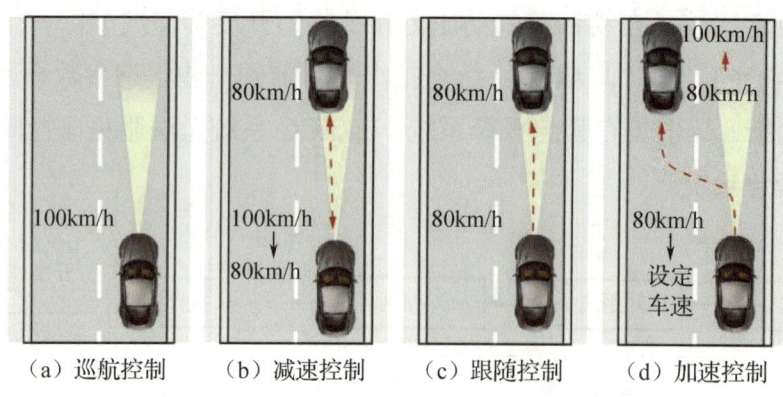

(a) 巡航控制　　(b) 减速控制　　(c) 跟随控制　　(d) 加速控制

图 6-4-14　汽车自适应巡航系统的工作示意图

汽车自适应巡航系统分为全速型和基本型，全速型汽车自适应巡航系统实际上是在基本型的基础上再实现"停车/起步"功能，以应对在城市中行驶时频繁的停车和起步（启动）情况。自适应巡航系统的这种扩展功能，可以使汽车在非常低的车速时也能与前车保持设定的距离。当前方车辆起步后，自适应巡航系统会提醒驾驶员，驾驶员通过踩加速踏板或按下按钮发出信号，车辆就可以起步行驶。

（5）停车控制如图 6-4-15（a）所示。若目标车辆减速停车（由 80km/h 降到 0km/h），则主车也减速停车（由 80km/h 降到 0km/h）。

（6）起步控制如图 6-4-15（b）所示。若主车处于停车等待状态，则当目标车辆突然启动（由 0km/h 升至 30km/h）时，主车也将启动，且与目标车辆行驶状态保持一致（由 0km/h 升至 30km/h）。当驾驶员参与汽车驾驶后，汽车自适应巡航系统自动退出对汽车的控制。

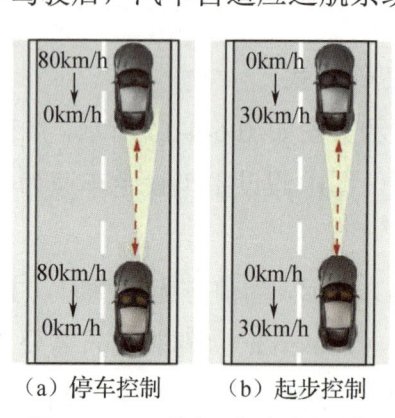

(a) 停车控制　　(b) 起步控制

图 6-4-15　停车和起步（启动）

5. 汽车自适应巡航系统的应用

长安 CS75 PLUS 汽车装备了新一代探测雷达的全速自适应巡航系统，如图 6-4-16 所示。在行驶过程中，若前方车辆完全刹车，本车亦能迅速响应并有效停车。一旦前方车辆再次启动，车辆将无须驾驶员踩踏油门，即可自动维持该功能，继续稳定前行。此外，车辆头部的雷达探头具备高度精准的探测能力，能够感应前方约 100m 范围内的车辆距离，从而持续维持安全行车距离。这一系统不仅提升了行车的安全性，同时也显著减轻了驾驶员的脚部操作负担，极大地增强了驾驶的舒适感受。

图 6-4-16　长安 CS75 PLUS 全速自适应巡航系统

长安 CS75 PLUS 搭载的全速自适应巡航能实现 L2 级的自动辅助驾驶，开启之后可以保持自动跟车及车道保持，过弯时也能自动降低车速，甚至可以在车道标线不清晰的道路上自动辅助画线。

四、汽车自动泊车辅助系统

1. 汽车自动泊车辅助系统的定义

汽车自动泊车辅助（Auto Parking Assist，APA 或 PA）系统是利用车载传感器探测有效泊车空间，并辅助控制车辆完成泊车操作的一种汽车先进驾驶辅助系统，如图 6-4-17 所示。相比传统的电子辅助功能，如倒车雷达、倒车影像显示等，汽车自动泊车辅助系统智能化程度更高，减轻了驾驶员的操作负担，有效降低了泊车的事故率。

图 6-4-17　汽车自动泊车辅助系统

2. 汽车自动泊车辅助系统的组成

汽车自动泊车辅助系统主要由信息感知单元、电子控制单元和执行单元等组成，如图 6-4-18 所示。

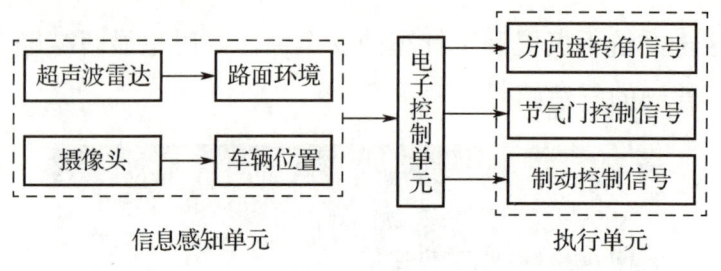

图 6-4-18 汽车自动泊车辅助系统的组成

1）信息感知单元

信息感知单元是汽车自动泊车辅助系统的眼睛，它能通过超声波雷达和摄像头识别周边的路面环境及其他车辆的位置，从而将采集到的图像数据，以及周围物体离车身的距离，传递给电子控制单元。

2）电子控制单元

电子控制单元则是汽车自动泊车辅助系统的系统核心，它能先将信息感知单元上传的数据进行处理和分析，探知汽车当前的位置、目标的位置及周边的环境，然后依据这些参数，规划好路径，并将指令输出到执行单元。

3）执行单元

执行单元接收到电子控制单元的指令，就会精准控制转向盘的转动、节气门和制动器的状态，让汽车能按照规划好的路径运动，并检测周边障碍物，准备紧急停车。

3. 汽车自动泊车辅助系统的工作原理

不同品牌的车型配置了不同的汽车自动泊车辅助系统，因此具体操作会稍有不同。汽车自动泊车辅助系统的工作原理是通过传感器扫描汽车周围环境，通过对环境区域的分析和建模，搜索有效泊车位，当确定目标车位后，系统提示驾驶员停车并启动自动泊车程序。系统先根据所获取的车位大小、位置信息，由程序计算泊车路径，然后自动操纵汽车泊车入位。

汽车自动泊车辅助系统的工作过程如图 6-4-19 所示。

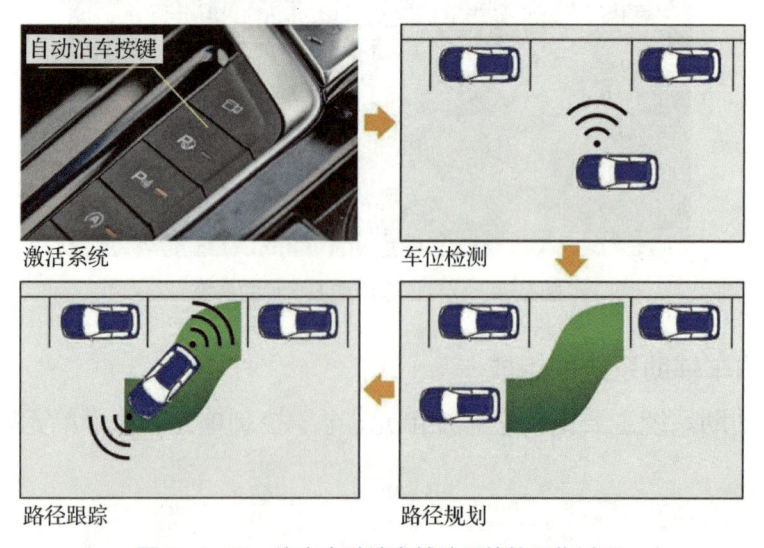

图 6-4-19 汽车自动泊车辅助系统的工作过程

（1）激活系统。汽车进入停车区域后缓慢行驶，人工开启汽车自动泊车辅助系统，或者根据车速自动启动汽车自动泊车辅助系统。

（2）车位检测。先通过车载传感器获取环境信息，传感器主要采用测距传感器（如超声波雷达）和视觉传感器（如摄像头），然后识别出目标车位。

（3）路径规划。根据所获取的环境信息，电子控制单元对汽车和环境进行建模，计算出一条能使汽车安全泊入车位的路径。

（4）路径跟踪。通过转角、油门和制动的协调控制，使汽车跟踪预先规划的泊车路径，实现轻松泊车入位。

4．汽车自动泊车辅助系统的应用

1）吉利博瑞的汽车自动泊车辅助系统

吉利博瑞的汽车自动泊车辅助系统如图 6-4-20 所示。挡位处于 D 挡或 N 挡，车速小于 30km/h 时，短按自动泊车键，并打转向灯，选择车位方向后车辆开始通过雷达扫描车位，并根据车位大小自动识别垂直或水平车位，当满足水平和垂直车位两种状态时，默认选择水平泊车，驾驶员可自主选择水平泊车或垂直泊车，若 30s 内未作选择，则视为水平泊车。自动泊车（速度不高于 5km/h）过程中，如果探测到障碍物，系统会自动制动，并具有"舒适"和"紧急"两种刹车模式可选。

图 6-4-20 吉利博瑞的汽车自动泊车辅助系统

2）蔚来全自动泊车系统

蔚来全自动泊车系统（S-APA）是利用超声波雷达检测车辆与路缘、物体及其他停放车辆的距离，来辅助停车的系统，也支持水平车位泊入和垂直车位泊入，如图 6-4-21 所示。搭载 S-APA 的蔚来 ES8，以小于 15km/h 的速度前进，且车辆与目标车位之间的距离介于 0.5m 到 1.5m 时，系统会自动对两侧车位进行搜索。当系统搜索到合适车位后，即可刹停车辆，确认周边情况安全后，将车辆挂入 R 挡，点击中控屏上方的"开始泊车"按钮启动全自动泊车；泊车过程不需要人为切换档位和控制车速，车辆可自动完成泊入动作。

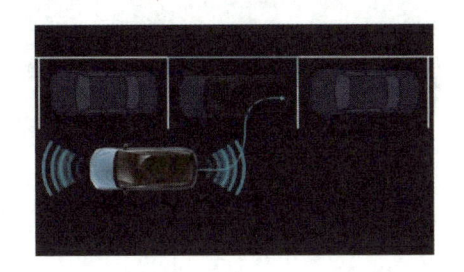

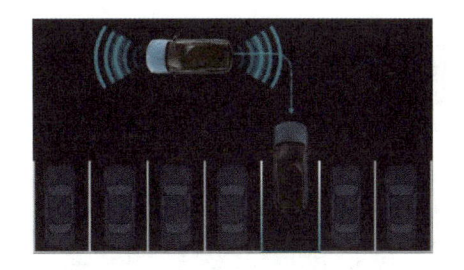

（a）水平车库泊入　　　　　　　　（b）垂直车位泊入

图 6-4-21 蔚来全自动泊车系统（S-APA）

3）奥迪一键自动泊车系统

奥迪全自动泊车技术可通过手机应用程序中的"一键自动泊车"来完成。当驾驶员将车辆开到停车场的入口附近时，驾驶员下车拿出手机，只要简单地点一下屏幕，就可以转身离去，随后车辆开始自行启动，进入停车场寻找停车位，如图 6-4-22 所示。

图 6-4-22 奥迪一键自动泊车系统

4）沃尔沃自动泊车系统

沃尔沃自动泊车系统（见图 6-4-23）不需要驾驶员在车内即可实现泊车。与奥迪的一键自动泊车系统类似，沃尔沃通过智能手机来控制车辆的入库与出库，但这种方式是通过车辆与车库之间的通信来实现的，所以只能在安装了感应器的车库内控制车辆做出动作。这实际上是一种车辆与车辆间和车辆与设施间的通信技术。

图 6-4-23 沃尔沃自动泊车系统

5）禾多科技的智能代客泊车技术方案

禾多科技的智能代客泊车技术示意图如图 6-4-24 所示，用户在停车场门口就可以下车，打开 App 让车辆自己去寻找空闲的车位，并且完成倒车入库的任务。而在取车的流程中，用户通过手机 App 召唤车辆，激活车辆的自动驾驶状态，让车辆驶离车位，驶向用户预约的地点。

禾多科技的智能代客泊车技术的系统架构如图 6-4-25 所示，后端系统与手机、车辆之间进行交互与控制，同时也完成多传感器的融合，并进行云端数据的同步。

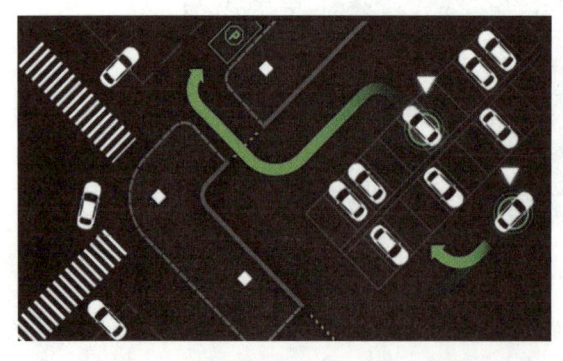

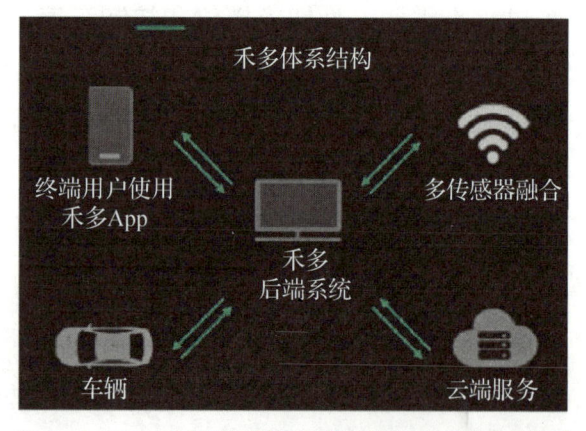

图 6-4-24 禾多科技的智能代客泊车技术示意图

图 6-4-25 禾多科技的智能代客泊车技术的系统架构